1

歷史學柑仔店

歷史學柑仔店作者群 ── 著

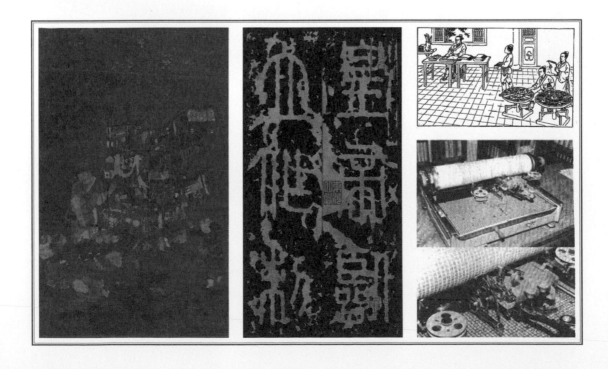

目次

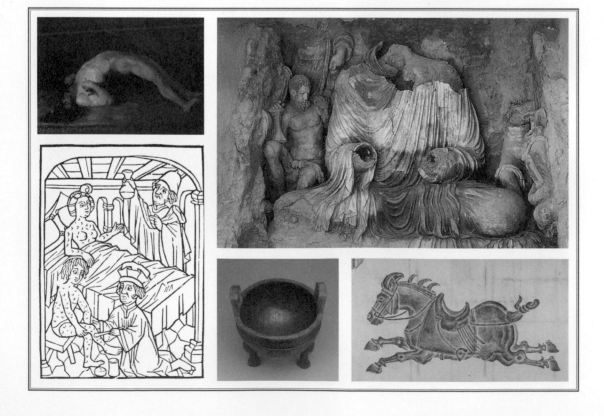

編者序

許雅惠　國立臺灣大學歷史學系副教授

「歷史學柑仔店」是一個自發的寫作社群，也是一扇窗口，讓歷史學者與社會大眾分享各自的研究成果。沒有聚會、沒有宣言與旗幟、也沒有機構或學會支持，組織十分鬆散。就連臉書粉絲頁的介紹也只有一句：

> 我們是一群嘗試從臺灣思考歷史書寫的史學界夥伴，我們成立了一個「歷史學柑仔店」（kám-á-tiàm）部落格。

似乎太簡單，但接著要寫些什麼，就令人煞費心思了。後現代史學之後，歷史研究進入百家爭鳴且難以定義的境地，唯一沒有爭議的是「嘗試從臺灣思考歷史的書寫」，就先這樣吧！

神奇的是，每年排班表寄出後，作者們總像是說好了般，彼此錯開交稿時間，且總能如期繳交，鮮少出現拖稿情況。如此鬆散的運作方式，卻能長期且穩定地刊登文章，不能不說這個部落格的確是名符其實的「柑仔店」。不但內容多樣龐雜，而且有股從下而上、旺盛的草根性。

共筆作者以大學或研究機構任職的青壯輩為主，範疇涵蓋臺灣史、中國史、世界史，包括各主題專史：醫療史、科學史、法律史、性別史、藝術史等，相當程度反映出臺灣史學界的現況。

文章整體呈現出多元而異質的風貌，如果真要歸納一些特點，大概是有著強烈的「新文化史」氣息，重視一般民眾、日常生活與在地脈絡。嘗試從不同的視角看過去，特別是傳統歷史書寫中被忽略的人群。此外，歷史研究重視一手史料的特性，也反映在不少文章當中，結合各種類型的新、舊史料，嘗試觸摸「過去」這頭大象的不同部位。

說到「歷史學柑仔店」的緣起，不能不提友站「芭樂人類學」（成立於 2009 年），這是最早由學界自發成立的共筆部落格，後來又有「巷仔口社會學」（2013）。芭樂與巷仔口的成功，帶給歷史領域的我們許多刺激，那些年，不少友人私下都談到成立共筆平台的可能。2014 年春天，這顆種子在 318 學運的激盪下萌芽，4 月 4 日「歷史學柑仔店」正式掛牌成立，由花亦芬、金仕起、祝平一、黃銘崇及我五人發起。之後又有「菜市場政治學」（2014）與「漫遊藝術史」（2016）。

近十年紛紛成立的共筆部落格，是傳統被認為「無用之學」的人文社會學者走入社會的努力。在我看來，也是學界共同探索臺灣主體性的嘗試。過去，長期以邊陲自居的臺灣習於仰望中心強國，無論是美國、中國或日本；現在，我們意識到在臺灣的學術工作者，不分本土博士或是外來博士，似乎有著某些共同特點。這個從臺灣在地所發展出來的主體性究竟是什麼？在此邀請讀者一起來想想。

此次出版的這兩本書選錄 2014 至 2019 春五年來的文章，出書的構想，是由左岸文化的龍傑娣總編輯所提出。她與同仁帶著主題與選文過來，我們僅進行微幅的調整。所以這本書的結構反映出版人的觀點，也算是一種讀者的觀點吧！

一路走來，感謝作者的通力合作，以及讀者的長期支持。共同發起人之一的花亦芬教授在部落格成立過程中，投注相當心血，並且負責編務直至 2017 年離開。目前編輯群為金仕起、祝平一、黃仁姿、黃銘崇及我五人。限於篇幅，這本書只能呈現過去部分成果，還有更多好文章，歡迎讀者到部落格來逛逛，未來也請繼續批評指教。

第一篇

歷史與社會

ONE

從「柑仔店」到歷史學：
思考日常生活史與公眾（大眾）史的交錯

呂紹理　國立臺灣大學歷史學系教授

「歷史學柑仔店」在籌備階段時，「東家」即曾與「店小二」們熱烈地討論「柑仔店的歷史」，才發現似乎每個人都曾經有自己專屬的「柑仔店」記憶，而且有些店東或店小二自己家族還曾經營過柑仔店，聽聞之下，大開眼界。東家也囑咐我們幾個店小二有空將這些有趣的見聞收錄集結，以便日後能在店內開一「專櫃」，以饗各位人客。

大家討論的話題之一，就是：我們都知道「柑仔店」是指雜貨店，雜貨的商業歷史也讓我們聯想起宋朝蘇漢臣有名的《貨郎圖》（圖1）或者《元人春景貨郎圖》（圖2），栩栩如生地勾勒出沿街負販雜貨商的活動及其販賣多樣的日用品。然而，「柑仔店」的「柑仔」究竟可以對應蘇漢臣《貨郎圖》中的什麼東西？「柑仔」又是什麼？

熟悉臺灣史的朋友，一定都知道清代商業組織「郊行」中，即有專營日用雜貨的商號組成「籤（kám）郊」，在鹿港許多著名的廟宇裡，都可看到「籤郊」報效捐輸的身影，像是1816年鹿港天后宮重修紀念碑上即有「籤郊金長興」的大名，往後數次重修，金長興（或金長益）也從來不落人後勇於捐獻。據說籤郊下的商舖多達數十家，捐款不貲也代表這一行業的生意興隆。直到今日，籤郊仍留存「金長益湄州聖母四媽會」的組織，每年向鹿港天后宮進香。

圖 1. （宋）蘇漢臣繪，《貨郎圖》（圖片來源：國立故宮博物院）

圖 2. 《元人春景貨郎圖》（圖片來源：國立故宮博物院）

可是，為什麼販賣日用雜貨的店舖，要以「籤」稱呼？這問題也同樣讓清末來臺的外國人感到困惑，長老教會宣教士杜嘉德（Carstairs Douglas, 1830-1877）於 1873 年出版的《廈門音辭典》時，為我們暫解此惑。（圖 3）根據杜氏的歸納，「籤」有幾種不同的用法，「籤仔」（kám-á）為柳條編製而成且無提把的淺籃子，上盛食物置於店門口，或為女性家事所需之工具。依據材質及形狀，又可分為：用籐編製的「籐籤仔」（tîn kám-á），另一是以細竹片編而成的「篾籤」（bih-kám）；而用來盛米的則稱「米籤」（bí-kám），另有將柳籐編成壺狀以盛米者，則稱為「籤壺」（kám-ô）。杜氏雖然讓我們對「籤」這個字所指涉的器物有了較為多樣的線索，但是還有許多細節有待釐清，例如：「籤仔店」是這些用「籤」盛裝各色食物的店的統稱嗎？若是，為何杜氏會說「籤」擺在「店門口」而不是「店內」？此時已有「籤仔」，但為何沒有「籤仔店」的辭條？

圖 3.
由英國長老教會宣教師杜嘉德（Carstairs Douglas）所編的《廈英大辭典》，在 1873 年出版。

五十年後，另一位來自蘇格蘭的長老教宣教士巴克禮（Thomas Barclay, 1849-1935）增補《廈英大辭典》時，對於「籤仔」的解釋卻已有了變化。（圖 4）在「籤」字下，他收錄了販賣雜貨的「籤舖」（kám-phò）和同義辭的「籤仔店」（kám-á-tiàm），雜貨批發商組成的「籤郊」（kám-kau）及覆蓋剩菜剩飯以防蠅蟲的「桌籤」（toh-kám）。這兩本辭典相距五十年，對於「籤」字的解釋及應用卻有不同，其實已透露出五十年間臺灣雜貨商業的變化，或許是由負販肩挑的行商（寄賣或側身於他人店外的「籤仔」），轉為開店買賣的「坐賈」（籤舖及籤仔店的出現）。這中間一定也涉及了城市人口增加，仰賴他人提供日用「必需品」的需求提高，以及日用品項目的多樣化，甚至「和洋雜貨」並陳的多元生活文化的變化過程。「籤仔店」內店顧客的賒帳交易行為，也充分反映出在地人際關係的信用網絡，和隣里間小額金錢互助的特色。觀察「籤仔店」的種種變化，將可引領我們更能貼近地認識人們日常生活豐富的樣貌。可是，這種貼近過去人們日常生活樣貌的認識，對於我們理解歷史有什麼意義？套用劉龍心老師文章的標題，我以為「籤仔店」反映了「我們賴以生存的歷史」。

圖 4.
1923 年巴克禮增補《廈英大辭典》

近年來「公眾史學」在專業史學界中逐漸受到重視，不僅改制前的國科會推動了一項為期兩年的計畫，透過分區工作坊、座談、主題演講、研討會等形式，邀集產學界及地方文史工作者及教師，希望能集思廣義，勾勒出對於「大（公）眾史學」的理解；不少大學也開設了與大眾史學相關的課程，甚至師大還推出了「應用史學」的學程。其次，國科會人文中心也在新一期的史學研習營中，特別聚焦公眾史學。這些面向似乎表現出主導教育研究的政府單位對於大（公）眾史學的興趣與期待。不過，早在政府關注此一課題之前，學界已有不少人開始注意「專業史學」與「公眾」之間的界限，結合出版界，推出各式「史普」性質的書系，期使大家對歷史產生更多興趣，例如周樑楷教授長年引介推動「影視史

從「柑仔店」到歷史學

學」，或者吳密察教授監修《漫畫臺灣史》、周婉窈教授自撰《少年臺灣史》或者陳郁秀女士擔任文化總會時推動「走讀臺灣」；或再如王榮文先生在遠流出版社推出的歷史書系。這些作品，不論是短暫銷售一空或者屬長銷型，都代表了社會大眾對於過往發生的事，有一定程度的興趣。歷史學「柑仔店」的命名，或者咱們的友站「巷仔口社會學」、「芭樂人類學」以及「菜市場政治學」等等，都反映了學院學者有意藉由較為庶民的語彙貼近一般人的企圖。

然而，學術圈內卻也出現一些危機和隱憂，除了研究所入學考試報名人數不斷下滑外，博士畢業生待業年數不斷增長則更令人擔心。在缺乏就業機會保障下，可能會使得有興趣且有能力的年輕學子失去繼續求學的動力，也可能會出現人才斷層。學術圈所感受到的危機，是促成學者重新省思「專業史學」與「大眾史學」關係的重要契機，是以「應用」為名的學程在大學歷史系出現，具體反映了這種想要挽救危機的意志。
然而，專業史學何以會與大眾如此疏遠？如何拉近此一鴻溝？我以為，日常生活史的探索，正是消弭鴻溝的重要途徑。如果稍微觀察一下書肆的表現，我們將會發現，各種與生活史相關的通俗作品，不管是包裝在「懷舊商品」之下的商業空間，或者仍具有一定程度學術規範的《西方文明初體驗》、《島嶼浮世繪》等書，都極受歡迎而銷售一空；相對之下，日常生活史要獲得學術界肯定，恐怕還有很長一段路要準備。由於有些人認為這類關注日常生活瑣事的歷史是「雞零狗碎」甚至「聲色犬馬」，不但目光如豆且失去了史學為時代諫言的宏旨。這種基植於「大敘事」的眼光，限制了吾人對於日常生活所形成的重要人生經驗和歷史意識的理解。在我看來，生活史既可滿足大眾的好奇與懷舊，它更有非常積極的政治社會經濟的意義。它既包納了芸芸眾生的欲求、經驗與記憶，牽動出個人與集體的關係，更幽微地映射了時代的容貌。

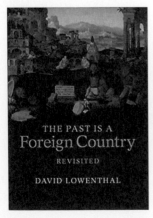

圖 5.
The Past is a Foreign Country 書影

不過，如同 David Lowenthal 在 *The Past is a Foreign Country*（圖 5）這本書中所言，生活史打開了我們可以貼近過去的甬道，但迎面而來的過去，卻未必如我們想像的美好。過去既是資產卻也常是沉重的負擔。過去的生活經驗提供了當下許多行為合理存在的證明，讓我們生活有所指引，形塑認同感，豐富我們生活內容，也常成為艱困現實中的避風港，然而避風港的過去，卻讓尼采（Nietzsche）感到焦慮，害怕人們陷溺在過去的泥淖裡，失去了向前邁進和創造未來的動力。處在革命狂飆時代中的人們尤其鄙視過去和傳統，不甘光明美好的未來被晦暗陳腐的過去所蒙蔽。在我看來，現實生活中，人們如何看待過去與現在的關係，會深刻地影響了社會大眾對於歷史的觀點和觀感。是以好的生活史應要反思上述過去與現在的複雜互動關係，是大敘事與小故事交相結合的產物。好的生活史作品應該可以包含以下幾種元素：可以反映人們在日常經驗中感受的生活樂趣，可以提供吾人對於各種生活形式與樣態的知識（技藝），

它也可以透過嚴肅嚴謹的資料鑑別考訂排比和敘述，符合學術研究的要
求，並且也與大敘事、結構分析、科學論證的史學傳統形成對話甚至挑
戰；從個人經驗出發，好的生活史，既是作者也是讀者生命經驗的反思，
並且藉由這種反思，提煉出對於歷史經驗、歷史知識的體悟。總體而言，
好的生活史不是讓作者或讀者陷溺在瑣碎過去的死海，而是鑿通過去
與現在經驗之流的活水源泉。不管是對於宛如異邦的過去的好奇；或者
是冀求自己在歷史中的定位，所有的人都對歷史在某個時刻裡會產生好
感和興趣。歷史教育的目的之一雖是培養專業的史學家，但如何讓對歷
史感興趣的人，找到可以解答自己好奇心的門徑，或者甚至能讓他們參
與歷史景象的重建、歷史意義的詮釋，這才是歷史教育應該要思考的方
向。從這個角度出發，現今大學教育過度集中於服務青少年的制度限制，
應該要盡力打破，我甚至覺得，那些有著各式人生經驗的壯、中年人，
更應讓他們有機會重新認識、參與歷史書寫的教育。是以當我們在思索
大眾史學時，也必須回過頭來省思專業史學之大學教育的缺憾和補救之
道。不過，這該是另一篇文章的主題了。

參考資料：

David Lowenthal, *The Past is a Foreign Country*, Cambridge: Cambridge University Press, 1985.

Michel de Certeau, *The Practice of Everyday Life*, trans. by Steven Rendall, Berkeley: University of California Press, 1984.

說、歷史故事

李衣雲　國立政治大學臺灣史研究所副教授

「人是『說故事的動物』。或是說，是被『說故事的欲望』附身的動物。」

——野家啟一，《物語の哲学》（東京：講談社，2005）

日本的推理小說家高田崇史，在四十歲時發表了《QED百人一首的呪》，得到了講談社的「梅菲斯特」文學新人獎，之後發展成了系列小說。「Q.E.D.」是哲學用語，為拉丁文中「證明完畢」一詞的縮寫。作為藥劑師的主角桑原崇與棚旗奈奈，與所有的非警探的推理小說一樣，總是會不意地遇上殺人事件，歷史考據迷的桑原崇在著迷於解開與事件相關的歷史謎團時，也順道解決了現實中的殺人案。

但是，歷史不像現實中的殺人案一般有物質的證據，也不像現實一般可以反覆地詰問、驗證證人的說辭。歷史謎團的線索藏在龐大的資料之海中，因此，只能是「證明完畢」，而永遠無法真正地驗證——驗證一詞本身，已包含了科學實證的概念在裡面。

高田崇史筆下的歷史謎團有一個明確的反正史的史觀。雖說日本天皇為「萬世一系」，但這個萬世一系的天皇並非總是掌權，也並非總是高高在上，天皇的神聖性是在明治維新之後才被建構出來的。在漫長的時間中，天皇系與所有的權力者一樣，進行過慘烈的戰爭，也製造了非常多

被犧牲者。下面這段是日本《古事記》裡的「國讓神話」。

當天照大神派遣建御雷神來到了大國主的地方：葦原之國（現今的鳥取、出雲一帶），命令大國主把土地交給他。大國主說：你問看看我兒子吧。他的兒子事代主神說：我知道了。然後踏翻了一條船，隱身到了水中。建御雷神問大國主：你還有另外的兒子嗎？大國主還有另一個兒子建御名方神，這個兒子回答：誰要在這邊廢話，用力量來決定吧。結果，建御名方神被打敗了，一直被追到東北方的諏訪湖，他知道自己逃不了了，於是說：我永遠不會走出這塊地方，就如大國主命與事代主命所說的，葦原之國給你了，請饒我一命。於是，建御雷神回到出雲，大國主就將自己的領土讓給了建御雷神。

當這段故事被歸類為「神話」時，我們看到了大和王權祭拜的高天原的神明眾望所歸，使得出雲地方的大國主將土地讓給了高天原的神，是高高在上的神，而不是與我們同等的人，我們在距離之外仰視著神，浪漫的神話外衣讓故事變得溫馨和諧。

如果把神話的外衣剝掉呢？「讓」這個字看來是平和的、自願的，「國讓神話」的命名將這件事定位在了奉獻、臣服。但是，如果將同樣的狀況放在社會版新聞、或是我們現實的生活中呢？一個陌生人來到了我們家中，然後說：把你的家讓給我。有多少的機率，我們會心甘情願地拜倒在地，雙手將自己辛苦建立的家讓給對方？

更不要說，大國主命最後的下場是身首異處，得到的是大和民族為他建的通天高的是鎮魂神社。

高田崇史的「QED」系列，是從會製鐵與織布的「渡來人」、地方的住民、女性等的角度來說日本的歷史，這些人在日本大和中心的歷史中，被當成神、妖怪或是怨靈，但都不是「人」。他們是不被允許進入人的世界、不被人放在眼中的存在。從這個角度來看，高田崇史的小說有著強烈的人類學與解構的色彩，顛覆了一般的常識與歷史觀，加上他的推理資料來自於各種古籍，將許多史料中的用語，用語言學的方式反覆考證，抓出用語背後掩蓋的意義，無怪被認為是開啟了日本歷史推理小說的新方向。

小說是近代大眾印刷術興起後，才發展出的出版形式。在此之前，文字屬於上層階級中的少數人，故事是用說的方式出來，因此重要的是說故事的人如何說，而聽故事的人也不只是光聽故事的內容，而是要超越說故事的人所說的層面，聽到在故事背後的事與物。而聽與說的行為本身，是一種動態的共同行為，說與聽的人都必須在同一個地方，藉由聲音的

高低起伏、四周的溫度和濕度、各種動作、環境的變化，來感受故事，因此一個故事可以被反覆地說，每一次的述說都可能與之前不同，重要的不是故事本身，而是說故事。同時，故事不必然是由說故事的人創作的，而是屬於共同體，聽到故事的人可以按照自己的想像，增減、改變故事的內容。事實上，不只是說故事是如此，在手抄本的時代，每經一次的抄寫，版本的內容可能就會因抄寫人的想法而有所不同。這在現代的我們看來，是對作品的不尊重，而抄襲改寫別人的作品，是一種對作者的侵犯，但這種「作者」與「所有權」的概念，是近代以後才出現的，在此之前，故事屬於共同體，是共同的創作。

近代以後，私有權的概念隨著個人主義發展了起來，取代了此前聚落的共同財的概念。事物是被以排除的方式佔有，也就是說，這個東西是我的，就不能是別人的，即使我將這個東西與別人分享，那也是我的允許，而不是因為共同擁有。在這樣的背景下，誰創作出了故事，誰就擁有這個故事，而擁有這個故事，意謂著他人不能改作這個故事。這不只是現代著作權的概念，也包含了改作作品的正當性的有無。這個概念也強化了源頭或是原創的神聖性，如果不能有創新，不能作為一個故事的原創者，則無法界定故事的所有人。於是，我們習慣追尋「寫這個故事的人是誰」，而不再是「說這個故事的人是誰」。──上述這些也都是二次創作的同人誌受到貶抑的原因所在。

另一方面，近代大眾印刷術帶起了鉛字文化。口承文化的特徵在於多變，不論是有意或無意，說者與聽者都會不斷地更動故事。然而，印在紙上的文字固定了故事的內容，人們可以獨自閱讀，而不需要共同的行動，故事離開了動態的世界，進入了靜態的形式。在這個過程中，被文字固定下來的內容被當成原典，具有了正當性，而與之不同的說法被否定。帶著新奇、創新之意的小說（novel）的出現，即是故事私有化與靜態化的產物。而這個變化也波及到了歷史。

什麼是歷史？簡單來說，在近代以來的傳統史學中，歷史指的是從史料中證明出來的歷史事實。事實，是一個科學的概念，也就是一個在人之外的、客觀的、可以被反覆驗證的存在。因此，當「歷史事實」這個名詞被發明出來時，歷史似乎就成為帶著客觀性的事實的描述。

歷史事實、近代大眾印刷術帶來的鉛字文化，以及單一敘事的正當性，使得被書寫下來的歷史敘事成為了靜態的、固定的不變的文字內容，在近代國家權力的背書下，成為了正史。班奈狄克・安德森指出印刷術的普及，讓使用同樣文字的人們能閱讀到同樣的內容，一方面促進了想像共同體的誕生，另一方面，也產生了均質的現象。所謂的均質，就是所有的人閱讀到同樣的一種敘事──當然，近代教育在這過程中有不可抹

滅的作用——而這個敘事被當成了正確、事實的代表，相對的，變動性的記憶與口承文化則被認為是主觀的、不可信賴的。

於是，直到二十世紀中期，歷史講的都是宛如真理的大敘事。如本文一開始所說的，冶鐵民族的渡來人有些被改寫後、收編到日本的歷史中，有些則被刪除。而與正史的史觀牴觸的部分，就被淡寫或抹銷，例如，天照大神是日本天皇的祖系，但正史中沒有提到祭祀天照大神的伊勢神宮曾不斷漂流遷移，居無定所。

隨著學術與社會的自由化，翻案史、鄉間野史、口述歷史等不同的史料開始以各種方式出現在人們的眼前。但現實是，許多人在離開學校後，不會再碰觸所謂的歷史，學校教的歷史——如果說這是正史的話——大約會成為人們記憶中歷史的「原貌」，而這個「原貌」其實飽含權力的痕跡。

愛德華・卡爾在《何謂歷史》中對歷史作了很深刻的反省。史料、數據從來不是自己會說話，而是經過歷史學者的整理與分析。這其中，當然也不可避免地有著歷史學者的主觀性，「歷史事實」不是就存在在那裡，而是被揀選出來的。就如同發生了許許多多的事，說故事的人若只是將事件說出來，那麼只是年代大事記，唯有說故事的人將事件加以整理、歸納、找出關心點，把想要強調的部分誇大化、將流水帳的地方刪掉，這個故事才能夠成為一個故事。從這個角度來看，歷史，也是一種說故事的方式。

歷史的文學作品對高塔上的歷史提出了不同的挑戰：李喬、鍾肇政、陳舜臣、司馬遼太郎的作品，以各種不同的角度，提出了他們對歷史的解讀。那些在歷史中被忘記的小人物、被抹銷的事跡，以虛實交加的方式出現在人們的面前。不像學術要求研究者要有距離地觀察、理性的分析，歷史文學允許作者放入更多的自我、更多的感情，或許讀者看的是一個虛構人物的生命經驗、又或許是與學校教育完全不同的故事脈絡，但是，如果我們把歷史當作是共同體的一種記憶方式，那麼，各種的歷史文學是為集體記憶注入生命、予以形體，讓人們能讀到骨之外的血肉。

什麼是注入生命？簡單地說，就是讓故事活起來。

近代以來的學術研究，需要研究者在一定的距離之外觀察對象，理性地思考、組織、歸納、推理，有多少證據說多少，寫作當然也不能帶入過多的感情，被論述的是結構中的歷史事象，被知道的是歷史人物的事件。例如，我們讀到了安東尼與埃及女王克麗奧佩脫敗給了渥大維的歷史事實，也知道渥大維與安東尼的關鍵之戰是亞克興角戰役，但是，歷史在

研究這場戰役，或是安東尼的失敗時，只能專注在史料的證據上。比如說，史學者可以從史料發現克麗奧佩脫在戰爭中途離開戰場，發現安東尼追之而去，渥大維取得了勝利，可以發現政治策略與布局如何影響一場戰役的成敗，甚至可以推測安東尼對克麗奧佩脫的愛情，但是，歷史不能知道安東尼為什麼愛上克麗奧佩脫，也不能將戰爭的成敗歸因於男人對女人的感情——因為歷史上還有太多愛男人的男人、沒有愛任何人的男人、愛著很多女人的男人、愛著一個女人的男人，都打贏過戰爭（注意：這裡的主詞都是男性）。歷史作為學術研究，不能作太多的臆想：就像愛德華・卡爾所說的，安東尼愛著克麗奧佩脫，或許是他的人生的重要大事，但他為什麼會愛上克麗奧佩脫？這不是歷史學者能知道的。有人說，那是因為克麗奧佩脫的鼻子非常美，但是，歷史不會寫著：因為克麗奧佩脫的鼻子的弧度，導致了安東尼的戰敗。

像這樣，我們在讀羅馬內戰的歷史時，是在一定的距離之外——當然，仍然會有感動、有感傷。

但故事不同，故事是用人物在帶引著情節的推進。撇開紀錄片不談，小說、電影、動漫畫等故事敘事，一定會有至少一個（擬）人的角色，人物的內心獨白、人物的動機與欲望、人物的行為與話語，讓閱聽者可以理解甚至認同這些人物，與他們產生情感的連結。在故事的開展中，我們因為安東尼對克麗奧佩脫的愛情感動，克麗奧佩脫對安東尼的不信任而感到不安，於是，歷史進入了我們的生命中，我們透過角色人物去經驗、感受了他們存在的世界。這就是歷史與歷史故事的歧異之處。

再回到本文最初提到的國讓神話。在歷史的記載中，大國主是心悅臣服，但歷史根據的史料卻是勝利者寫下的文字，因此，史料本身就是一種二手的證據。如果我們單純地照著字面上的意思來解讀史料呢？於是，歷史寫著大國主獻上了自己的家園。然後呢？大國主從歷史記載中消失了，他在歷史中的目的，彷彿只是為了獻出國土。但如果主角是大國主呢？如果從大國主的視點來說故事呢？從高原崇史的小說中，藉由主角桑原崇的推理，對照著現實中發生的殺人事件，我們可以看到大國主的怨恨與不甘。事代主翻船而去的記錄，其實是勝利者暗示著事代主已經在水中被殺死。看著兒子一死一逃的大國主，我們可以感受到他的怨恨，或許是高聳入雲的神社都無法鎮住的程度。

大眾文化中的歷史故事，將歷史拉下了高壇、貼近了大眾的生活。例如高田崇史的小說對史料作另類的解讀，他大膽地假設河童、織女、一目小僧、熊男等妖怪，其實是日本史中被抹去的犧牲者，在「證明完畢」的同時，將這些死蔭中的亡靈放進了日本歷史的脈絡裡。明敏屏的《高雄故事：再見，東京》則是用虛構的小人物，述說臺灣跨日治與國民黨

時期的人命如草芥的卑微。同性戀在今時今日仍受到歧視，而在 1960
年代以前，一對男性的愛情會受到多大的壓迫？而這種壓迫因為社會背
景產生了更多重的糾結：在日治時期，一方是殖民者的貴族軍人，一方
是被殖民的本島鄉下人，到了戰後，一方是盡力要留下來卻不受允許的
戰敗者，一方是名為戰勝方其實仍是受壓迫的本省人，而且在社會無言
的壓力下有了妻子。透過男主角們因為性別、國籍、社會地位等認同的
快速變換，產生了無力的茫然與痛苦，那段歷史中的「壓迫」，不再只
是歷史論述或教科書中的一個名詞，而是能讓我們感同身受的「真實」。

甚至歷史可以不必站在前景：遊戲《刀劍亂舞》雖然沒有述說歷史，但
以日本史為背景的刀劍設定，激發了迷群對日本史的熱忱，迷們自發自
主地去閱讀各種不同的史說、去歷史事件的發生地「朝聖」，而同樣的
事情也發生在《尼羅河女兒》、《橫濱故事》、『真田丸』等故事走紅
的時候。

在大眾文化中，不需要冷靜理性，動感與熱情可以盡情地流進歷史故事
的述說中，「歷史」——這裡括上括號，是為了與學術的、客觀的歷史
作一區分——再次成為一種人們共同的行動，解釋權不再是近代的單一
權威，而分散下來，不只是正式出版品或產品，同人誌圈的二次創作更
不斷地進行再詮釋。大眾文化的歷史故事，讓歷史在獨白的、冷靜的閱
讀之外，又有了另一種能滲進人們的心裡，成為人們記憶的一部分的述
說方式。

如何藉普及歷史知識
以強化歷史學者的社會參與？

陳恒安　國立成功大學歷史學系教授

本文是幾年前一個會議的講稿，我參加的場次關注焦點有二：普及歷史知識，以及強化歷史學者社會參與。我仔細思考了場次題綱的敘述（即本文題目），覺得有些模糊。首先，若光從「藉普及歷史知識」的說法，似乎推敲不出學界是否對「普及歷史知識」已有共識，或者起碼的共同想像。如果沒有，或許我們有必要先釐清一些問題，例如：何謂普及？如何普及？誰有資格普及？普及歷史知識的什麼面向？其次，「強化歷史學者社會參與」，在這次的會議脈絡中，似乎將「普及」視為可能的參與形式。連結兩者，雖有許多地方仍值得探討，但並無不妥。甚至，我覺得這樣的連結與追問，具有意想不到的基進意涵。因為，為了討論「普及」，我們勢必難以迴避當代學院歷史學的特性、任務、對象與範圍等等的反省。我覺得，這些問題多多少少與歷史系新生經常提的大哉問有點關係。大一新生經常問的「歷史是什麼？」「學歷史能做什麼？」不就是為了想進一步掌握歷史作為學科或學術領域的研究對象、範圍、方法以及其存在的意義與目的？歷史系雖然非以職業為導向而設立，但是若回答新生時只能用老梗，恐怕無法滿足熱愛歷史的年輕心靈。

從科普到史普

據了解，我之所以有機會發言，是因為之前花了點時間在科學史以及所謂科學普及、科學的公眾理解（Public Understanding of Science）、科學溝通

（Science Communication）等領域的研究經驗有關。雖然科學知識與歷史知識的性質有所差異，但同樣具有「系統的知識」，因此科普經驗或許還是有可借鑒之處。所以，在這裡我也大膽提出不成熟的想法，請各位批評指教。首先，我嘗試將科學普及領域裡的關鍵字，置換成歷史普及、歷史的公眾理解、歷史溝通以便思考，並和史學界所發展出的 public、popular history、angewandte Geschichte 等領域簡單比較與呼應。其實，國內歷史系並不是沒注意到這個趨勢。二十多年前，在中興大學曾經舉辦過一次「史學專業課程教學研討會」，會中許多前輩就曾嘗試拉近歷史學科與現實之間的關係。今天，我們也可以在一些學校看到類似的努力。譬如，臺師大的應用史學學程、東華的環境與公眾史學程，淡江的實用歷史學，甚至成大也曾在碩士專班開過公眾史學課程（劉靜貞老師）等等。不過，看起來公眾史學或應用史學的論述與課程設計都還未形成穩定的特色。為了參考科普的經驗，我簡單以底下表格呈現科學普及運動的發展階段以及相應的問題。

科學傳播模式	模式特色	意涵重點	關切重點	分析重點	受批評原因
赤字	單向轉移	(1) 強調專家與常民之間的知識落差。常民被視為知識不足，如有知識赤字。 (2) 科學知識單向傳輸給被動的閱聽眾。	(1) 科學普及 (2) 彌補知識缺損	(1) 科學知識內容 (2)「發送—傳輸—接收」的單向過程	(1) 科學主義 (2) 過於強調知識灌輸
脈絡	雙向互動	(1) 強調背景脈絡與閱聽眾心理，如科學資訊是否被需要？如何被接受？	(1) 傳播成效 (2) 閱聽人選擇	(1) 傳播背景脈絡 (2) 閱聽人心理	(1) 侷限於線性結構 (2) 目的導向
常民專家	知識權力開放	(1) 強調科學體系外閱聽眾的在地智慧。 (2) 尊重常民生產科學知識的權力。 （常民專家指非依賴學科知識擔任專職，但對特殊領域有深入知識與經驗者。如漁民對在地洋流的特殊知識與經驗。）	(1) 在地智慧 (2) 知識對話	(1) 傳統閱聽人的在地知識	(1) 反科學之嫌 (2) 缺乏實務綱領
公民參與	網狀去中心	(1) 強調公民共同參與生產科學知識。 (2) 科技的進步消弭專家與常民的落差。	(1) 意義框架 (2) 行動者網絡	(1) 知識共同生產 (2) 科學與媒介之交互作用	(1) 政治化訴求 (2) 過於注重過程而非知識本身

在此，科學傳播被定義為利用適當的技巧、媒介、活動與對話，產生個人對科學的回應，即 AEIOU：

1. Awareness：包括對科學新知的熟悉
2. Enjoyment：感性回應，例如將科學當成藝術般地欣賞
3. Interest：可由對科學或科學傳播自發性的參與證明

4. Opinion：科學相關態度之形成、重構或鞏固

5. Understanding：對於科學內容、科學過程與其社會因素的理解

（關尚仁等。《科學傳播發展研究（一）：科學傳播源流》第二版，2011。）

若我們把上述表格，以及 AEIOU 中的科學置換為歷史，其實就會出現許多有趣的問題。

歷史傳播模式	模式特色	意涵重點	關切重點	分析重點	受批評原因
赤字	單向轉移	(1) 強調專家與常民之間的知識落差。常民被視為知識不足，如有知識赤字。 (2) 歷史知識單向傳輸給被動的閱聽眾。	(1) 歷史普及 (2) 彌補知識缺損	(1) 歷史知識內容 (2) 「發送—傳輸—接收」的單向過程	(1) 科學主義 (2) 過於強調知識灌輸
脈絡	雙向互動	(1) 強調背景脈絡與閱聽眾心理。如，歷史資訊是否被需要？如何被接受？	(1) 傳播成效 (2) 閱聽人選擇	(1) 傳播背景脈絡 (2) 閱聽人心理	(1) 侷限於線性結構 (2) 目的導向
常民專家	知識權力開放	(1) 強調歷史（學術）體系外之閱聽眾的在地智慧。 (2) 尊重常民生產歷史知識的權力。	(1) 在地智慧 (2) 知識對話	(1) 傳統閱聽人的在地知識	(1) 反科學之嫌 (2) 缺乏實務綱領
公民參與	網狀去中心	(1) 強調公民共同參與生產歷史知識。 (2) 科技的進步消弭專家與常民的落差。	(1) 意義框架 (2) 行動者網絡	(1) （歷史）知識共同生產 (2) 歷史與媒介之交互作用	(1) 政治化訴求 (2) 過於注重過程而非（歷史）知識本身

從上面表格，可以很清楚看到專業知識的普及有不同模式。各種模式各有其優缺點。上述模式雖有發展先後，但並非後者取代前者的關係。從表格中，我們可以發現兩點沒有被明說的預設：第一、歷史知識是被需要的。這從當代各種媒體充滿各式「歷史」訊息，可推論大眾對「過去」不見得沒興趣（當然，歷史等不等於回憶過去，正是學者討論學院歷史與公眾歷史差異的關切點之一。）第二、有不同種類的歷史。愈往後期，立場愈與「從下而上」的歷史思潮相符，也就是我們對知識民主的信念愈強。或許有句經常被學者引用的話，可以套用來說明這個情況。這句話在歷史領域就變成：「歷史如此重要，因此不能把它只交給（學院）歷史學者。」歷史是否是學院歷史學者的特權？無論答案為是或不是，學院歷史學者與非學院歷史研究者之間的知識權力關係，可能都得重新審視與調整。以上兩點，足以引發後續種種的討論。

以下介紹歐美公眾歷史發展的段落中，我們還會碰到類似的議題。從科普的經驗來看，雖然不是每位學院歷史學者都必須投入「普及」的工作，但是來自社會的影響與期待，學院歷史社群卻不得不嚴肅面對。我擔心如果歷史學界對「歷史普及」沒有類似的討論，那麼很可能會走上科普的路，使歷史普及成為「吾家不可有，吾族不可無」的雞肋工作。（雖

然這可能言過其實，但是科學家獻身科普的確曾會被說成已無學術創見。歷史學者獻身史普呢？）

新史學之路或史學之新路？

「也許臺灣下一波的新史學運動將不再只是材料、工具（學科）、方法或理論等史家技藝的探索，也不再是後現代主義的歷史解構，而是歷史家心態的解放。」
——杜正勝，〈新史學之路：兼論臺灣五十年來的史學發展〉，
《新史學》，2002 年，頁 39

杜老師此說原本指學界對中國史、臺灣史以及世界史的視野。但是我想引申他的說法，即使是誤讀。我認為，歷史家心態的解放，還包括如何面對非學院歷史！根據個人之前對 Ludwik Fleck 科學史與科學哲學的研究，該學者提到認識並非主體與客體之間的關係而已，還包括社會（集體），也就是說認識是主體、客體與社會互動的結果。我們每個人都同時處於多元的（專業）知識圈。因此，處於非專業圈的知識，並非專業知識的簡化版，反而具有認識論上的意義。因為非專業圈的知識、理解與印象將成為某種的先備知識，影響著所有人。如果是這樣的話，那麼就與當代歐美發展出來的公眾歷史（各國有不同傳統，以下會有簡短說明，暫時以公眾歷史稱之）具有類似的體認。

公眾歷史究竟是什麼？公眾歷史只是歷史學者寫給公眾的歷史嗎？公眾歷史只是歷史學者研究議題的拓展，根據從下而上的信念，書寫日常生活與「小人物」的歷史嗎？公眾歷史是歷史學者指導非學術界歷史愛好者的事業或領域嗎？在非學術領域傳播的公眾歷史，是否能促進我們重新思考學術歷史的核心及其邊界？學術歷史可以採取排他的態度，聲稱歷史是歷史學者的特權嗎？或者學術歷史可以擴展視角並扮演關鍵角色？不過不管如何選擇，似乎都指出我們不得不反思學術歷史的本質。關於歷史，杜正勝老師說：「史學以求真為本務。」（杜，2002，24）王汎森老師則說核心在「對史料的精確掌握和理解。」（王，2004，68）我十分贊同以上說法。只不過我也不斷思索，基於史料的意義是什麼？是信念（commitment）？是研究倫理？還是研究方法？我們經常在許多文章上都看到作者高舉「求真」為學院歷史的特點。但是何為真？是 truth 還是 authenticity？真又如何求？是否有一套規範性的歷史學方法？或者情況如史學界常稱的「史無定法」？甚至「anything goes」？

歐美學界對於公眾歷史其實也還未有明確的共識與定義。許多概念被用來指稱類似的嘗試。舉美語系以及德語系國家常看的字眼，有 public history, popular history, applied history, history marketing, oeffentliche Geschichte, angewandte Geschichte, Geschichtsbewusstsein, Geschichtskultur 等。在此我無法詳細分析各種思潮的起源、演變與特色，僅簡單摘要部分重點介紹如下。

美英進路與德國進路

美國與英國學界雖然對何謂公眾歷史沒有共識，不過理論上大致抱持「從下而上」寫作歷史的信念。在實務上則關心非學院內歷史知識的流動。他們傾向接受歷史並非只有學術歷史這種標準類型的說法，也主張歷史並非學院歷史學者的特權。在他們的分析中，公眾並非單純歷史知識的被動消費者。不過，英美學者對於該以何種觀念架構處理公眾歷史，也還沒有形成共識。他們也還在思索，學院歷史學者究竟該以知識提供者，或者是指導者的身分進入公眾歷史知識的生產過程。或者考慮是否能夠或應該與其他非學院歷史學者平等互動共同寫作歷史（在美國的脈絡中，平等參與生產歷史知識過程似乎較少觸及）。以 1970 年代的美國公眾歷史運動來說，除了重視非學院內的歷史知識流動之外，倡議者也主張歷史教育應該不能再以培養學術歷史研究與教育（歷史老師）人才為唯一目標。美國這波史學「應用」運動造成的影響，主要是在公共政策以及政治諮詢領域。

至於面對斷裂多於光彩過去的（西）德國，公眾歷史的討論發自歷史教學場域。1970 年代，德國歷史教育學界面臨一個事實：歷史並非只在學校或學院裡教授與談論，社會上亦有許多個人與團體熱切學習，甚至寫作歷史。當時發展出「歷史意識」（Geschichtsbewusstsein）這樣的概念。這個概念後來受胡賽爾（Edmund Husser，圖 1）等人現象學的啟發，特別強調歷史是發生在「生活世界」中。這批學者區分探討生活世界、教育體系，以及學院世界中歷史概念如何被理解與呈現。強調「生活世界」，基本上承繼了現象學質疑科學理性作為唯一理性形式的觀點。其實也可以說是歷史詮釋權的爭奪。究竟是大學、官方還是公眾具有詮釋歷史

圖 1.
歷史與哲學思考：1936 年現象學家胡賽爾在《歐洲科學危機與超驗現象學》中主張，「生活世界」（Lebenswelt）是所有認識論探究基礎。（圖片來源：維基百科）

圖 2.
記憶與反省：德國慕尼黑大學主樓外廣場紀念 1943 年的「白玫瑰事件」，以陶製散落傳單作為「地面紀念碑」。（圖片來源：維基百科）

的權力（與能力）。在此風潮下，許多概念都曾在此脈絡中出現，例如 everyday consciousness, time, tradition, socialization, identity 等等。簡單來說，具現象學色彩的歷史意識環繞以下三種認識過程：詮釋過去、理解現在、展望未來。

雖然美英兩國與德國（影響中北歐）的發展與重點各有不同，但有些基本關懷卻相當接近。相似處主要表現在兩者都不再強調如何研究或撰寫過去，而聚焦在公眾如何在日常生活使用有用的以及重要的過去（past）。「過去不只是存在；它是現在的一部分」成為對每個人都非常「真實」的狀態。隨著史學理論的辯論，傳統著重歷史知識內容的教學模式，逐漸偏向培養歷史思維、歷史意識，以及各種核心能力的方向發展，並重視成果導向的教學規劃（目前第二期評鑑似乎也是走上這條路）。（圖2）

社會渴望歷史

因為學習領域的關係，我有許多機會與其他領域的學者互動。這幾年來，我一直碰到各領域學者熱情的邀約或者期待。譬如，醫學院希望我幫忙開發醫學史、護理系希望有人可以作臺灣護理史、工學院對臺灣工程與技術史深感興趣……。科學教育界、資訊界、文物館、博物館，校史室、甚至政府觀光局等等都對歷史（系）有著各式各樣的想像與期待。當其他領域一再伸出友好之手，露出期盼的眼神，臺灣歷史學界該如何

面對如此不斷的善意或誤解（有天或許會因理解而不再友善？）？更不用說，坊間流傳的各式歷史小說（《達文西密碼》）、人物傳記（賈伯斯、林書豪、麥克·傑克森）、回憶錄（《福爾摩沙紀事：馬偕臺灣回憶錄》、《臺灣監獄島：柯旗化回憶錄》）、口述歷史（228 口述歷史、《高空的勇者：黑貓中隊口述歷史》）、歷史電影（《賽德克·巴萊》、《牽阮的手》）、紀錄片（921 紀錄片、《偉忠媽媽的眷村》）、歷史電視戲劇（《雍正王朝》、《步步驚心》）、電腦遊戲（歷史帝國、三國群英傳）、動漫（三國相關）、展示（臺史博府城展、工博館工業史蹟展）（圖3）、主題樂園（懷舊風的香蕉新樂園之類）、電視廣告（天然最好的枇杷膏軟糖孟姜女篇中的小孟）、文物資產（樂生療養院、赤崁樓），以及無數與歷史有關的觀光旅遊導覽、網頁、部落格、臉書等等。這些媒介充滿各種真真假假的歷史想像、意象與知識。（圖4）

全民書寫的時代，學院歷史學到底可以如何藉普及促進社會參與？我其

實無法回答這個問題。但是我想再次藉杜老師的話發揮，那就是：參與與否的確關乎心態是否解放！如果對話過程成為學術重點之一，那麼所謂學術表現，似乎就不可能「只」關注 I 級論文或專書這樣的成果。也該藉由參與歷史對話，展現歷史公民（包括學術歷史社群）堅持自由、參與以及多元認同的價值。如此的公眾歷史勢必會促使歷史學科更民主、更多元。但是我想強調的是：承認與尊重多元並不代表必須撤守學術歷史所發展出來的原則。學術原則仍值得參考。只不過，未來的歷史知識不會再以宣示、背書與撰述美好未來的許諾形式出現，而是不斷的相互撞擊、激發對話進而產生各種意見。在這個意義上，公眾歷史其實具有強烈的啟蒙色彩，只是這番並無偉大救星，而是每個人都有機會參與的「history in the making」（借用 science in the making 的概念）

如果歷史化當代對歷史的理解，將當代歷史知識的歷史性呈現出來，可被視為初步共識。那麼，以學院所擅長的作法，或許我們可以考慮是否讓公眾歷史（無論用什麼字眼）成為比較具結構性的建置，例如上述的學程；或者藉由整合性研究計畫，進行理論與案例的研究；或者舉辦系列工作坊或研討會針對理論，教學實務；或與其他媒介互動的各種問題進行交流，以摸索在地實踐的可能性。

參考資料：

國立中興大學歷史系主編，《史學專業課程教學研討會論文集》。1994。

《新史學》，第 13 卷第 3 期，「史學與理論專號」。2002 年 9 月。

《當代》，第 200 期，「世變與史學專輯」。2004 年 4 月。

關尚仁等，《科學傳播發展研究（一）：科學傳播源流》。行政院國家科學委員會，2011，第二版。

Jensen, Bernard Eric. "Usable Pasts: Comparing Approaches to Popular and Public History". In: Hilda Kean and Paul Ashton (eds.) *People and their Pasts: Public History Today*. Palgrave Macmillan, 2009.

Pirker, Eva Ulrike & Ruediger, Mark. "Authentizitaetsfiktionen in populaeren Geschichtskulturen: Annaeherungen". In: Eva Ulrike Pirker (Hg.). *Echte Geschichte. Authentizitaetsfiktion in populaeren Geschichtekulturen* .Transcript Verlag, 2010, 11-30.

Tomann, Juliane (ua.) Diskussion Angewandte Geschichte: Ein neuer Ansatz? http://docupedia.de/zg/Diskussion_Angewandte_Geschichte

Ventzke, Marcus. Die Formierungsphase(n)der Angewandten Geschichte. docupedia.de/zg/Ventzke_Kommentar_Angewandte_Geschichte?oldid=77836

附註：

1. 撰寫這篇文章的時候還沒有歷史學柑仔店。我曾在臉書與學生提起歷史學界在網路上的某種缺席，沒想到 2014 年就誕生此店。第一次參與，雖是舊文修改響應，誠意不變！

2. 前幾年拜訪慕尼黑工大科技史教授，他提到他接了一個大案子，因為前幾年德國車廠想併購美國車廠。他們延攬許多顧問，其中之一就是這位科技史教授，因為他研究兩國汽車工業以及工業文化的發展比較。

我們賴以生存的歷史：
體會、共享與反思

劉龍心　東吳大學歷史學系教授

圖 1.
日本導演黑澤明將芥川龍之介《竹籔中》和《羅生門》原著，改編成電影《羅生門》，長期以來被臺灣各大學的歷史課當作常用教材。（圖片來源：維基百科）

註 1.
原以為這種現象只是我的個人經驗，後來看了陳恆安老師的〈大家都愛羅生門〉（https://bit.ly/2J8uUDw）之後，才曉得這是許多老師普遍的觀察。

這幾年我上史學導論這門課，內容總或多或少有些調整，可是有些比較關鍵的主題或教材始終保留著，像是《羅生門》（圖1）這部片子，老則老矣，但還是很經典的，它所呈現的幾個面向似乎很難有其他片子可以取代，仍然值得在課堂上運用和討論。可是也不知道從什麼時候開始，隱隱然發現學生對這部片子的觀點愈來愈一致，也愈來愈貧瘠。學生討論到最後，結論往往指向「歷史沒有真相」，如果進一步追問為什麼，答案不外乎：「歷史真相會因每個人角度的不同而出現差異。」[1] 印象中，這種口徑一致的結論，在 1990 年代我剛開始教書時是比較少見的，或許那個時候的人選擇不多，可是試圖突破禁忌的思維相對複雜，而今天選擇多了，思維卻單一化了。為了誘發同學進一步思考形構各種歷史解釋背後可能的種種條件，我索性帶著強烈暗示性地問大家：黑澤明到底有沒有在他這部《羅生門》的片子裡給出一個他認為的真相？令我驚訝的是，有許多同學的答案竟然還是：「沒有。」

其實當學生看完《羅生門》，獲致「歷史沒有真相」，或「歷史真相因詮釋角度而異」這樣的結論時，距離歷史虛無論已不遠了。我期待學生可以在我的暗示下，注意到導演黑澤明是如何安排這個故事，並且進一步思考他為什麼要這麼安排這個故事，但是對學生而言，反正歷史的真相可隨人的解釋角度而變，剩下來的就不是「我的」問題，而是閱聽人或讀者自己的判斷了。換句話說，當學生們看不出黑澤明如何有意藉著

「強盜→女人→武士→樵夫」所鋪排的敘事結構體現他自己的現實關懷和人生信仰時，黑澤明所欲表達的「真相」，自然也就掩而不彰了。幾年下來，每每遇到這樣的情況，我都有些懷疑，究竟是學生認為黑澤明沒有給我們真相，還是這一代的學生根本不相信事情是有真相的，或他們根本不需要真相？

多年以後我才漸漸發現，學生會做出這樣的結論並非無跡可循，說到底，其實是我們的社會或學校教育給了他們這樣的示範。自臺灣解嚴以來，政治環境丕變，教育鬆綁，思想解放，在臺灣幾乎沒有什麼不能談的議題，表面看來我們好像處在一個多元的環境中，但實際上這種多元只是一種假性的多元，一種看似尊重個人觀點，實則是缺乏歷史縱深與歷史判斷的各說各話而已，不同觀點之間沒有對話，只有選擇（或不選擇）。舉個例子，大約是 2009 年的某堂課上，因為談到古蹟與文化資產的問題，說到 2007-2008 年間中正紀念堂改名國立臺灣民主紀念館，後來又再改回原名的事，對於中正紀念堂那塊被政治人物換上換下的匾，到底該掛回去還是換掉，我希望同學們能說說他們的看法。一開始，學生們露出有點無奈的表情，經過一番七嘴八舌的討論之後，竟然有好幾組同學表示：這個問題不難解決，大可一年掛中正紀念堂，一年掛臺灣民主紀念館的匾，輪流掛就公平了。我記得那個單元談的是臺灣普遍缺乏文化資產保存概念的歷史因素，我信手舉了這個發生在當下的例子，聽了學生們的答案，只能感歎他們被當今的政治人物教得不錯！

的確，臺灣保存歷史建物或文化資產的作為，從來極度忽略歷史成因，對於與當今政治意識型態相左的建物無不欲去之而後快。2007 年民進黨政府將中正紀念堂換名撤匾的做法，宛如把強人政權在臺的鐵證抹去，並以意義完全相反的民主軌跡妝點在原有的建物上，此一作法不啻與戰後中華民國政府掌握話語權後，逕把日本殖民政府在鹽寮豎立的「澳底御上陸紀念碑」改成「鹽寮抗日紀念碑」（圖 2）的作法如出一轍，原有

圖 2.
1975 年改建的鹽寮抗日紀念碑
（新北市鹽寮藍灣海濱休憩園區提供）

的歷史意義一夕翻轉，殖民遺跡轉瞬之間成為虛構的證物。政治人物似乎以為把牆上的字抹掉，歷史的傷痛就可以康復，忘掉前愆，即有光明的未來。尤其令人感到不解的是，2008 年政黨再度輪替，國民黨政府又再複製了完全相同的思維，以復歸原貌和節省公帑為由，一面把中正紀念堂主館的匾掛回，一面留下牌樓上自由廣場的字樣，「一人一半」，看似公平，實際上什麼問題也沒有解決。

或許在這種情況下，歷史是沉重的——對絕大多數的人而言，不只是政治人物，市井百姓何嘗不是？要弄清楚一個歷史人物的功過是非，還要重新審思當年興建此一建物的時空背景、外在條件，以及此人此物在臺灣歷史脈絡中的位置及其影響，都令人感到複雜而沉重。所以，簡單點的方法就是改掉它、毀掉它、抹掉它，讓它徹底地從我們的記憶底層消失。可是，這樣的做法和我們責備日本人規避二戰責任，在教科書中絕口不提南京大屠殺有何差別？而臺灣到處可見日本殖民留下的遺跡（總統府、神社、阿里山火車、烏山頭水庫），我們也都該全然毀棄、改造嗎？不見、不聽、不聞，不能改變它曾經存在的事實，重點是處於後世的我們能以什麼觀點來看待這些已成的事實。不論你認為蔣介石是英雄還是獨夫，他都和 1949 年以後臺灣的歷史動向緊緊結合在一起，過去的那段歷史也都是形塑今天臺灣面貌的一部分，而且最重要的是，這個經驗只有身處在臺灣這塊土地上的人才曾經共同經驗過，別的地方——包括中國、日本及世界其他任何地方都無從體會這種歷史經驗，而這正是我們共同經受的過去，共同享有的歷史，也是生存在這個土地上的我們體認和解之道的起點。抹掉他，美化他，或把它 Q 版化 [2]，讓社會長期處在各說各話的狀態，都只是選擇從歷史中逃脫，唯有正視歷史中那一切的好與壞，才讓我們更珍惜、更接納現在的樣子。

當然，我也知道要目前臺灣社會具有這樣的體認是有困難的，大家並不習慣從歷史的角度思考問題，歷史意識更是普遍缺乏，思考問題時極易受到現實情感和好惡左右，即便是歷史系的學生，也往往不見得知道怎麼去思考歷史問題，尤其在實際運用的時候，就算有些基本的史學理念也不見得管用。像是這兩年在課堂上講鴉片戰爭，由於是討論課，我先不講課，只先放了謝晉於 1997 年執導的《鴉片戰爭》（圖 3）這部片子，並請學生回家閱讀將廷黻在 1938 年寫成的《中國近代史》〈總論〉及第一章〈剿夷與撫夷〉，目標是希望同學能夠透過這兩個在時間上有滿大落差的文本，了解梁啟超、蔣廷黻、費正清（J. K. Fairbank）以降的「現代化」論述模式是如何形成的，以及此一論述模式對學界長期以來詮釋中國近代史所產生的影響。我知道如果只是以講授方式介紹「挑戰與回應」等西方中心觀和「現代化」論述模式的形成，對學生來講，只是會成為背誦知識，不太可能輕易改變他長年累月下來根深蒂固的「心靈模式」。

註 2.
malaita，〈Q 版的歷史〉，芭樂人類學，2010 年 4 月 5 日，http://guavanthropology.tw/article/444。

圖 3.
由許鞍華編劇，謝晉導演，為紀念香港 97 回歸中國而拍攝的電影《鴉片戰爭》。

為此，在討論之前，我特意提醒同學不要只陷溺在電影所鋪陳的劇情當中，更要意識到電影本身生成的脈絡，及其背後所代表的意涵，才能夠在討論過程中，一步步發現這部在香港回歸中國前後所拍攝的電影和影片中強烈的民族主義與現代化觀點有何關聯。等同學有了這層體會之後，再與蔣廷黻的《中國近代史》相互對照，一樣也是希望同學能夠注意到這部成書於 1930 年代的作品是在什麼樣的歷史脈絡下出現的，而書中又有那些論點受到此一脈絡的影響。最終期待同學能夠進一步思考電影與專書這兩種文本背後所反映的敘事結構和書寫策略，及其與近代歷史知識之間的關係。

我知道這樣的討論對大學部同學來說是有一定難度的，可是如果不嘗試在課堂上加進一些歷史思維的訓練，只告訴學生「歷史不是背誦科」這樣的觀念是完全沒有意義的（因為在目前大學指考所引導的題型下，學生不但「知道」歷史不是背誦科目，而且早就連背都不背了，當然，這是另一個話題，以後有空再說），我沒有想到今年上鴉片戰爭這個單元時，正逢三一八太陽花學運如火如荼進行的當兒，有一位同學在課後跑來告訴我，說他完全沒有辦法看進蔣廷黻的文章，細問之後才知道，這位同學認為蔣廷黻是國民黨，他寫的《中國近代史》充斥著國民黨史觀，讓他沒有辦法接受。聽完之後，我耐著性子告訴他蔣廷黻不是國民黨，1932 年他和胡適等人創辦《獨立評論》雜誌時，就是希望能夠以超越黨派的身分評論時政，因此當他 1935 年離開清華大學為國民政府延攬時，最為人知的就是他是以非國民黨員身分加入政府的，我們應該試著從 1930 年代當時的歷史脈絡和時代背景來看他的《中國近代史》，而不是一下子就用黨派立場評斷他。這位同學聽到這裡忽地回了我一句：「老師，你不是告訴我們歷史是建構的嗎？我為什麼不能這樣建構我的看法？」這個時候我的腦子裡出現了一個電影畫面，有個人朝著鏡頭垂直給了一拳，「啪」的一聲，螢幕就整個一片漆黑了……我想，後面就不用再寫下去了。

接下來好幾天，我老提不起神來，總想著要不要放棄我的教法，想著以後上課乾脆把鴉片戰爭講一遍，或發幾篇文章討論一下就好，我覺得我需要「復健」……

其實歷史這門學科就是這樣，常常被人視為是無用，且不說它有什麼「投資報酬率」的問題，至少它不像某些社會科學，能夠透過像社區總體營造、傳統產業更新、老街再造或社會企業等現實參與的方式，將所思所學與現實產生經驗上的連結。可歷史發生的場景都在過去，所有與過去的連結都需要高度的想像和體會，歷史學者把眼光埋在過去的時候，往往看不到現實的問題，而一般學習者卻又常常只能拘限在現實的框架下看待過去；歷史之於現實的意義難以體現，歷史思考的價值也不容易為

社會覺察，於是，歷史像是一個擺盪在現實和過去之間的幽靈，總在追尋中遺落。

歷史被斷為兩橛了嗎？在過去與現實之間，在有用與無用之間，還是在學院與非學院之間？我們的社會一方面呈現出嚴重缺乏歷史意識，不會運用歷史思考，一方面卻又好像很喜歡歷史似的，各式各樣的歷史劇大受歡迎，每年大學推甄，前來歷史系報名的同學常毫不諱言他們報考歷史系的原因是喜歡三國、唐朝、成吉思汗什麼的，學校警衛在我停車的時候，知道我是歷史系的老師，也會跑來問我看了《甄環傳》嗎？這幾年歷史學界不少人都注意到社會上對歷史「內冷外熱」的現象，也就是學院中的歷史極其冷門，學院外的各種歷史劇、歷史小說、歷史電玩、懷舊商品卻火紅得很，看來社會上大多數人似乎並不怎麼討厭歷史，可是怎麼進了學校之後，大家就這麼不喜歡歷史了呢？

我想，這還是跟一般大眾對歷史的期待和定義與學院之間有巨大的差異有關。Reinhart Koselleck 在 *Futures Past* 這本書裡說：絕大多數的人喜愛歷史故事（Historical account），但歷史故事並不等於現代意義的歷史學（Geschichte）。因為所謂的 Geschichte 乃是一種在啟蒙以後才逐漸出現的概念，在這個概念下，歷史包含了眾多故事、記錄，而且強調更長時段發展與變化的過程，人們期待藉由這種巨觀且統合的視野，看到人類活動的趨勢和變化，並反思歷史變遷在現代的意義。[3] 而那些考進大學歷史系以前的同學、校警、司機、政治人物，甚至我們的父母，喜歡的是一段一段的故事，不見得是我們在學院裡教的那套強調歷史思維、客觀訓練、學科規訓的歷史。

註 3.
詳細的討論請參考 Reinhart Koselleck, *Futures Past: On the Semantics of Historical Time*, trans. By Keith Tribe, Cambridge Mass.: The MIT Press, 1985.

前些年我在大四開過一門「歷史敘事與通俗歷史」的課，目的除了想讓同學嘗試一些通俗歷史的創作，也是試著尋找通俗與專業之間的溝通之道。同學選修很熱烈，但是修完之後不少人告訴我：「很有趣，可是很難。」我想同學會覺得困難的主要原因還是在通俗和學院之間的那道鴻溝。為了不想讓這門課變成好像只是討論歷史怎麼應用的課，所以我還是在這樣看似通俗的課裡，用閱讀和討論的方式，讓同學體會如何在敘事之中體現歷史思維，並且希望他們能夠表現在期末作業當中。但我發現除了極少數的同學之外，這些在學院中受過初步歷史學科訓練的學生，竟然多半失去了「講故事」的能力。他們常常在敘事和論理之間進退失據，或是只有大的歷史脈絡，沒有具體的細節，抽掉了虛擬的人名或地名之後，就像一部只有輪廓沒有劇情的歷史教科書。想想大四學生尚且如此，寫了一輩子學術論文的歷史教授呢？是不是更沒有說故事的能力了！所以我們經常看到不論在海峽的此岸或彼岸，歷史學者大都對各種通俗歷史的表現方式保持一定的距離，如果不幸哪天被找來對某某歷史劇提點看法，最大的本事也就是「糾繆」，說這不符史實、那不是

真的，要不就是服裝、道具不對云云。可問題是：一般大眾根本不在意這些！

那次的開課經驗讓我初步體會到學院書寫和通俗歷史之間巨大的差異，也讓我記起幾年前研究 1930 年代顧頡剛辦通俗讀物編刊社時所編寫的一些歷史故事。那些歷史故事多為喚起民眾的抗日意識而寫，當時參與創作的顧頡剛、向林冰、老舍等人，對於如何兼顧民眾趣味和創作理念無不感到十分痛苦，老舍後來甚至索性放棄了這條路線。今天看來，當年這些出版量極大的通俗歷史著作也不是那麼好看，能夠出版六百多種並且維持一定的銷量，想必多少受抗日宣傳之賜。而且抗日救亡的主題並不好表現，顧頡剛、老舍這些人又試圖在這些通俗故事裡灌注一些老百姓缺乏的歷史意識，所以他們創作出來的小說、鼓詞、歌謠等等，從形式到內容總不免和一般大眾的趣味有些距離，看來學院與非學院之間的鴻溝亦非自今日始。（圖 4、5）

圖 4.
楊晉豪，《八路軍出馬打勝仗》（大眾讀物乙種之三），生活書店，民國 28 年 4 月版。

圖 5.
顧頡剛主編，《民眾周刊》，第一卷第 17-18 期合刊，民國 36 年 9 月。

可是這道鴻溝就這麼難以弭平嗎？顧頡剛會放下手邊的研究去辦通俗讀物編刊社，為的是國家快亡了，喚起民眾成了知識分子的責任，那現在呢？今天的歷史學者意識到什麼危機了嗎？大家愈來愈不喜歡歷史？社會普遍沒有歷史意識？這些理由夠不夠？（少子化之後，各大學歷史系愈來愈沒有人來念，不曉得算不算也是一種危機？）二十世紀以降學科化的程度愈來愈明顯，歷史學者的掌聲不再來自群眾，而是來自 THCI Core、科技部，來自即使開著門也不見得有多少人進來的國際學術會議，以及那些坐在下面寥落的同儕。歷史學者自居歷史知識生產的上游，那麼下游的工作誰做？幾年的教書經驗讓我深深體會，學生到我們手裡都太晚了，他們的歷史思維早在國中、高中就定型了，可是能不教嗎？不教的責任更大，不教只是讓這批大學畢業生進到職場教他們的下一代時，製造更多的惡性循環，讓我們這個社會更加沒有與過去和彼此對話的機會。

事實上，要創造一個有反思能力的社會，並沒有什麼上游、下游的區別，它其實是互為因果，相互為用的，學生的歷史思維能力只是整個社會歷史意識的縮影，一個欠缺歷史意識的社會，絕不可能培養出懂得反省過去的公民。前些年到歐洲，在柏林街道上無意中看到一塊被鑲嵌在地上的銅製方磚，乍看很像某種地標，後來問了德國朋友才知道這種銅製的方磚叫 Stolpersteine，中文的意思是絆腳石。這些絆腳石最初是由一個叫 Gunter Demnig 的藝術家為了紀念被納粹屠殺的猶太人而鋪設的。Gunter Demnig 出生在戰後，他注意到很多二戰期間被納粹屠殺的猶太人住屋，或是曾經發生驅逐的地點，這些地方後來陸陸續續有新的屋主進住，有些則是因為都市計畫更新而拆除，後來的人漸漸不知道這些地方原本是猶太人的住家或聚集地。Gunter Demnig 因此發起在這些屋子前方的人行

圖 6.
德國藝術家 Gunter Demnig
（1947-）從 1992 年開始，在
歐洲各地為紀念被納粹屠殺的
猶太所所鋪設的 Stolpersteine，
讓行走經過的路人表達對受難
者的敬意。圖片來源：作者攝
於班堡（Bamberg）

道或空地上，鋪上他自己親手製作的 Stolpersteine，並且在銅磚向上的一面鐫刻上受難者的姓名、出生年份、去世的地點，以及一些個人簡單的描述。（圖 6）Gunter Demnig 製作這些方磚的原因，是希望在逐漸變遷的城市中，讓人們留下對過去的記憶，並且藉著行人彎腰閱讀方磚上文字的動作，有如鞠躬一般象徵性地表達對受難者的哀思。

記得第一次聽到這個故事時，德國朋友告訴我，這些絆腳石在鋪設之前，會和當地的居民有長時間的討論和溝通，唯有當地居民同意，這些絆腳石才會動工施作，當然，有些地方還是不能接受這種具有弔念性質的小型紀念碑埋設在自家附近，Gunter Demnig 和他的工作團隊也會尊重當地人的意見。這個故事給了我參觀歐洲猶太人大屠殺紀念館（Memorial to the Murdered Jews of Europe）完全不同的感動，它不同於一個由政府興建，豎立在都市某一角落，只有在某個紀念日來臨的時候才有人前來鞠躬弔念的大型紀念碑，它是由一群公民自動自發籌錢募款並親自調查製作的，這裡面有著當代人對過去的反思，有著生者對死者的疼惜，有著小人物對社會正義的執著，以及群體的自覺和相互的包容，而緩慢的溝通與等待，更是維繫社會持續反思力量的重要價值——那是一種只在高度具有歷史意識的地方才有的價值。

臺灣，什麼時候可以做到？

延伸閱讀：

Reinhart Koselleck, *Futures Past: On the Semantics of Historical Time*, trans. By Keith Tribe, Cambridge Mass.: The MIT Press, 1985.

Stolperstein: Wikipedia, http://en.wikipedia.org/wiki/Stolperstein.

吳乃德，〈我們共同的二二八〉，《中國時報》，2006 年 2 月 27 日。

皮耶・諾哈（Pierre Nora），〈記憶與歷史之間：如何書寫法國史〉、克希斯提昂・阿瑪維（Christian Amalvi），〈七月十四日：從震怒之日到節慶日〉，收入：皮耶・諾哈編，戴麗娟譯，《記憶所繫之處 I》（臺北：行人文化實驗室，2012）。

第二篇

歷史與 科學

TWO

在東亞
主編英文期刊？！

李貞德 中央研究院歷史語言研究所研究員

TWO

1

2017 年 6 月底，我赴首爾出席第四屆 AAS-in-Asia 年會（圖 1）。這是我第一次參加國際研討會，卻未發表或評論專題論文，也未主講或主持任何場次，而是以學術刊物主編的身分，以 Managing English Academic Journals in Non-English Speaking Countries 為題，籌組圓桌論壇，邀請同行，分享甘苦、交流經驗。

圖 1.
AAS-in-Asia 會議官網

自 2010 年底承擔公務，負責主編 *Asia Major*，七年來，與國際學界交往頻繁。一方面，彷彿本能般地，不斷想推廣這份由臺灣出版的期刊，另一方面，和來自世界各地同樣母語各異的投稿者及審查人通信，卻隱約察覺這一切背後的變數，並非臺灣或漢學，而是英文。

Asia Major 雖然 1923 年便已創刊，卻是 1998 年才從美國普林斯頓大學轉到史語所編輯出版的。在那之前，台灣少數大學英語系，偶有編印英美文學和語言的學報，如 1970 年首發的 *Tamkang Review*，除此之外，人文學界幾乎沒有全英文的期刊。然而，二十一世紀伊始，不僅臺灣，東亞各國亦紛紛出版英文學刊，宛如雨後春筍，而且不限英美課題，反而頗多研究本地文史者。它們的稿源各異、性質有別、評價不一，策略和境遇，皆令人好奇。

研究東亞歷史文化的西文刊物，早就存在，但過去多在歐美國家。也就是說，西方人探討東亞異文化，仍是以自己的母語發表成果，*Asia Major*（圖 2）便是一例。它由學者兼出版家 Bruno Schindler（1882-1964）在德國創刊，最初收錄德文、法文和英文研究東亞文化的論著。二戰後在英國復刊，卻因經濟困難而喊停。1980 年代，由劍橋赴美任教的唐史專家杜希德（Denis Twitchett, 1925-2006）在普大重開第三系列，*Asia Major* 遂成為聚焦於中國歷史文化的英文期刊。

圖 2.
Asia Major 官網

更早之前，歐陸還有《通報》（*T'oung Pao*），1890 年由法國與荷蘭的專家主持創立，收錄包括中國、東北亞、東南亞，以及中亞等各地之歷史語言和文化論著，二十世紀下半才逐漸演變成漢學專刊。而美國學界自 1936 年便有哈佛燕京學社出版的 *Harvard Journal of Asiatic Studies*。一次大戰後，為了瞭解遠東，成立學會，發行《遠東季刊》（*The Far Eastern Quarterly, 1941-1956*），二戰後，組織擴張重整，成為今日號稱擁有七千會員的亞洲研究學會（Association of Asian Studies, AAS），期刊也改名為 *Journal of Asian Studies*，登載領域則和哈佛亞洲學報一樣，不限於東亞或中國。

數十年來輪流在美加各大城市舉辦年會的 AAS，宣示向其研究對象的亞洲靠攏，自 2014 年起陸續在新加坡、台北、和京都加場演出，2017 年的 AAS-in-Asia 便選在高麗大學。大會以 Asia in Motion: Beyond Borders and Boundaries 為主題，共有超過百場、約一千三百位世界各地研究亞洲的學者參與。我們的論壇，排在清晨第一場。會前，大家憂心自嘲：「這麼早？恐怕得自言自語、自問自答了！」不料，廳門一開，獲得約三十位觀眾青睞。來自韓國、臺灣、中國、日本、新加坡、澳大利亞、美國等地的刊物或出版社主編、執編、助編，以及年輕學者，接二連三詢答，討論熱烈，令大夥兒頗感驚喜。

我之所以起意組團，其實源於兩年前在芝加哥參加 AAS 的經驗。那次會議中有一場次，由 *Journal of Asian Studies, Harvard Journal of Asiatic Studies* 以及 *Late Imperial China* 等幾個美國東亞研究學報的主編座談，分析經濟不景氣和數位化衝擊下的經營情況，吸引不少歐美刊物負責人聆聽並發表建言。在美國發行英文學報，尚且有各種意想不到的困境，在東亞主編非母語期刊，面臨的挑戰，恐怕更為複雜？這些機構和學者，為什麼要自找麻煩呢？是基於什麼理念、懷抱哪些目標呢？這些期刊，對各自的學術社群究竟有什麼意義？可以成為展現當地學力的櫥窗嗎？還是因為語言障礙，變成本地學者事不關己、出版機構尾大不掉的負擔？非英語系國家的英文刊物，在爭取國際認可的征途上，獲得哪些支持，又遇上什麼困難呢？

我想聽聽其他同道怎麼說，於是發出邀請。幸運地，獲得臺灣與日韓其他四份刊物主編和執行編輯的回應。在邀約商量的過程中，意外發現另有一份刊物的執編也正籌組類似論壇，不過他們關心的比較不是編輯運作，而是英語霸權的問題。於是兩方人馬協議，區隔重點，由我們五人先談實務甘苦，再由他們檢討語文帝國主義的問題。或許是因兩場一氣呵成、前後呼應，以致效果加成？也可能真的是編務艱辛、一言難盡，執事的女士（佔多數）先生們渴望相濡以沫、一吐為快？論壇結束之後，不少聽眾意猶未盡，拉著發表人在場外另覓空間，繼續交流。

論壇主場因是我邀約籌組，五位主編已賴網路溝通半年，即使未曾謀面者，也宛如舊識，分享經驗，堪稱流暢。倒是會外續攤，眾聲喧嘩，過刊與新本齊飛，傳單共名片一色，大家似乎都急於介紹自己的學報。有的標榜歷史悠久、有的顯然稿量驚人、有的宣稱已抵達「I 級」（AHCI 或 SSCI），換得眾人讚嘆「厲害厲害」(Wonderful, Marvelous, What a great job)！但在談開之後，卻不難發現，其實不論場內場外，這些在非英語系國家主編的英文刊物，都碰到一些類似的問題。

最常遭遇的，就是投稿者的英文詞不達意，或來稿由其他語文英譯，起承轉合不符英文論著的書寫慣習，難以獲得編者、審查者乃至讀者認同。韓國大學及研究機構，在新聘、續聘和升等案審查中，系統性地區分期刊級別，通常給予英文論著加倍的點數，導致許多尚不熟悉英文寫作的年輕學者前仆後繼。少數入列 I 級的期刊，如 *Sungkyun Journal of East Asian Studies*（成均館大學東亞評論）（圖3）退稿率超過七成，衝高了統計數字，卻也造成審編流程上人力物力的耗損，不免白忙一場之憾。

另一個經常性的困擾，就是適任的審查人難尋。既是東亞研究，有的時候、有些主題，真正的專家未必讀寫英文，「難道要執編口述筆錄嗎？」有人感嘆。何況現在學者都忙得很，願意配合時程的審查人在哪

圖 3.
成均館大學東亞評論官網

兒呢？這時，高規格的審查費，或許會增加吸引力？日本文化研究中心
（International Research Center for Japanese Studies, Nichibunken）出版的 *Japan
Review*（圖 4），回饋論文審查人，每份報告兩百美元！此話一出，眾皆
舉手：「選我選我，我從今天起專攻日本研究！」話雖如此，玩笑之後，
仍有資深學者嚴正聲明：「審查是對學界的服務，應分文不取！」

其實，政府預算支持的日文研，為提升國際櫥窗的功能，加強 *Japan
Review* 的能見度，一向由英文為母語的研究人員擔綱主編，大約十年前，
更特聘英籍日本研究學者接任，並挹注豐厚經費。除了高額審查報酬，
邀寫書評則既贈書又付稿費，同時還全面改版，不但封面華麗，插圖多
彩，而且一出刊便全文上網，索贈即免費寄送，真可說是卯足全力，拓
展推廣。

然而，國際櫥窗也可能左右為難。主編為招來優秀英文稿件，努力切
割政府單位機關報的形象，甚至廢除舊版原有的日文摘要，僅在官網
揭露。「何以如此行？」英語霸權組的一位美籍執編提問質疑：「為了
跨界溝通，大家不都嘗試各種語文並存嗎？」是啊，若無法服務本鄉學
界、反映在地成就，對出資者而言，豈不全成了為他人作嫁？霸權組另
一資深日裔學者，在長春藤學府任教，宣示要終結 Pax Americana，稱已
創立特色刊物，同時以英、中、日、韓四種語文發行。眾人一聽，廿拜
下風，皆呼：「佩服！佩服！」不過，查詢官網，該刊十多年來僅出版
五期，如何終結霸權，恐怕還得觀察。（Naoki Sakai and Traces: https://bit.
ly/2vJl6MZ）

圖 4.
Japan Review 新舊版及官網

終究還是語文人力的問題嗎？深耕在地、走向國際，大概是非英語系國
家出版英文刊物的夢想？風景看似美好，路程卻多險峻。東亞教研機構
中的行政團隊一般僅操母語，因此亦有主編到了刊印前夕，才發現排版
人員錯置圖文而不自知。為了避免困擾，也方便發行推廣，不少期刊僅
在東亞審編，而將排版、印刷、銷售等後續流程，委外發包或以國際合
作形式，交給歐美出版社執行。如此一來，在地主編或執編的任務，已
不限於學術評估，反而需如經營之神，推敲拿捏各種契約利弊。

臺灣新興的東亞科技與社會研究學報 *East Asian Science, Technology and
Society: An International Journal*（EASTS）（圖 5）創刊十年來，便經歷了兩
種不同國際合作的考驗。雖然在和美國知名大學出版社簽約之後，質量
漸入佳境，但既然所費不貲，編輯團隊經營起來，也就更加臨淵履冰、
戰戰兢兢了！

梨花女子大學的 *Asian Journal of Women's Studies*（AJWS）（圖 6），長年致
力於婦女研究和婦運實務的跨界溝通，歷史悠久，有口皆碑。兩年前，

圖 5.
EASTS 新舊兩版和目前官網

也是為了進一步國際化和數位化，和美國商業出版社簽約，運用其投稿邀審系統，卻屢屢遭遇編者、作者、審查者多方聯繫上的困難。其實這種以系統郵件邀審造成的問題，並不限於英文刊物，各國學者都曾表示，收到郵件若看到不是真人所寫，便直接點選婉拒。唉，說起來也是人之常情，但對原本就邀審不易的編輯群而言，卻形同火上加油。

不過，AJWS 執編更苦惱的，是商業出版之後，期刊定價從美金 60 元變成 465 元，翻漲將近八倍，既非 NGO 性質的婦運團體所能負荷，也非大學經費有辦法採購贈閱。原本為了推廣而試行的國際合作，反而逐漸侵蝕了跨界橋梁的創刊初衷。如此說來，所謂霸權，英文可能只是表象，畢竟它仍提供了 *lingua franca* 的便利？商業資本主義，包括企業集團的出版社和資料庫，對學術界的衝擊，才是分析的重點？

但，這兩者真能清楚分開嗎？場內編輯實務與霸權批判連番，場外困惑感嘆和共勉之聲不絕。一直處在高張力的情境中，難免還是令人有點兒疲累。透個氣兒吧！我走出戶外，回顧這幾天遊走聽講的會議場地，兩棟都是外觀富麗堂皇，內部設備齊全，令人頗感愉快！看一下建築物名稱，都有個英文開頭，一為 LG，另一為 Hyundai，聳立在 1905 年創設的高麗大學校園中，雖然新穎顯眼，卻似乎和周邊的環境也相容無礙？

圖 6.
AJWS 官網

附註：

兩場圓桌論壇摘要網址：
Managing English Journals-Group Abstract: https://bit.ly/2wwdGgw
English Hegemony-Group Abstract: https://bit.ly/3aeGBnR

數位時代，
圖書館將何去何從？

涂豐恩

哈佛大學東亞系博士

2012 年年初，一則謠言在哈佛圖書館館員間流傳著：據說，圖書館高層為重整組織架構，節約經費，即將展開大裁員；更進一步的傳言指出，校方不只會解僱部分職員，而是打算從零開始、一個不留，要求所有館員再次準備履歷、申請新的工作職缺。

「所有的圖書館職員實質上都被 fire 了！」有人在推特上這樣怒吼著。

憤怒的館員當然不會坐以待斃，他們透過各種管道，傳達自己的不安與困惑。為了凝聚共識，他們舉辦了一場座談會，來自各部門的職員輪流上台發言，抗議校方提出的新政策，有些向來關心勞工議題的教授也前來聲援，希望校方保障職員的權益與圖書館的整體發展。

圖 1.
羅伯·丹頓（By Fronteiras do Pensamento - Robert Darnton no Fronteiras do Pensamento Porto Alegre 2016, CC BY-SA 2.0, https://bit.ly/33HP3tC）

當天晚上，會議室裡擠滿了人。哈佛總圖書館館長羅伯·丹頓（Robert Darnton，圖 1）也出席了，他坐在前排，看著館員與教授們輪番上陣，批評圖書館的領導階層方向錯誤、手段失當。一直等到後半場討論時間，他才終於有機會舉手發言。面對著滿屋子懷疑的眼神，丹頓以他一貫緩慢而清晰的語調解釋，館方確實有重新調整組織的計畫，但不少傳言並非事實。他強調，館方所擬定的新方案，最終目標不在節省經費，而是為了提供全校研究人員更好的服務。他以館長的身分向在座聽眾保證，職員的權益必將受到保障，希望大家無須過度驚慌。

身為歷史學者的丹頓，對於謠言這個社會現象想必不陌生。他自己的研究領域，正是圍繞著知識與資訊在近代法國社會的流通。比如在《啟蒙運動的生意》（*The Business of Enlightment*，圖 2）一書中，他細緻地重建了十八世紀《百科全書》從編纂、印刷到出版的過程。這本書成為當代書籍史研究中的經典，也奠定了丹頓的學術地位。

他也曾研究法國大革命前的禁書與禁曲，探討這些在地下流通的訊息，如何重挫法國皇室形象，讓國王路易十六與皇后瑪麗・安東尼，成為許多人心中除之而後快的妖魔。如果我們過去對於法國大革命的理解，大都、集中在知識菁英揭櫫的哲學理念（如自由、平等、博愛），那麼丹頓則提醒我們：那些看似平庸、甚至自相矛盾的資訊，可能更具破壞力，影響力更為廣泛——這正是謠言的特性。儘管謠言的內容或許是假的，但它所帶動的社會效應，卻可能真實無比。只是不知道當時埋首檔案與書堆的他，可曾想像過，自己有天也將身處謠言風暴的中心？

2007 年，丹頓離開了他任教數十年的普林斯頓大學，回到母校哈佛大學，接下總圖書館館長一職。當時的哈佛共有七十多個大小不同分館，超過一千萬冊藏書，對於一個畢生研究書籍、與書為伍的學者而言，這或許是再適合不過的職位。

值得注意的是，成長於印刷書時代、接任館長時已經近七十歲的丹頓，對於圖書館的發展卻抱持前瞻的眼光，他對於電子書與數位科技帶來的改變，更是重視。因應數位時代來臨，圖書館的轉型與定位，自然是他念念不忘的課題。除了哈佛內部的改造外，他也積極參與催生「美國數位公共圖書館」（Digital Public Library of America），希望透過新技術的力量，推倒知識高牆，讓更多人能自由地接觸書本內容。

不過，改革顯然不容易，丹頓不僅面臨了內部的抗拒，外界對於「美國數位公共圖書館」的理念，也有各種意見與批評。2015 年，他從館長一職退休，但哈佛圖書館的轉型還在起步階段，美國數位公共圖書館的眾多計畫和目標，也尚未完成。

科技改變了什麼？

新科技將改變圖書館的角色與功能，這樣的說法已經是老生常談了。過去十多年內，隨著網路的普及，圖書館界從抱怨讀者不斷流失，到逐漸接受這個事實，並開始思索如何轉型、找回讀者與圖書館的存在意義。當前的問題，已經不再是圖書館是否需要改變，而是如何改變。

但要解決問題，必須先弄清楚問題何在。換句話說，我們得先問：對圖

圖 2.
Robert Darnton, *The Business of Enlightenment: A Publishing History of the Encyclopédie, 1775-1800*（Harvard University Press, 1987）

書館而言,科技到底改變了什麼?這問題的答案足以寫成一本書。不過我們可以從兩個基本概念開始,思考這個大哉問:一個是時間,一個是空間。

先說空間。

對許多人而言,圖書館的定義是個藏書的空間,它提供人們借閱書籍。而一個圖書館的價值,也往往是以它的藏書量而定,收藏越多書,或是越多獨特的、罕見的書,則圖書館越有價值。

為了提供讀者更多的書,圖書館發展出了館際借書服務,A 館沒有的藏書,可以從 B 館調閱。館際借書之所以可能,必須歸功於運輸科技的進步。從概念上而言,它把圖書館從原先的空間限制中解放出來。今天圖書館的館際合作,已經無遠弗屆,只要有耐心,就算人在北美,也可以借閱到亞洲圖書館的藏書。在美國的長春藤盟校之間,甚至推出所謂的 Borrow Direct 服務,概念上與館際借書完全相同,不過透過內部成員的協議,大大加快了借書的程序與速度。

換句話說,館際合作有如另一種共享經濟。它為現代圖書館的兩大難題——藏書空間不夠,購書經費不足——提供了一部分的解決之道。

想像有一天,通訊與運輸的科技更為進步,進而將世界上所有的圖書館都連結起來,讓每個館的使用者,都能自由地借閱另一個館的館藏,同時能夠大大縮減從申請到取書的時間,不用像今天這樣等上十天半個月,讓館際借書就有如在同一個館借閱。到了那個時候,全世界所有的圖書館,其實等於是同一個圖書館,無論讀者身在何方,都能取閱這個由全世界圖書館聯合提供的巨大館藏。甚至有一天,讀者不用親自到圖書館借閱書籍,只要提出申請,所需的書籍就會送到辦公室或家門口。

圖 3.
World Digital Library 網頁,資料
來源:https://www.wdl.org/en/

或許你已經猜到了,這個看似烏托邦的描述,正是數位圖書館的夢想與承諾:一個沒有邊界,不受空間限制的圖書館。不論你走到何方,只要你連上網路,書就能立刻送到你手中。這是人類歷史上前所未見的改變。(圖3)

也因此,過去十多年來,全世界圖書館面對數位時代所做的主要工作,往往是盡可能地將館藏數位化、訂閱資料庫,並協助讀者取得其他館的數位館藏。如果有一天——也許就是不久的將來——這世界上所有存在的書都數位化了,而所有的數位資源都能自由而開放的取用,那麼前面所說的那個烏托邦,就將不再只是個幻想。

但問題來了。在我們這個時代,隨著科技的進步,人們似乎已經越來越

少逛書店、越來越少上圖書館，如果有一天，全世界的書都數位化了，而且人們透過自己的電腦，就能借閱這世界上所有的書，到了那時候，圖書館還有存在的必要嗎？這樣灰暗的前景，是讓許多人對數位科技抱持疑懼的原因。

換句話說，當圖書館的數位化作業如火如荼地前進，它們似乎也成為了自己的掘墓人：它們所做的一切努力，最終彷彿都是在消滅自己。

當然，有人要為紙本書辯護，說電子書無法取代紙本書，從紙張的觸感到印刷的氣味，從翻閱的體驗到查閱的簡便，紙本書做為一種古老的科技，不僅有著電子書無法企及的長處，更要讓懷舊的人念念不忘，大呼紙本書不死。

作為紙本書的愛好者，我完全理解這樣的情感。而近年來對於紙本書與電子書的市場報告，似乎也印證了紙本書籍依舊活力旺盛。但理性而言，懷舊只會是一代人的懷舊，不會是紙本書永生不死的根本原因。再說，隨著電子書不斷進步，紙本書的科技優勢還能維持多少、維持多久，恐怕也很難說。

更重要的是，圖書館的統計數據在在指出，大學老師和學者使用電子資源的頻率與數量，已經逐日超過了紙本書刊，而且還在不斷成長當中。在經費有限的前提之下，圖書館選擇優先投資電子資源，減少採購紙本書刊的費用，也是個合理的選擇。

於是我們又回到了原本的問題：如果對圖書館而言，電子資源的重要性正在超過實體書籍，那是不是意味著：做為收藏實體書刊的圖書館，重要性就算尚未消失，也將不斷地減低？

究竟在數位時代，人們為何還需要圖書館？答案或許在「時間」。

當資訊氾濫成災

如同前面所說，科技徹底改變了圖書館傳統定義下的「空間」，不僅打破了各種疆界，還創造出了一個全新的空間，並解決了許許多多因空間而生的問題。

然而，新科技並未解決時間的問題。它甚至放大了時間的問題。

這意思是說，當數位科技創造出了一個彷彿無限的虛擬世界，它卻沒有給予我們無限的時間。而今我們每個人面對著資訊氾濫成災的環境，再

博學的學者也無法跟上知識發展的速度。在這個情況下，時間更顯得如此有限、如此不足。如何解決時間的問題，或者說，幫助讀者節省時間、更有效地利用時間，我以為會是未來圖書館最主要的課題。

事實上，這不完全是個新的問題。在前數位時代，圖書館就曾有效地協助讀者解決時間的問題。我指的是像「圖書分類法」這個的發明。「圖書分類」看似個不起眼的技術，卻在人類知識發展上，發揮了極大的作用。你或許也有的經驗，在自己那區區百來冊的藏書中，就常常找不到需要的那本書。但有了圖書分類法，圖書館竟可以將數十萬冊、上百萬冊，甚至上千萬冊的藏書，有條不紊地歸類，大大節省了使用者尋覓一本書的時間。從這個角度想，圖書分類不是個很驚人的技術嗎？

只不過，要能做到這樣精確的管理，前提是圖書館對於自己的館藏有著十足的掌握，每一本書進來，都能經過細緻的編目、歸檔，成為整個分類系統的一部分。但數位時代已經無法如此，傳統的編目方法已經趕不上新資訊產生的速度。在這樣情況下，圖書館如何還能幫助讀者節省時間，答案似乎還未出現。

在這個資訊快速增長的時代，最成功幫助使用者節省時間，無疑是Google。但 Google 之所以成功，其關鍵不在於將資訊分門別類，而是找出了一個有效的方式將資訊按照其重要性，排出先後順序。當我們在 Google 打入一個搜索的關鍵字，哪怕得到成千上萬筆的結果，所需要的資訊往往在前一兩頁中即可獲得。

提到 Google 的案例，並不是要暗示圖書館應該轉型成為科技公司。儘管科技會在圖書館的運作中扮演越來越吃重的角色，但多數圖書館既缺乏能力、也無必要與矽谷的工程師們競爭。相反地，在可預見的未來內，圖書館仍應該把力量投注在它最重要的資產之上，也就是「人」。

一個嘗試

圖 4.
燕京圖書館東亞研究活動海報

過去幾年內，因緣際會，我和哈佛燕京圖書館有了許多合作和討論的機會，見證許多資深館員在面對新科技時的困惑。在北美的學術界中，燕京圖書館向來以它豐富的藏書馳名，就量而言，它僅次於國會圖書館的亞洲部，在哈佛七十多個圖書館中則排名第三，因此吸引了世界各地學者前來訪學，而館方人員的專業，自然也不在話下。然而，館員所受的精良訓練，有些好像逐漸變得不合時宜。過去繁瑣而專業的編目工作，可以說是最佳例證。當前許多圖書館的編目人員正在銳減當中，甚至採取了遇缺不補的政策。

建立於 1928 年、已經將近九十歲的的燕京圖書館，如何在下一個世代

繼續走在時代的前緣，如何在繼續支援學術研究、在知識生產中扮演重要的角色？這是許多館員念茲在茲的問題。

過去十多年內，燕京與許多圖書館一樣，投入大量資源進行館藏的數位化，而且採取共享政策，全數上網，免費使用。而有賴於其相對豐厚的經費，燕京更有餘裕能夠訂購大量的電子資料庫，將世界各地的資源提供校內研究者使用。這是圖書館在「空間」上的擴張：哈佛燕京圖書館一方面把世界帶回館內，一方面將館藏推向世界——不難想像，許多利用燕京館藏的研究者，其實是身處在亞洲的。與校內的東亞研究人數相比，那是一個更大的社群。

空間上的擴張當然重要，不過還不夠。從 2017 年開始，燕京圖書館也開始舉辦一系列以數位人文（digital humanities）、數位學術（digital scholarship）為主題的討論會，匯聚學者、研究生和圖書館員等不同背景的成員，邀請他們交換觀點與想法，需求與困惑，透過腦力激盪，一同思考數位時代的學術研究將會是什麼面貌。（圖4）

建立這樣一個社群是重要的。因為解決問題最快的方法，往往是找到一個對的人，提供對的答案；而要找到對的人，最有效率的辦法，則往往是透過一個既成的網路。換言之，社群的目的也是透過內部資訊的交換，縮減個人摸索的時間。

要達到這個目的，社群規模不能太大，也不能太小，圍繞著燕京館藏的東亞研究恰好是這樣一個中型社群。這一點再次說明圖書館在這波數位轉型中可以扮演的角色：作為一個各方匯聚的節點，當二十一世紀的學術研究變得越來越支離破碎，圖書館員恰好可以扮演像是中繼站或轉運站的角色，不僅讓各方資訊互通，也協助研究者在茫茫大海中找到他最需要的資源。換句話說，圖書館已經不再只是一個收藏書本的「空間」，而是回歸它更為根本的定義：一個研究者與知識的「媒介」，而圖書館員將是一個活生生的、主動的、不斷成長的媒介。

其實，數位科技帶來的改變已顯而易見，它所提出的挑戰、造成的問題，也已經無法否認、不容迴避，只剩下答案還曖昧不清。以上的描述，只是在我們為了解決諸多問題所踏出的第一步。隨著科技與媒體的變化，學者的工作方式必將產生根本的改變，學術的邊界也將漸趨模糊。正是在這樣一個資訊快速流通的時代，我們更可能、也更應該集結眾人之力，共同描繪出那個屬於未來的知識的形狀。多年之前，一位老師曾對我說，我們正處於學術的「明治維新」時代，這是一個翻天覆地的時代，一個讓人時而茫然、時而疑慮，卻又給人無限興奮與期待的時代。

趙明誠與他的收藏家朋友們：
數位人文方法初探

許雅惠 國立臺灣大學歷史學系副教授

薄霧濃雲愁永晝，瑞腦銷金獸。

佳節又重陽，玉枕紗廚，半夜涼初透。

東籬把酒黃昏後，有暗香盈袖。

莫道不銷魂，簾卷西風，人比黃花瘦。

—— 李清照，〈醉花陰〉

這首充滿思念之情的詞，是李清照（1084~?）的作品，傾訴的對象，應該是她的丈夫趙明誠（1081~1129）。

二十多年前，當趙明誠迎娶李清照時，趙父仕途扶搖直上，子弟前景一片光明；李清照則已展露文才，名震京師。還是太學生的趙明誠，經常到大相國寺的市集購買碑拓、古器，回家與李清照一起欣賞把玩，收藏成為兩人共同的興趣。多年後，趙明誠編寫《金石錄》，記下個人多年的收藏歷程。當中有二、三十年間收藏的作品清單，有朋友間的意見交換，也有相關的風雅軼事。《金石錄》讓我們進入以趙明誠為主的收藏世界，一窺那些年，名士才子們共同追求的藝文興趣。

收藏的快樂與悲傷

從太學生時代，趙明誠就開始出入京師大相國市的藝術市集，出仕後，

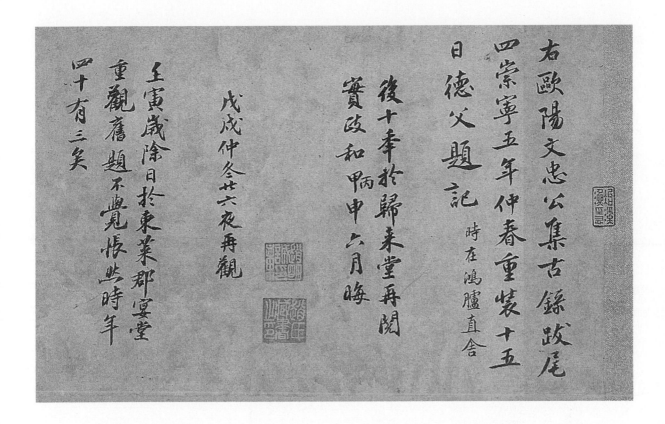

圖 1.

趙明誠的四段題跋，書寫於歐陽修《集古錄跋尾》後方，這件作品曾經是他的收藏。

書寫時間分別是 .1106、1116、111、1122。寫第一則題跋時，趙明誠還在京師；

十年後二度題跋時，已經返回山東青州居住；最後一次題跋是四十三歲時。（圖片來源：國立故宮博物院）

圖 2.
文王方鼎，《宣和博古圖》，這件名器在十七至十八世紀時又引起一波仿製風潮。
圖片來源：宋徽宗敕編，《至大重修宣和博古圖錄》，卷 2，頁 3。原書藏於中央研究院歷史語言研究所。

更有能力收藏藝術品；後來仕途受阻，返回山東青州的老家居住，碑拓、古器、圖書成為他的精神寄託。經過二十多年的積累，到李清照寫這首詞時，兩人收藏的石碑拓片已達上千卷之多。

二十多年的收藏歲月，讓李清照回味再三的，無疑是一開始的那些年。夫妻經常在晚間飯後，校勘藏書內容，展玩收集的書畫、碑拓與古銅器。興起時還比賽博聞強記的功力，指著書堆中說哪件事記在哪本書的哪一卷，第幾頁第幾行，說中的人可以先喝茶。猜中的李清照總是太過開心，以致茶都潑到衣服上，反倒沒喝成。

收藏累積，逐漸給二人帶來負擔。除了增添櫃子儲藏保存，還要上鎖管理，就連李清照想讀書，也得向丈夫拿鑰匙。收藏再也不是那麼輕鬆愉快的風雅之事了。然而，收藏的巨大壓力與悲傷還在前面等著她。

幾年後，女真人南侵，趙明誠卻在此時被派任至外地，李清照只能獨自帶著家產，從山東向南逃難。經過一番挑選，收藏品仍裝了十五車，剩下的鎖在宅院裡，希望來年再雇船南運。這一別，李清照再也沒機會回北方，而隨身裝載的十五車藏品也將在逃難中逐漸丟失。在那混亂的時局中，訣別的不僅是多年珍藏，還有家人。趙明誠後來死於赴任途中，留下李清照一人護送收藏繼續南逃。

分別前，趙明誠交代妻子：「從眾。必不得已，先去輜重，次衣被，次書冊卷軸，次古器，獨所謂宗器者，可自負抱，與身俱存亡，勿忘也。」到了危及時刻，惟有「宗器」——祖宗牌位——是不可丟的，其他都可捨棄。趙明誠似乎已經預見，二十多年心血即將在戰火中付之一炬。幸而《金石錄》一書還保存下來，留下見證。[1]

銘心絕品

作為一位研究者兼收藏家，趙明誠對自己的藏品充滿了自豪與驕傲。由於皇帝宋徽宗（1101~1125 在位）也熱中古銅器收藏，最好的作品大概都進獻到宮中去了，私人收藏家多半只能取得銘文拓片。當時的名器之一是文王方鼎，器內有銘文「魯公作文王尊彝」（圖 2），有人解釋這是周公用來祭祀周文王的祭器。不過，也有人認為這銘文過於離奇，一定是作假的贋品。[2]趙明誠則說：文王方鼎製作精妙，文字奇古，絕不可能是作偽之器。言下之意，他不僅擁有銘文拓片，似乎還曾親眼見過原器。可能是父親趙挺之（1040~1107）擔任宰相的哪幾年，在內府所見。

宣和五年（1123），趙明誠家鄉山東青州的農民在耕地時發現一批古銅器，其中有一套鐘上面佈滿銘文，全文近五百字，是當時字數最多的。

註 1.
趙明誠（1081~1129），《宋本金石錄》，淳熙間（1171－1189）龍舒郡（安徽舒城）齋刻本（北京：中華書局，1991）。

註 2.
關於文王方鼎的進宮時間與緣由，說法不一，這些記錄與新、舊黨之間的彼此攻訐有關，見 Ya-hwei Hsu, "Antiquaries and Politics: Antiquarian Culture of the Northern Song, 960-1127," in Alain Schnapp et al, eds., *World Antiquarianism: Comparative Perspectives* (Los Angeles: Getty Research Institute, 2013), 230-248.

圖 3.
秦泰山刻石，拓片存 165 字，現藏日本東京書道博物館。
圖片來源：何海林編，《歷代拓本精華》，上海：上海辭書出版社，2012。

發現之後，趙明誠趕緊從鐘上將銘文摹拓下來。後來這套鐘被進獻入宮，一般收藏家只能取得描摹翻刻的拓本，不像他的是直接拓自原鐘，最得其真。

在石刻拓片方面，當時的名品如：石鼓文、秦詛楚文、秦始皇刻石，自然都在趙明誠的收藏之中。其中，泰山刻石讓他特別自豪，就連前輩歐陽修（1007~1072）也不及他。因為之前流傳的本子僅存秦二世詔文，他的還有秦始皇封禪泰山的詔書，首尾完整。這個本子是他的好友劉跂親自登上泰山，將碑石四面摹下相贈，因此與眾不同。由此可見，要成為一名公認的大收藏家，除了自身具備才識與財力，還必須有良友相助。

《金石錄》中記錄下許多朋友互通有無的故事。有一次，趙明誠得知河南南部有一漢代石獸，肩膀上刻著「辟邪」字樣，於是拜託在當地為官的董之明幫忙。經過數年訪求，董之明總算得到拓片，而且除了「辟邪」，還有「天祿」二字。這一對名為天祿、辟邪的神獸，原來立在一個大墓前方。董之明還告訴他，天祿石獸近年已經被當地村民所毀，拓片再也無法取得。他寄給趙明誠的銘文，是當地人士多年前的收藏，十分珍貴難得。於是，透過八方朋友相助，長期居住在山東的趙明誠，也能夠取得京師、四川、河南等遠方各地的石碑拓片。

趙明誠的收藏家朋友們

趙明誠的收藏家朋友有哪些人？《金石錄》有不少記載，我們可以閱讀全書，一一抄錄這些人名；近年開發完成的數位工具 MARKUS，也提供一個快速的檢索。比較謹慎的話，可以兼用兩者：先翻閱書中人名，再用 MARKUS 來檢驗。

圖 4.
MARKUS 詞夾子檢索：「藏……氏」

圖 5.
MARKUS 詞夾子檢索:「藏
……家」

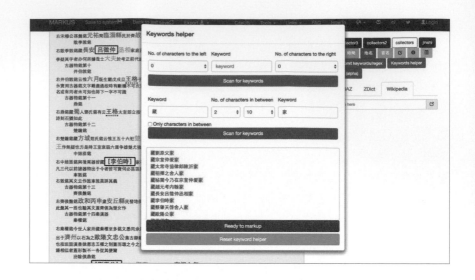

MARKUS 是荷蘭萊頓大學魏希德(Hilde De Weerdt)教授團隊所開發。作為
一個文本標記(tag)工具,MARKUS 最大的特色是結合了人名、地名、
職官等資料庫,自動標記使用者匯入的文本。此外,系統也提供自動擷
取資料的「詞夾子」功能,讓使用者利用文本的文法規律找出字詞。以
《金石錄》為例,趙明誠提到收藏家時,經常出現「藏……氏」、「藏
……家」,這個寫作規律,讓我們可以迅速找出書中記錄的收藏家。(圖
4、5)

詞夾子自動擷取出的二十多位收藏家中,有些活動年代較早,明顯是前
輩,趙明誠是在追述藏品流傳時提到他們。除了利用傳記資料查詢收藏
家的活動年代,還可利用「舊藏……家」找出這些人(圖6):

詞夾子夾出的收藏家,除少數為前輩藏家,多半與趙明誠有直接交往,

圖 5.
MARKUS 詞夾子檢索:「舊藏
……家」,得出 3 筆結果。

高紳(活動於十一世紀早
期)、劉敞(字原父,
1019–1068)、祖無擇(字擇
之,1011–1085)

活動時間遠早於趙明誠,不可
能是他的朋友,屬於前輩收藏
家。

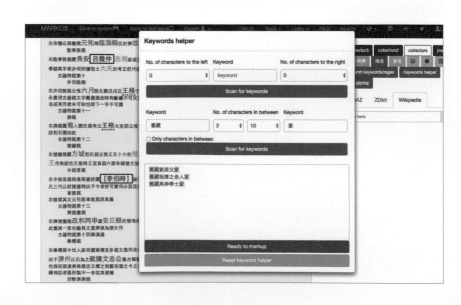

彼此構成一個收藏圈。利用社會網絡分析工具（Social Network Analysis），如：Gephi，可以繪出一幅網絡圖，以趙明誠為中心，周圍是他的收藏家朋友們（圖7，不含前輩藏家）。

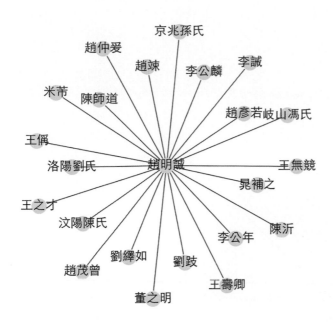

圖 7.
趙明誠與他的收藏家朋友，
《金石錄》所見

這些士大夫除了金石收藏的共同興趣，彼此之間經常還有著師友、同鄉、同年或同僚的情誼，在仕宦浮沉中，或彼此援引、或相互攻訐，收藏只是他們人際交往中的一個面向。關於士大夫的人際往來，以哈佛大學為主的團隊已經建置了一個「中國歷代人物傳記資料庫」（China Biographical Database，簡稱 CBDB），利用這個資料庫，我們可以了解士人夫的一般交往情況，特別是前述的私人情誼與仕宦互動。

將趙明誠與《金石錄》中提到的收藏家一一輸入 CBDB，可以得到每個人各自的親人故舊。再將這些資料匯入社會網絡軟體，可以得到如圖 8 所示的網絡圖，顯示這二十多位收藏家的親戚朋友，以及彼此重疊交錯的情況。圖中的紫色粗線為《金石錄》中提到的收藏家（即圖 7 的收藏友人加上前輩藏家），與趙明誠有較密切的關係；淺色線條則是來自 CBDB 的資料，顯示這些收藏家的一般人際交往，可視為背景網絡。

接下來的工作就是解讀網絡圖。圖中有些人物節點特別大，網絡線特別多，這些個人值得注意。再檢視社會網絡軟體中的統計數據，中介度（betweenness centrality）最高的人是：晁補之、劉跂、米芾，他們可能在網絡中扮演重要的橋樑功能，中介不同的群體。這些訊息指引下一步的研究方向，我們可以在文獻中爬梳這些人物的生平與收藏事蹟，衡量他們在收藏圈中可能扮演的角色。

以上數位分析工具對人文研究有何幫助？首先，社會網絡軟體將人際關係視覺化，容易閱讀。其次，當我們從《金石錄》擷取出數十位收藏家時，接下來要從哪些人先著手？過去我們只能仰賴研究者個人透過大量閱讀，對這個時代產生的理解與印象，現在社會網絡分析工具提供另一個具體的參考，指引進一步的研究方向。

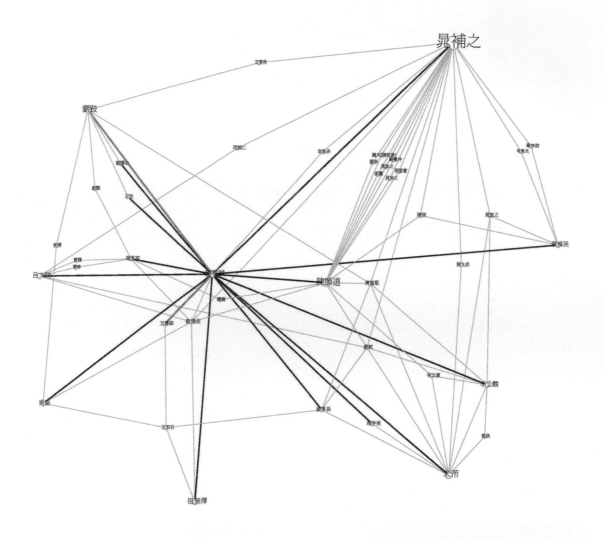

圖 8.
以《金石錄》為主的收藏家網絡，節點總數 388，網絡線總數 443。為閱讀清晰起見，由系統篩選隱藏掉只有一條網絡線的人物節點。

註 3.
許雅惠，〈北宋晚期金石收藏的社會網絡分析〉，《新史學》，第 20 卷第 4 期（2018年 12 月），頁 71-124。

最後，收藏金石拓片是不少北宋士大夫共同的嗜好，從十一世紀中葉開始，每個世代都有不少士大夫投入，彼此交換意見與藏品，並且留下記錄。除了趙明誠的《金石錄》，還有數本收藏圖錄也流傳至今，可以讓我們重建當時的眾多收藏圈，進行收藏圈之間的比較與分析，探討長期的發展，有助於我們了解人際網絡與士大夫文化論述的關係。[3]

參考資料

黃盛璋，〈趙明誠、李清照夫婦年譜〉，收入《李清照集》，臺北：河洛圖書出版社，1975年，頁 112-167。

許雅惠，〈南宋金石收藏與中興情結〉，《國立臺灣大學美術史研究集刊》，第 31 期（2011），頁 1-60。

Borgatti, Stephen P., Ajay Mehra, Daniel J. Brass, Giuseppe Labianca. "Network Analysis in the Social Sciences." *Science*, vol. 323 (2009): 892-895.

Hsu Ya-hwei. "Extracting and Processing Art Historical Data with MARKUS," MARKUS Forum, 2016.11. http://dh.chinese-empires.eu/forum/topic/9/extracting-and-processing-art-historical-data-with-markus.

Owen, Stephen. "The Snares of Memory." In *Remembrances: The Experience of the Past in Classical Chinese Literature, 80-98*. Cambridge, Mass.: Harvard University Press, 1986.

Prell, Christina. *Social Network Analysis: History, Theory & Methodology*. London: SAGE, 2012.

中國歷代人物傳記資料庫 CBDB（China Biographical Database）https://projects.iq.harvard.edu/chinesecbdb/home

MARKUS http://dh.chinese-empires.eu/markus/beta/（需用 Google Chrome 瀏覽器）

解開鍵盤的身世密碼（上）：
QWERTY 與大易輸入的社會史

郭文華　國立陽明大學科技與社會研究所教授

看見「四角密碼」

我研究科技醫療與社會，也講科技的發展歷程。但一般人總認為它們不太「歷史」，認為科技難懂而且與生活無關。但這個看法其實不太公道。比方說，殖民史家 David Arnold 在他的 *Everyday Technology：Machines and the Making of India's Modernity*（Chicago University Press, 2013）專書裡便用腳踏車、縫紉機與打字機這類生活科技為例，看到殖民治理下的印度，透過西方技術引進所引發曲折的技術現代性（technological modernity）。

這裡我也現買現賣，用兩篇文章分享一個時時都用的技術物，鍵盤。在提個款都得先鍵入密碼的時代，要講沒碰過鍵盤的人還真難找。這個橫豎有一百多個鍵，有功能、有數字與加減乘除、有 ABCDE 字母的長方面板，是我們與電腦的主要溝通工具。電腦再怎樣威，沒鍵盤也使喚不動它。

話雖如此，除了計較手感的玩家，不是這樣多人在意他們天天摧殘的鍵盤，更別說正眼瞧它。確實，大多數鍵盤的鍵面結構很相似。大一點的上面有功能鍵，從 F1 到 F12，右邊是類似電算機的數字區與修改鍵，主體則一律相同，是一塊十五行五列的鍵入區，最上列是數字／符號鍵，最下列是空白鍵、alternate 鍵與 control 鍵，中間夾著三列的文字輸出鍵。

我們要談的「密碼」便藏在這些鍵裡。拿圖1的鍵盤來說，每一個鍵的上下左右都有不同的記號標示。比方說「I」這個鍵的右上角有是「ㄛ」，下面是「木」，左下角則是「戈」這個字。（圖2）英文字母似乎沒什麼問題—畢竟電腦是「老外」的東西，說點英文很應該。但其他三個角落的符號就不見得人人了解。在切換輸入方式時不同的人看不同的角落，但大多數的人不知道這些文字與符號的功用。

這篇文章不是電腦教學，也不打算教人家這些記號如何使用。我們要從這些不眼的角落開始，揭開鍵盤的有趣身世。為何要有鍵盤，它的配置為何長成這樣？在電腦出現之前，它們要溝通什麼，而溝通的目的為何？而在電腦進入東亞時鍵盤又怎樣調適與改變，讓這些符號印刻在它身上，成為它的一部分？

QWERTY 打字機與鍵盤配置

讓我們從英文字母看起。只要離鍵盤遠一點，就會發現這些鍵的排列與學校教的不同。有的人或許認為「I」鍵右邊應該是接下來的「J」鍵，但其實不然。事實上，文字輸入區的最左上角的可不是「ABCDEF」，而是一串怪英文「QWERTY」。因此知道英文字母順序還不見得可以立刻上手打字；它需要特別的訓練與學習。

當然，在英文與電腦成為教育標準配備的今日，絕大多數人自然適應這兩種字母順序。不過這個乍看之下不知所以的配置還是值得細細思量。為什麼鍵盤要用這樣怪的方式排列字母？為何這樣的排列到處都是，不論到美國去歐洲幾乎都是這樣？對此我們得回到它的起源，看標準鍵盤出現的原因與使用方式。

歷史上鍵盤屬於「書寫機器」（writing machine）的配件。從後面往前說，電腦鍵盤的配置來自於文字處理機（word processor）與電動打字機上的鍵盤，而電動打字機又來自於更早的機械打字機（typewriter）。所謂的「QWERTY」鍵盤便是第一個量產機械打字機的鍵面系統，由蕭爾思

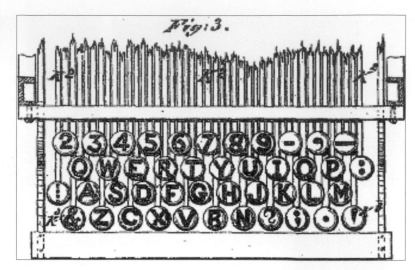

左・圖3.
蕭爾思（圖片來源：維基百科）

右・圖4.
1878年打字機專利中的鍵盤
部分（圖片來源：維基百科）

（Christopher Latham Sholes, 1819-1890，圖3）在1867年設計製作。

蕭爾思當初為何把QWERTY排在一起？很意外的，如此配置的用意並非讓使用者可以更方便鍵入，而是要他們「不要打太快」。最初蕭爾思也希望他的機器好打好用，只是打字機是用按鍵催動後面的擊錘，將末端的字模敲打在紙面上，如果打字速度太快，前一個擊錘尚未歸位時便容易與後面迎來的擊錘絞在一起。於是，蕭爾思將不連續使用的鍵排在一起，把常用鍵放在比較弱的手指，去放慢打字速度來迎合機械。（圖4）

當時打字機技術尚未成熟，這種配置有其考量，但他們也知道如果機器太難鍵入的話會賣不出去。事實上，當買下蕭爾思專利的雷明頓公司推出產品時，公司又將「R」鍵移到最上排，以便銷售時可以只用一列字母鍵打出「打字機」（typewriter）這個字，給使用者方便的印象。就像「QWERTY」這個新生字一樣，QWERTY鍵盤也是偶然的歷史結果；它非關使用便利，而是多方社會考慮的折衝。

圖5.
傳統打字機內部（作者攝）

如果這個配置是故意造成使用者不便，那它怎麼還會流行，甚至變成通用的標準？這個問題雖然複雜，但不難找到蛛絲馬跡。早年打字機是雷明頓公司的獨門生意，因此QWERTY鍵盤無人競爭，要打字就要克服它。隨著熟悉這種鍵盤的人愈來愈多，打字學校也嗅到商機，應運而起。1888年辛辛那提舉行一場打字比賽，QWERTY鍵盤的「打」手馬顧林（Frank Edward McGurrin）以一分鐘95個字的速度擊敗其他使用者。他不但建立雙手放在鍵盤上的「正規」打字法（touch typing），同時也讓這個鍵盤攻城掠地，取得市場主導權。換句話說鍵盤不只是產品，也體現一個跨越技術與社會，相互搭配的體系。即使擊錘打結的問題改善，甚至電子打字機出現後，這個體系依舊不動如山。（圖5、6）

圖5.
擊錘近觀，顯示互絞打結的狀
況。（作者攝）

其間不是沒人挑戰QWERTY的配置，其中最有名的是華盛頓大學的教

授德佛嘉克（August Dvorak, 1894-1975）。他設計的鍵盤稱考慮字母的使用頻率與人體工學，讓手指移動減至最少，而德佛嘉克也做了不少效率分析，企圖證實其優越性。（圖7）但終其一生他的鍵盤都沒能順利推廣，更遑論取代 QWERTY 鍵盤。在去世前德佛嘉克歎道：「我試著為全人類做些有價值的事，但我累了。這些人就是死不願改！」

圖7.
德佛嘉克 1936 年的鍵盤配置
（圖片來源：維基百科）

為什麼大家歡迎書寫機器的改進，卻不願接受更有效率的鍵盤？這裡有商業考量，也有人性玄機。經濟學家大衛（Paul David）的解釋是：不方便的設計固然對初學者造成使用障礙，但它也對習得技術者產生保護作用。對生產周邊產品的公司來說，既然有既成使用者，隨意更改系統固然領先同行，但也可能會造成損失，不如以靜制動。

從這個角度看，QWERTTY 鍵盤在西方世界的稱霸也就容易理解，因為它是標準建立過程中搶得先機的開跑者。隨著相關產品的國際化，它延伸蔓延成為其他語言的配置首選：它的姊妹 QWERTZ 與 QWERTZU 鍵盤攻佔中北歐國家，AZERTY 鍵盤則是法語的常設鍵面。（圖8）從文字處理機到電腦，其他語言幾乎毫無保留地接受 QWERTY 鍵盤，而讓各地的使用者自行適應這個見怪不怪的配置。（圖9）

圖8.
法語的 AZERTY 鍵盤配置（圖片來源：維基百科）

圖9.
德語的 QWERTZU 鍵盤配置
（圖片來源：維基百科）

大易輸入法的排字傳統與美學

接著看鍵的右下角部分。以「I」鍵來說，它的右下角是「木」，好像是部首。但是這些部首又好像沒有特別排列順序，「木」的旁邊既不是同樣也是四劃的部首（例如「火」部），有些部首（如「广」部）也沒有放進去。如果這是一種輸入中文的方式，那它的輸入邏輯是什麼，為何要這樣排列？

其實這些漢字不是部首，而是大易輸入法的「輸入字根」。而這個標榜回歸《易經》「容易、變易、不易」精神的輸入法，只是在接受鍵盤時整合當地文字與書寫習慣的嘗試之一。事實上，東亞很晚才出現在標準鍵盤的世界版圖上。以中文來說，它不是拼音文字，因此書寫機器不能朝鍵盤來規劃，而是用印刷活字的概念找字出來拼成文章。

活字是老技術。十八世紀《欽定武英殿聚珍版程式》一書描述排版過程，呈現以拼字為中心的書寫思維。（圖10）它按照《康熙字典》的十二干支分冊法，將活字放在字櫃中。這些字櫃有二百個抽屜，按部首與筆畫分類放置，並在抽屜的面板上註明。排版時檢字人按照偏旁知道該字屬於那櫃，再用筆畫數找出該字的位置。

圖10.
1742 年《欽定武英殿聚珍版程式》所載活字排版

雖然這些字櫃可說是字典的實體化，理論上可直接排出各種文件，但畢

圖 11.
早期的中文打字機（圖片來源：維基百科）

圖 12.
1958 年高仲芹研發的中文電報打字機，攝於科學工藝博物館。（作者攝）

竟規模太大，實際檢字時會先估計文稿中會用到的字與每個字的字數，把字先放進「類盤」中，排版時再從裡面找字，印完時也將活字先歸回類盤，再放回字櫃。這種保持字庫，「先揀字，後組版」的觀念為各地跟進採用，更是現代排版流程的基礎。

電報與報紙將找字系統帶入新境界。1873 年 S. A. Viguer 為因應沿海地區與通商口岸的聯絡需要，按部首編出《電報新書》，而電碼也成為找漢字的標準方法，從人工傳送到電傳打字都沒有變過。如果大家翻出老字典，有些還附有漢字電碼，方便民眾自行轉譯。同時過往只為古籍經典排版印刷的習慣也開始改變。為能因應出報，印刷工人必須從字盤裡迅速找出所需活字排入印盤，而以常用程度，按照部首排列的字盤也慢慢統一，成為中文打字機的基本元件。

事實上，幾個二十世紀初宣稱可打中文的書寫產品，都是檢字盤與印刷機的結合。（圖 11）1911 年 Nippon 打字機公司研發有漢字的日文「打字機」，宣稱其檢字盤可容納三千個漢字與日文字母，備用字盤更有三萬字可供替換。而號稱「世界第一台」的中文打字機，是由留學德國的周厚坤與同事舒震東所研發。他們的「鍵盤」有 A2 紙大小，與檢字盤的活字對應；只要檢字游標指出所需活字，按下按鍵，機械連桿就可以依指示尋字鍵入。不常用的字放在備用字盤，打字時需要轉換盤面才能找到。雖然這種打字機不好操作，但它成為打字機的基礎，從手動到電動，在 1970 年代廣為臺灣的打字行印刷廠使用，而早期電腦的「大鍵盤」多少也是這種概念的延續。（圖 12）

雖然中文打字機受限漢字結構，不過不代表沒人想利用鍵盤跳脫印刷排版的框架，最有名的便是以「兩腳跨東西文化，一心評宇宙文章」自詡的林語堂（圖 13）。他雖然長居海外，但從不掩飾他對語言研究與技術發明的熱愛。中文打字機與其說是他多元才華的例證，不如說是其中文理念的實踐。

這個理念簡單說，就是如何用更簡單的方式找中文字。面對有限的鍵盤數，林語堂的作法是簡單但大膽的「放棄部首」。從 1920 年代起他發表一系列以中文字型為基礎的檢字法，如末筆檢字法，成為日後自創字典與打字機的基礎。他不但與工程師討論可行性，移居美國後更把自家改建成試驗工場，聘用技術員來協助研發。在投入無數金錢與精力後，林語堂終於在 1947 年推出原型機，取名「明快」。

明快打字機的特點也在於它檢字的明快。與其他盤式中文打字機不同，明快的鍵盤跳脫漢字傳統，不管部首與筆順，只看左上右下的筆形取字。雖然它還是需要字盤，但操作上比較接近熟悉的打字機。它外觀比一般

英文打字機稍大，有 64 個鍵，號稱可搜出九萬字。如果古人從小學六書入手，一字一字打下基礎，明快呈現理解中文的全新方式：撇開字源字根不談，學中文沒這樣痛苦。

但這個革命沒有受到歡迎。林語堂把機器展示三天，分享發明的喜悅，但之後便不見下文。問題出在哪？從後見之明看，林語堂帶進的不只是一台機器；它的鍵盤隱含瞭解漢字的新方式。明快打字機固然有潛力，但要讓使用者切離文字美學並不容易。的確，從四角號碼到上下檢字，這些檢索方式從未成為中文字典的主流，而這台技術尚未成熟的機器也無法帶動這波改變。在耗盡家產後，林語堂在 1951 年低價將明快打字機專利賣斷給合作的 Mergenthaler 印刷公司。雖然這家公司試圖解決技術問題，將鍵數增加到一百餘鍵，但最後還是決定放棄量產。

但畢竟才氣縱橫，縱橫科技與人文領域的林語堂，打開中文鍵盤的可能性。越戰期間美國軍方分析明快打字機，將其檢字法用在沒有漢字包袱的 IBM 或 Itek 翻譯機上。而 1980 年代以降這個檢字法又變身成上下形檢字法與簡易輸入法，藉著神通電腦浴火重生。但那個時候台灣早已出現其他以拼字為輸入邏輯，拆解中文的輸入法。最後擠下簡易，攻下鍵盤右下角的大易輸入法也是其中之一。

大易輸入法的發明者王贊傑早在就讀基隆商工時，便因為電報的興趣自修摩斯電碼，嘗試快速敲出中文，而這個興趣在個人電腦出現後，轉化成研究輸入法的動力。雖然王贊傑不是中文系出身，更非資訊科班，但或許也因此沒有傳統的包袱，他可以自由組合拆字原理，用習慣的部首當作字根，更強調大易輸入法與書寫的連接。（圖 14）

比方說，大易字碼按照書寫筆順，像磐石的「磐」字，便可以按照書寫順序拆成「舟几又石」四個部分，字碼也照此順序取得。當然，記字根位置並不容易（發明者提供的口訣不見得有用），但對習慣寫中文字的人來說，大易輸入法開出從書寫過渡到輸入的方便之門。如其官方網站宣稱的：「在書寫工具改變的時候，文字的本質和精神絕對不可以改變，我們切不可只為了達到輸入的目的而輕易背棄傳統書寫原則。」這是大易的漢字美學，也是它在眾多輸入法中打出一片天的原因。

歷經七年摸索，1987 年王贊傑發表大易輸入法的 DOS 版四碼與詞庫版，更在 1993 年成立公司，並與微軟簽約授權使用其軟體。自此它成為繁體中文 Windows 系統的內建輸入法之一，穩穩刻在繁體中文的鍵盤上。

讓我們在此稍歇，剩下的兩角請在下一篇精彩待續。

圖 13.
林語堂（圖片來源：維基百科）

圖 14.
大易輸入法鍵盤配置（圖片來源：維基百科）

解開鍵盤的身世密碼（下）：
倉頡與注音輸入的文化史

郭文華 國立陽明大學科技與社會研究所教授

倉頡、個人電腦與漢字基因

看完 QWERTY 鍵盤遊歷東亞的歷程後，這回我們從中文輸入法代名詞的倉頡字根說起。這個輸入法對年輕人或許有點陌生，但卻是五六年級生的回憶，從 007 電影《明日帝國》（*Tomorrow Never Dies, 1997*）裡也可看出它當年西方世界的地位。場景如下：號稱在劍橋大學取得東方語文學位的 007 情報員龐德在越南某情報站看到電腦，便跟華人情報員林慧（楊紫瓊飾演）說他要來負責聯絡。結果看到所謂「全中文」鍵盤後龐德傻眼，央求林慧過來處理。（圖 1）

圖 1.
電影《明日帝國》中出現的全倉頡鍵盤（作者翻攝自該片 DVD）

這自然不是學過中文就可以上手的電腦介面。某種程度上它可算得上是「台灣之光」或「華人之光」。在電影中，它擠掉英文字母獨自站上鍵盤中央，體現亞洲崛起，運籌世界的夢想。

但撇開民族情感不談，這個場景裡還有一個值得注意的地方—鍵盤的尺寸。事實上，早在電腦發展初期鍵盤尺寸就沒太多改變。以早期因應人口普查而開發的 Univac 電腦來說，雖然儀表板上功能鍵一大堆，硬體的粗笨就更不用說，但指令輸入的部分卻是類似電動打字機的標準鍵盤。即使後來電腦功能愈來愈強大，也不再是龐然巨物，但鍵盤依然故我。（圖 2）

左‧圖 2.
第一台商用電腦 Univac（圖片
來源：Computer History Museum
網站）

右‧圖 3.
交通大學的中文鍵盤（圖片來
源：維基百科，Toytoy 攝）

在電腦引進台灣時，這個「小鍵盤」的特徵卻因中文化的期待而走出不同的演化道路。相對英文以字母聯接，要讓電腦呈現中文便得外加鍵盤。但如果只是將引刷用的排字盤套進去，不但輸入不便，而且從資料處理的角度看，中文的兩維（two dimensional）結構也會佔掉不少記憶體空間，削弱電腦的功能。換句話說，中文鍵盤不但要將鍵數減少，呈現方式更需細細思量。

1973 年國立交通大學研發的中文鍵盤紀錄這個技術突破。（圖 3）當時計算機工程學系的謝清俊教授與研究生劉錫麟以字根為基礎，建構中文輸入的第一個平台。這個宣稱是「中型」的鍵盤長 32 鍵，寬 20 鍵，右邊的中文鍵入區有 496 鍵，每一個鍵代表一個字根。字根與字根透過「直連」（比方「肯」字是「止」與「月」兩個字根的直連）、「橫連」（比方說「林」字是兩個「木」字根的橫連），與「包含」（比方說「周」是「冂」字根裡包含「土」與「口」兩字根的直連）等關係，來直接「造出」中文字。

相較明快打字機的找字運作，這部中文電腦更徹底地拆解、擠壓與組合中文字，比方說怎樣分配字根的大小比例，印出來的字才不會頭重腳輕，左肥右瘦或腹大中空，看起來不像中文。不過這個做法確實讓「電腦說中文」產生了曙光。據謝清俊表示，用這種方式可以拼出 8532 個字，記憶空間更減少到四十分之一。

就在同一年，標榜「倉頡造字他拆字」，倉頡輸入法發明人朱邦復加入這場字根簡化的競賽。他並非工程師，也非學院中人，但之前在巴西出版社的工作經歷，讓他感受到中文在這個資訊時代中不能落後。之後他回到台灣，用了五年時間摸索中文的「字母化」，推出「形意檢字法」，也是倉頡輸入法的基礎。

這套字母跟英文一樣，只有「日月金木水火土，人心手足口耳目，王石

山虫魚犬馬，衣言絲草竹」等 26 個字母，簡單是夠簡單，但卻無法達到「盲目按鍵」，即只要輸入字母，就可以準確鎖定某個特定中文字的希望。這個問題一直到 1978 年才因為中文系出身的沈紅蓮加入，將中文字根據字義與造字原則（指事、會意、形聲）拆成「字首」（非部首）與「字身」才有所突破。他們維持先前的「字母」概念（但內容與分類上都有調整），使用上將它們轉化成類似明快的字根，用它們來摞定字首與字身。

有趣的是，朱邦復雖然堅持漢字要走自己的路，找出其造字原理，但他也堅持這些「字母」絕不能超過標準鍵盤可容納的數目（大易輸入法相較之下使用較多的字根）。對這個「由博返約」的妥協他自有一套邏輯：他認為這個輸入法要好用，就不能佔用標點鍵與數字鍵。而因為電傳打字機沒有小寫字母，因此如果要讓它可以用在電傳打字機，也不能動到大小寫的功能，讓一個鍵可以打出兩個字碼。他的盤算是：「既然有英文文字鍵，而英文系統已經成為舉世通用的標準，所以中文必須與英文鍵共用，僅留一鍵供中英文的選擇。」

讓這個鍵盤納入 QWERTY 規格的是宏碁的研發團隊。在 1980 年電子展中宏碁以一台微電腦加終端機與標準鍵盤的「天龍中文電腦」初試啼聲，而後倉頡輸入法隨著 QWERTY 鍵盤的全球化腳步，取得中文世界的領導權。（圖 4）透過個人電腦的流行，它將原先早已取得技術優勢的鍵盤找字人員完全淘汰，成為中文鍵盤的標準配備。甚至，在朱邦復宣布放棄倉頡輸入法的專利權後，市面上出現以它為基礎，但適應不同華文語境與使用者的輸入法，比方簡易／速成輸入法、新倉頡輸入法、快速倉頡輸入法等，更不用提其他以拼字為基礎的輸入法。

固然在倉頡創造之初朱邦復緊追主流，無暇思索倉頡字根如何好用活用，但他的夢想畢竟不僅止於創造一個輸入法，而是中文在資訊世界的定位。事實上，倉頡輸入法的優勢之一不僅是它可以輸入我們想得到的漢字，它還可以根據它的造字原理，為中文世界造出新字來。這種類似韓國十五世紀的《訓民正音》，將原本為拼音的韓文，改造成可書寫可擴充的「韓文字」（諺文）的革命構想，讓他在電腦內碼的爭議遭人構陷後遠赴美國，更在 1999 年轉戰香港後提出「漢字基因」的概念，走自己的路。

這個想法簡單說是讓電腦像中文使用者一樣，利用中文處理資訊。先前發表的倉頡輸入法，只是這個基因工程中的「字碼」部分而已。按照朱邦復的說法，這個工程的規模已經遠遠超越讓電腦「說中文」或「懂中文」，而是更深層的，要怎樣讓電腦「用中文思考」。當然，這個計畫目前已有部分成果（可參考朱邦復工作室的網站），但從輸入法到電腦

的全面思考，誰知道哪天電影《明日帝國》的場景不會實現，倉頡成為連接中文電腦的獨家輸入介面？

注音輸入法與語言學習

相較大易與倉頡，電腦鍵右上角的注音符號是最在地，也是我們從小到大最熟悉的符號。確實，這套在 1912 年由教育部制定，1918 年公佈，包含 21 個聲母（例如ㄅㄆㄇㄈ）、13 個韻母（例如ㄢㄥㄤㄦ）、3 個介母（ㄧㄨㄩ）符號的拼音系統，至今依然是台灣人學習中文最重要的工具。

用拼音來檢字不是新想法。十四世紀王禎的《農書》描述「以字就人，按韻取字」的活字製作與編排方式。（圖5）活字按照聲韻分裝於木盤內，以五聲區隔；木盤則放在直徑約七尺，稱為「韻輪」的輪盤上，而「之乎者也」等虛字或數目等常用字則獨立成一門。要排版時工匠依照韻書，從各分韻中選擇印書要用的字。由於在製作活字時工匠另行製作檢字手冊，按頁按行給每個活字編號，因此在尋找活字時不用知道字的寫法，也無須一字一字去尋找活字，只要根據聲韻唱出字號，坐在轉輪之間的檢字人便可按號索驥。

圖 5.
王禎《農書》中的排版過程

不過在鍵盤發展過程裡注音符號卻一直缺席。對用注音學中文的人來說它就是個學習的過渡，不算正式文字。以下例子說明這個尷尬狀況。發明韓文打字機的公炳禹醫師（1907-1995）曾與發明中文打字機的林語堂會面，惺惺相惜。之後他主動製作以注音符號為鍵盤的「中文打字機」獻給蔣經國總統，認為它可以讓不識中文字者或盲人藉此與人溝通。想當然耳，這種「幼稚」的打字機並未得到重視，在總統府收下後便石沉大海。

在電腦研發裡注音也是較晚考慮的輸入方式，主要在於它無法鎖定輸入文字，打起來不方便。朱邦復對此說得很清楚：用注音不是不可以，但且不管各地鄉音不同，光國語音只有 1300 個，文字卻有幾萬個，就知道說一個音重複率太高，需要其他資訊才能找到需要的字。他的結論是：「如果注音可行，中文輸入早解決了，別人不是傻瓜，動腦筋的中國人可多的是！」

雖然如此，個人電腦普及，記憶體也大幅提升後，陪伴大家學中文的注音輸入法慢慢打出自己的一片天。事實上，原先就是拼音文字的日文與韓文雖然在 QWERTY 鍵盤引進時有過字母配置的問題，但第二次大戰後大多確定標準的鍵盤配置。相較起來，原先以漢字為中心的中文一直沒發展出「拼音找字」的思考。這些都讓電腦時代的語音輸入產生不同

的處理方式。

一個最明顯的考慮是鍵盤配置。我們最熟悉，也是 Windows 內建的配置，是所謂的「大千式」（圖6）。這個配置說穿了不稀奇，就是將我們過去學過的注音符號表（比方說學生墊板後面印的那種）直接套在鍵盤上。（圖7）不過，因為配合發音輸入的順序，因此聲母是放在左邊，往右才是介母與韻母。

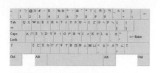

圖6.
標準鍵盤上的大千式配置（圖片來源：維基百科）

圖7.
一般小學生使用的墊板

此外與日文相同，注音符號有不同的配置考量，甚至與英文結盟。例如，為遷就熟悉英文鍵盤的使用者，最早開發中文輸入的倚天電腦將注音符號與發音接近的英文字母放在一起（比方說「ㄆ」與「B」鍵）。之後更將中文輸入裡不會混淆的注音符號（比方說「ㄕ」與「ㄒ」）放在一起，將用鍵簡化到 26 鍵。許聞廉發明的自然輸入法也是將英文與注音結合，但更強調聲母韻母的固有順序，與字型的接近（比方說「ㄚ」與「Y」鍵），將用鍵更壓到 25 鍵。在這個趨勢的另一端則是全英語的漢語拼音輸入。它固然不在台灣人的中文學習基因裡，但隨著與對岸的交流，也開始有人習慣它的方便。

的確輸入法不只是「方法」，需要考慮使用的問題。雖然跟 QWERTY 鍵盤配置一樣，大多數人對習慣的輸入法會從一而終，但電腦時代才流行的注音輸入法並未因為有微軟內建的加持而佔到便宜。不管自然輸入法或倚天鍵盤都有固定的支持者，多數中文輸入軟體也都會提供鍵盤轉換的功能，不會讓使用者因此「雞同鴨講」。

但電腦畢竟對中文的學習產生衝擊。一個觀察是有電腦後不需要動手寫字，加上用拼音找字，字的寫法就被慢慢忘記。這種說法固然沒有問題，但我們或許還要更深入思考英語與電腦都向下紮根的現在，注音輸入法的意義。這一代的幼兒固然沒有朱邦復指出的「鄉音」問題，但他們是否還需要注音來學中文，頗值得疑問。

一方面，如果電腦是無所不在的個人教師，那用英文鍵盤就可以教育幼兒中文字的寫法唸法，無需注音這組工具。但另一方面，拼音輸入的邏輯也會影響語言學習的感覺。比方說，中文裡有些字有讀音與語音在特定詞彙中有所不同，像「否極泰來」的「否」就要唸成「ㄆㄧˇ」而不是「ㄈㄡˇ」。但是，注音輸入法中並沒有這樣的對應，因此需要一字一字鍵入，而這樣拼出來的詞彙唸法也就與標準讀音有所出入。這些雖然還沒有太多研究，但已經引起不少人中文低落的感嘆。這再次說明技術物不只接受社會影響，它也影響社會。當實體鍵盤開始讓位給觸控面板時，注音輸入法還會穩穩站在右上角嗎？

四角之外：電話的簡訊鍵盤

提到觸控，在結束故事前我們不妨想想電腦與打字機之外的輸入裝置。拿本頁右側兩個螢幕上的鍵盤來說，上面是熟悉的 QWERTY 鍵盤（圖8），但下面的只有十幾個鍵，配置也很奇怪（圖9）。是的，它們是手機。而手機可以鍵入文字，與電腦結合，是近十年的新現象。它鬆綁我們對輸入這個動作的想像，更鬆綁我們對鍵盤的定義。

電話是有趣的例子。當貝爾（Alexander Graham Bell）發明它時，電話的重點是通話而不是號碼盤—如果只有電話線的這一頭與那一頭，哪還需要撥號？但隨著電話的普及，用戶間的連線機制便需要處理。早期這個工作是接線生用交換機（telephone exchange）處理。即使進入自動交換機時代，到 1960 年代特定場合的通話（比方說長途電話或國際電話）還是需要人工協助。

這些導致可撥式電話的出現。基本上，號碼盤是透過特定的信號組合（比方說撥「1」號代表 1 秒鐘有 1 次信號），讓交換機可以找到相應的受話者。早期的號碼盤沒有字母，但後來因為用戶太多，有時需要字母才能識別（特別是在美國），而加上字母後，一些電話也比較好記。不同國家有不同的文字／號碼組合，而號碼的編排順序也不見得一樣。

這個號碼與字母結合的識別系統，在按鍵式電話出現後成為標準介面。但直到 1980 年代傳呼機（俗稱 BB call）前字母只是號碼的附屬品。看過電影《翻滾吧！阿信》（2011）的人或許還記得傳呼往返的淡淡情懷，但相較於香港與日本台灣的傳呼機功能單純，大多只傳送來電要求或提供股市資訊而已。當時輸入方式固然有由傳呼台傳達，但也有以號碼顯示，約定俗成的「傳呼機文字」（如「01」代表「先生」，「520」代表「我愛你」等），沿用至今。同時手機也搶占這個輸寫市場，提供簡訊服務。大家雖然同用電話線路，你撥你的號，我傳我的碼。

那東方語文如何與這個新系統接軌？日文手機是列出五十音的聲母（あかさたなはまやらわ），再進去選字母。韓文則是將子音與母音分開，按韓文字書寫方式（比方說是左右合併、上下合併，還是先左後右再下）輸入。但與漢字無關，多達 37 個的注音符號要如何塞進數字盤就得好好思量。

一個常見排法是按照大家學習的順序，先聲母再韻母再介母放在數字鍵中，最後是聲調與標點符號。另一種排法是將大家學過的標點符號表直排到數字鍵上。但如同早期的中文電腦一樣，手機廠牌會想加強方便，為號碼鍵盤設計不同的輸入法。（圖10）

圖 8.
I-phone 上的英文觸控鍵盤（作者攝）

圖 9.
某手機上的鍵盤配置（作者攝）

1	2	3
ㄅㄆㄇㄈ	ㄉㄊㄋㄌ	ㄍㄎㄏ
4	5	6
ㄐㄑㄒ	ㄓㄔㄕㄖ	ㄗㄘㄙ
7	8	9
ㄚㄛㄜㄝ	ㄞㄟㄠㄡ	ㄢㄣㄤㄥㄦ
＊ 聲調	0	＃
	ㄧㄨㄩ	

1	2	3
ㄅㄎㄚ	ㄍㄐㄞ	ㄓㄗㄢㄦ
4	5	6
ㄆㄊㄛ	ㄎㄅㄟ	ㄔㄘㄟㄧ
7	8	9
ㄇㄋㄜ	ㄏㄒㄠㄡ	ㄕㄙㄣㄨ
＊	0 聲調	＃
ㄈㄌㄝ		ㄖㄧㄩ

圖 10.
兩種常見的注音符號排法：
橫排（上）、直排（下）

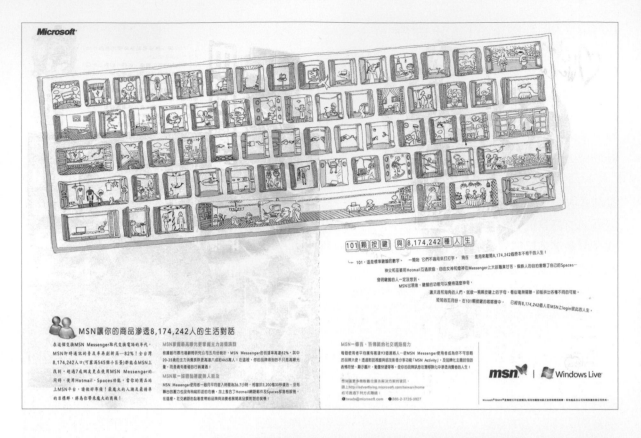

圖 11.
2007 年 MSN 的鍵盤廣告

從鍵盤的變化與整合也可一窺資訊科技物品發展的趨勢。過去工作站與個人電腦各有其職,但現在卻因為作業系統的強化而日益接近。手機與個人電腦過去固然井水不犯河水,它們的延伸物個人數位助理(personal digital assistant)或掌上型電腦(palmtop computer)與智慧型手機卻幾乎毫無差異。它們可打電話、上網、照相、聽音樂,而它們的鍵盤也愈來愈互通。更何況,在人人使用數位鍵盤的時代,客製化鍵盤或輸入法不是這樣困難。只要有「按鍵組合 - 中文字」的對照表,就可以創造出新的輸入法。

如果到了那一天,說鍵盤的「四角密碼」還有意義嗎?

從我手寫我口到我口說我手

而這一天已然到來。還記得 2011 年底 i-phone 4 手機推出時,最炫的是稱為「Siri」的人工智能軟體。它與使用者無所不答,從查天氣問交通,找餐廳約訂位,到一些私密性的話題,Siri 給人的印象是—如果鍵盤是「我手寫我口」的介面,那 Siri 是否象徵「我口說我手」的時代到來?

Siri 使用的自然語言處理不是新科技。以中文來說,早在 1982 年台灣大學資訊工程系的李琳山便與語言學家合作,陸續開發「金聲」系列的中文辨識軟體,而這個技術也日臻成熟,廣泛應用在電話總機或客戶服務上。

但是語音辨識只是這類電子產品脫離鍵盤的第一步。要讓這些環繞在我們四周的產品超脫一個口令一個動作的格局，需要可以與使用者相互溝通對話的人工智慧系統。早期 Siri 不止有所謂「答案庫」，儲備一些情境中需要的答案，也有一定的分析能力，將千千萬萬無厘頭的問題回推到這個答案庫裡，答出有脈絡意義，不致於雞同鴨講的答案。這篇文章不是要破解 Siri，但我們願意指出在「超鍵盤」的世界裡，人與機器互動的新趨勢。

幾年前微軟推出上面的 MSN 廣告，訴求網路的無限商機。它的廣告詞寫著：「101，這是標準鍵盤的數字。一開始，它們不用過來打字。現在，是用來敲開 8,174,242 個原本不相干的人生！……發明鍵盤的人一定沒想到，MSN 出現後，鍵盤的功能變得這麼神奇。」（圖 11）不過短短數年，MSN 已經被更多社交系統競爭甚至取代，這或許也是它的創辦者所沒有想到的，但鍵盤依舊在那裡，上面刻著愈來愈少人理解的身世密碼。它是二十世紀的「羅塞塔」石碑（Rosetta stone），銘印著打字機時代到資訊年代裡人類社會與文明的祕密。

朋友們，讓我們向這個陪伴人類百年以上的技術物致敬！

附註：

這兩篇談鍵盤身世的文章源起於作者 2007 年國家科學委員會（現科技部）科普獎的獲獎作品〈標準鍵盤：擺盪在科技與社會的人間尺度〉。此後這個故事不斷延展、累積與深化，陸續在一些科普教材出現，甚至成為東亞社群繼筷子與飯碗後的共同話題，也有幸入選某媒體的話題「冷知識」。感謝柑仔店主編群的有容乃大，讓這個「前 Siri」的鍵盤小史完整呈現，也感謝一路上交談、請益、分享技術、器材與使用經驗的科技與社會研究（STS 研究）同好們，特別是洪朝貴教授、金兌豪教授與陳妱湲研究員，特此申謝。

「巨量資料」概念下的
史料收集與歷史書寫

黃銘崇 中研院歷史語言研究所研究員

緣起

318 公民運動發生幾天後，我與家人一同至立法院周邊現場，一方面是表達對此一運動的支持，不過，更重要的還是進行歷史觀察。經過幾天觀察，我們研判這場公民運動有可能會是一個改變台灣歷史的重要事件。而且，隨著佔領立法院的行動之後，媒體與社群網站上出現爆量的論述、創意作品、照片、影片產生，在立法院的議場內以及濟南、青島東路上，也出現了大量的海報、文宣、小冊子和各種創作活動。有藝術史研究者與藝術創作者認為這是一個前所未見精彩無比的「無策展人的藝展」，也有人以為這是一個隨時在變動的新型藝展，不論從藝術的、文學的角度都相當引人注目。於是乎興起要在第一時間建立平台收集史料的念頭。

這次非暴力公民運動史料與以往史料的不同，在於大量主流與非主流媒體的切題論述，部落格、PTT 八卦版上的文章與討論，以及透過網路流傳的懶人包、PPT 等等的湧現，而這些原本就已數量龐大的討論，透過新媒體如 FB、LINE 等的流傳，以及不斷進行的擴散式討論，讓主流媒體在使用網路的族群中幾乎完全失勢。這次公民抗爭的另一個特色則是智慧型手機與平板電腦在功能與使用上的成熟，使參與者與非參與者在過程中都得以不斷攝錄影像。尤其是在立法院議場內，幾乎在第一時間

圖 1.
學運結束前利用 3D 鐳射掃描
立法院議場場景

就已有人開始利用 iPad 進行現場直播。幾天之後，更能夠利用業界技術，進行現場 24 小時直播，並在立法院周邊架設大量的民間版監視器，隨時監控周邊狀況。也有人利用四螺旋槳或六螺旋槳的小型直升機進行空拍。當然，主流媒體也派出大量記者與攝影記者進行採訪與攝影。而在另一方面，警察也頻繁使用錄影蒐證。我們在退場之前，更使用已經成熟的 3D 鐳射掃描，將立法院在 4 月 8-9 日時的狀況，以三維空間＋攝影記錄下來。（圖 1）總之，這次公民運動，幾乎已經到了沒有一個面向不被以影像或圖像記錄下來的程度。因此，除了實體物件需要收集，如何收集各種原生數位物件，以及所謂「口述歷史」或「訪談」資料，也成了一種新挑戰。

在佔領立法院的行動結束以前，中研院的史語所、社會所、臺史所同意合作收集史料，並順利地在立院議場以及周邊道路將實體資料收集起來，暫時安置於安全場所，以展開整理工作。在完成立法院附近實體物件的初步收集以後，我一方面積極思考如何收集史料，同時也在思考史料一旦收集起來，又該如何整理，以及這種新時代的歷史表達與「書寫」如何進行等相關問題。

我從一個歷史學者的角度參與此一公民運動，很難不對人類之於過去歷史事件的記憶、記錄、歷史書寫與流傳產生一些反省與想法。在 3 月 23 日至 24 日的那一夜，我在行政院周邊，一方面感受到此一事件的震撼與變化莫測，另一方面也開始反思：人類歷史上的重要事件，比方法國大革命，是一個比 324 更大的事件，但能夠流傳到今天的資訊，回想起來實在少之又少。我之所以有這樣的感覺，是因為就這一個小小的行政院周邊，當晚每一個人所見到的都只是事件的一部分。你會隱約聽到另一個方向傳來陣陣「警察後退」的喊聲，但卻看不見發生了什麼事。如果沒有一個新方式把現場數以萬計的人所見到的、所拍攝到的收集、記錄和「書寫」下來，則未來流傳的可能就會只是某位見證者的記錄，或哪位歷史學家再把一些見證者的記錄轉寫成歷史。那麼，從法國大革命到現在，歷史學家的「技藝」豈非一成不變？

後來林富士提醒我，這次公民運動產生的大量史料就是典型的「巨量資料」。所謂「巨量」，不僅在其量大，更重要的是資料之完整性。如果能夠趁著這段記憶與相關材料仍然鮮活時，儘量完整地收集，則未來與此次運動有關的歷史或社會學研究，就可以運用「巨量資料」的概念進行，而與過去的歷史研究產生相當大的差異。因此，我開始研讀相關書籍，並進行構思，希望能引起歷史學界同仁，特別是年輕學者的注意，一起開始此一新型態的歷史研究。當然，由一個網路世界 LKK 的「網路移民」，而非年輕且更具有資格的「網路原住民」，來談這麼新穎的「巨量資料」與「歷史學」之間的關係，實在是有點奇怪，自己也覺得相當意外。以我粗淺的程度，本文只能說是拋磚引玉，相信有很多年輕的學者，可以寫得更好。

巨量資料與歷史研究的現狀

近來，「巨量資料」（Big Data）就像龍捲風一樣，席捲整個世界的知識界。這陣風也吹到了台灣，從科技部部長到像我這樣的無名小卒，從科學家到人文學者，在短短的幾個月內，都在談「巨量資料」或「大數據」（我不喜歡用中國的名詞，以下將不會使用）。究竟「巨量資料」是什麼？有什麼樣的魅力與威力？關於「巨量資料」，網路與坊間已經有很多相關書籍（如 *Mayer-Schönberger & Cukier,* 2013），也有很多學科早已運用，本文不擬贅述。

此處要談的，是利用「巨量資料」進行歷史研究。事實上，這種觀念過去已經存在，包括筆者在早期中國史研究中，用「巨量資料」概念與地理資訊系統搭配以進行古代政治地景分析等，皆已經用到了「巨量資料」的概念，只是還未利用到這個名詞。以「巨量資料」的概念進行歷史研究是一個相對新的領域。真正開始使用「巨量資料」這個名詞，並企圖有系統地在歷史學與人文領域中運用，至今也不過短短幾年。而其概念之成型，則是去年年底開始、由美國匹茲堡大學 Patrick Manning 所主持的 CHIA（Collaborative for Historical Information and Analysis），CHIA 企圖建構一個在空間方面橫跨全球，在時間方面跨越近世四、五百年的全球史資料架構。這並不是一個已經完成的全球史巨量資料庫，而是一個巨量資料庫的架構，加上局部的實踐，以及要連結這樣一個龐大計畫，啟動之前許許多多必須處理與確認的內容與細節（見 *Manning,* 2013）。距離一個真正可以操作的全球史巨量資料庫出現，我認為還需要一段時間，而且需要更龐大的經費挹注，以及更多歷史學者投入這個陣營，增益各種資料並強化研究。

稍微了解了 Manning 這個現在已經亮出「巨量資料」招牌，而且算是跑得比較快的計畫以後，我的評估是以「巨量資料」的概念進行歷史研究，

隨著網路的速度加快、運用範圍愈廣、愈來愈多資料被數位化、愈來愈多數位生產的資料產生、愈多與人類歷史有關的資料庫交叉結合以及運算能力愈來愈強大等各項發展，收集資料對於歷史學家的挑戰，會從一項基本的技藝，變成一種資料擷取的創意。「巨量資料」的歷史研究現在雖然還在拓荒階段，但假以時日，巨量資料的歷史研究雖然不會成為歷史研究的整體，卻遲早會成為歷史研究重要的一環。目前這項歷史研究新技藝的進展尚屬於開創期，只要有合適的材料、有創意的研究概念，都有可能在這個新領域上有所作為。我認為 318 公民運動產生的史料與根據這些材料所進行的歷史研究，就是一個這樣的契機。由於 318 以來的史料，規模已經不小，要完整收集，有賴台灣的歷史系所通力合作，共同參與架構資料庫與系統採集資料，並且分工完成結構性資料架構的建置。這項工作，不但可能改變歷史系學生的思考模式與研究方法，甚至可以整體性強化歷史系學生的職場競爭力。

為何以巨量資料的概念研究 318 公民運動

為何說這次公民運動產生的史料就是典型的「巨量資料」？應該先從「量」談起。這次公民運動參與者的人數，如果以實際到場數量最多的 330 凱道遊行為例，則根據佔地面積估算，在場人數多達 44 萬多人，（圖 2）主辦單位估算有 50 萬人，警方則估計有 12 萬人。對於主流媒體而言，這場運動最重要的似乎就是人數，以及八點鐘以後近乎快閃的結束。這應該是台灣有史以來人數最多的一場集會遊行，但是，歷史僅止於這個數據嗎？44 萬或 50 萬就算是「巨量」嗎

如果我們要從「巨量資料」的歷史學角度來收集資料，究竟要如何進行呢？首先，我想以一個很小的例子來說明 330 凱道遊行的意義不僅止於遊行人數：當天，我和家人以及一些朋友一起參加遊行，我們勉強擠到中山南路臺北賓館西側，好不容易才坐了下來。有一位坐在我們前面的女生回頭過來，和我們打招呼。她是雲林麥寮高中應屆畢業生，已經通過甄試，確定暑假以後可入學，因此前一天晚上就隻身搭客運過來。她算是代表還在拚學測而不能參與的同學，來台北參加這場盛大的活動，享受作為一個公民的感動。雖然這只是一個很小的故事，但是，如果我們能把當天幾十萬人個別的記錄彙集在一起，每個人的基本資料，和誰在一起、待多久、待在哪一個地方，有什麼感想，再加上每一個人所拍的照片、影片等等，則我們不僅可進行各種統計分析，（圖 3）裡面幾十萬個故事，還可以讓未來的歷史研究者有機會進行無比深入的研究。

現在關於「巨量資料」的討論，只聚焦在「統計」。而所謂資料化或資料性，往往也只是把現象化約成數字。但是，「歷史學的巨量資料」的資料性或資料化，不僅有作為統計數據的價值，其中的文字資料還能提

2014.3.30 凱道遊行統計

統計面積：147216㎡
預估人數：147216x3＝441648人

圖 2.
330 凱道遊行的人數估計

左・圖 3.
330 凱道遊行的狀況，幾十萬個小故事構成了當天的場景。

右・圖 4.
在網路上流傳的一張照片「一輩子沒有疊過這麼多棉被」（munch 攝影）

供未來歷史分析的素材與歷史書寫的基本資料。換句話說，除了新工具與新方法外，史家傳統的「技藝」，仍然是歷史分析與書寫的關鍵部分，只是材料比以往更大量、更多元了。而靜態的圖像資料（照片、數位化創作、漫畫等）也能提供很多資訊，讓我們能夠了解不同參與者的情感。我想用一、兩個在網路上流傳的照片和創作當作例子來說明。其中一張是在立法院周邊道路上所拍到的一個場景：一位年輕人每天的任務，就是把其他人交回的棉被疊好，這雖然是一件很簡單的事情，但是每天要重複五百次，需要有相當的耐性。很多人以此認為，當年輕人能夠自主時，能力、耐性都會因此產生出來。（圖 4）對傳統的政治史研究來說，這張照片或許完全不重要，但是如果我們是從社會史或其他角度來看，這張照片與其他資料可能就會成為重要的史料。

另外一個例子是一位漫畫家「拉糞立蓓爾」所畫的一系列漫畫，而我選的這張是畫「拉糞報」記者訪問政府高官的一系列問答，標題是：「我的腦子沒洞」。她想要表達的顯然是政府對於所有問題的解決方案，就是建造更多的硬體、徵收土地、對於環境做更多的破壞。（圖 5）她在這幅漫畫中表達了許多民眾對於現今政府作為的普遍想法，而此類創作也

圖 5.
拉糞立蓓爾的漫畫《我腦子沒洞》，描繪拉糞報記者訪問政府高官。

在這次公民運動爆量湧現。這些圖像資料，都不是簡單的數據所能取代，也是相關歷史中無法被取而代之的。

從資料完整性的角度來看，我們資料庫應該要涵蓋的內容，除了比較難搜集的公民方的資料外，還有相對比較集中的，也就是以往留下最多歷史記錄的新聞媒體，包括新聞媒體資料庫中的文稿，以及媒體記者的口訪等等，都是相當重要的資料，也是我們收集的重點之一。此外，政府組織機構方的代表，包括採取不同立場的立法委員，從總統、行政院長、行政院發言人、甚至到國安情治人員等相關事件有關的各級官員，以及從警政署長、各級警官到參與的警察等執行法律者，如果可能，也都應該是口訪的對象。我們也期待政府官員是以自由意志接受口訪。不過，我們預期對政府方的口訪可能會遭遇相當大的困難，說不定會有禁止發言或上級指導發言等的現象出現。對於只針對樣本進行口訪的作法，這些問題可能會導致得到扭曲的歷史資訊。但從巨量資料的角度來看，即使是受到指導的發言，也都是可接受的資料。因為在巨量資料下，我們並不難發現指導發言的現象，甚至可以在設計口訪題目時，就先想辦法避免此一問題。而且，我們也可以把時間拉長，等某些事件塵埃落定以後，再展開口訪。

所謂「巨量」的歷史資料收集，不僅在於量大，更重要的概念是「樣本＝母體」。過去在處理大量資料時，因為各種原因以致無法顧及全部時，經常使用的辦法就是抽樣。僅針對特定的需求選取部分的資料作為樣本，久而久之，未被選為樣本的資料就會消失了。但是，318公民運動才剛發生，相關記錄之多也前所未有，如果能夠趁現在完整地收集資料，未來的研究者就能依據各種可能的問題，找出各種現象間的關聯性。要收集幾十萬人的「口述歷史」在過去幾乎是不可能的任務，但是在現今這個網路時代，只要你能夠事先把口述歷史的「問題」設計好，甚至包含時間表與地圖的標示機制，同時完善上傳數位照片與影片檔案的機制，就有可能透過網路收集到大量的資料，再經由資料研讀篩選，進行關鍵性的口訪。由於網路世代的公民運動參與者的特性之一是參與率高，有可能在幾回合的徵集下，得到遠遠超過「樣本」概念的巨量資料。這些資料庫的內容經過特定資料提供者同意，可以變成公開研究資料，可以變成公民的共同記憶庫，也可以在提供者的要求下，暫時不予公開或僅部分公開。而在共同參與和建構此一資料庫的同時，公民的參與也是對於公民運動記憶的再度激勵與召喚。

資料收集的機制

這次公民運動的資料，根據類型，可以分為實體材料，就是我們在立法院議場內、外所收集到的各類文宣、畫作、印刷品，以及由國外寄回或

送回的海外支援公民運動的作品等等。此類型的材料,因我們過去有數位典藏的經驗,所以相對容易處理,會以標準的程序進行數位典藏工作。其次是原生的數位檔案,包括數位照片、影片、數位創作(漫畫、Kuso 作品等)、網路上流傳的文章與針對的回應等等。要有系統地收集這些材料,讓它們相對集中,最終成為可供歷史與其他學科研究的素材,需要事先設計好後設資料(metadata)格式,才能夠開始徵求資料。這些資料,來源不同,事先也未經過設計,雜亂在所難免。但對於「巨量資料」的研究者而言,擁抱雜亂也是必備能力,因為一定會有大量資料的後設資料填寫不完全、標示不清楚。由於資料的量大又複雜,由少數人員將後設資料補齊也相當費時費工,因此可能還要透過幾輪的「群眾外包」(crowdsourcing),逐漸將後設資料填補,並且加上使用者標籤。

我們希望這些資料庫與相關機制都是建立在 open source 工具上,而最終的理想是:不僅要開放資料,也要開放徵求資料的資料庫架構,提供其他機構或個人使用者下載利用。一方面,我們希望資料的不同部分,同時被放在其他資料庫中,提供使用,異地備存;另一方面,我們也希望再有類似的重要事件發生時,可以立即有人利用相同架構,或做若干修正,即可有資料庫開放,方便收集歷史資料。

在資料徵集的策略方面,有兩種互不衝突的方式,一種方式是以資料的類型來徵集,比方徵集數位錄影資料、數位相片、數位視覺作品、PPT與數位文字檔案以及相關的回應。此種方式的好處是資料檔案類型相同,容易歸納整理,而這種資料庫會是所有資料庫中最基本的儲藏所。不過,以資料類型來徵集可能會出現的狀況則是後設資料填寫不齊全的問題,同樣必須以群眾外包的方式來補齊。

另一種方式是收集整合性的資料,比方前述 330 凱道遊行的資料,我們可以先規劃好時間表,地圖、以及相關人物、內容、照片、錄影、感想以及使用者自設的關鍵字或標籤等表單,彼此串聯。讓參與者在規劃好的表單上逐一填入資料,或上傳資料,這些資料在收入後會依據資料檔案類型分別進入前述資料庫中。而搜尋的界面則會以事件作為起點,以帶有可移動的時間軸的地圖為經緯,或以關鍵字或其他方式來檢索。由於 318 公民運動史料搜尋是一場實驗,所以我們會兩者並行,分別測試,以找到較佳的操作流程。

圖 6.
將收集到實體材料按原來在立法院議場及周邊的位置歸架,並準備進行數位典藏。

以上是以自動化的方式進行資料的收集。而對於任何一個事件來說,這些預先想好的表單都可能會有疏漏,或因為事件的特殊性而引發更多疑問。因此,所有的資料庫都會經過進一步檢視,以決定是否需要進行另一個資料增補的自動化史料徵集,或者以口訪的方式進一步填補空白。(圖 6)

資料搜尋新界面

前面已經講過收集整合性資料的方法，但其實此一方法應該還要搭配一種完全不同的搜尋方式。因為，所謂整合性資料收集其實是以事件為標的來收集資料，而事件可以用空間或時間作為搜尋的主要坐標。舉 323-324 佔領行政院為例，搜尋的界面可能會是一個行政院周邊的地圖或 3D 模型，底下有一條時間軸。收集資料時，假設以一個小時為段落，讓每個人填入時空坐標與她（他）的觀察。而在某一時段有若干人（比方 1000 人）填入空間位置，則在地圖上就會有若干個點（1000 個點），分佈在行政院周邊的不同位置。點入每一個點，就會看見此人按時間分段的觀察記錄、口訪以及他所拍攝的影像或影片。由於記者也是資料收集的對象，所以各種媒體的報導及攝影或文字記者的足跡也會以不同的顏色標示在地圖上，並連結他的相關報導、口訪或攝影資料。同樣地，警察的口訪、蒐證錄影等資料，最終也希望能夠進入此一資料庫。由於每一個人的記錄，都可與他鄰近之人的記錄交叉互證，這使觀察與解釋的可靠程度得以大幅提高。此種機制本身可以轉化成一種新世代的「口述歷史」或歷史的基本記錄，研究者可以根據此一資料進行深度的歷史、社會學或人類學研究。（圖 7）

資料庫的安全性與風險控管的新觀念

本文所謂資料庫的「安全性」問題，大概有兩個方面。首先，是指保密資料的安全。不少重要歷史事件中，都會出現違反現行法律的事件，以及可能隨之發生的法律案件。我們認為歷史學家所收集到的史料，不應作為法律訴訟之用。歷史學家作為一個專業人員，在資料提供者要求保密的狀況下，有保密的義務。檢方或警察，如果要收集資料，應當直接向當事人要求，而不是向歷史學家要求。所以，我們的立場是不會配合檢方或警察的要求而提供資料。如果有必要，我們會利用所有技術，將不能公開的資料藏匿在安全的地方，即使必須面對司法，也要守住對資料提供者保密的保證，就好比醫生不得洩露病人的個資，這是所有專業人員的職責。

圖 7.
以 Google 地圖中的行政院及其周邊圖，想像公民佔領行政院約 2014 年 3 月 24 日 0 AM 的狀況。（黃色點代表公民、橘色代表媒體、藍色點代表警察）

安全性的另一方面則是如何保證資料庫的內容不會因為災害而損毀。如前面所述，我們利用 open source 在中研院建構一個完整的資料庫，並會有標準的異地備援，也就是在其他地方有完整的備份，以保證在災損之後可以儘快恢復。即使如此，我們認為最理想的公民歷史資料庫備援還是「公民備援」，也就是開放資料庫的結構，以及所有可以公開的資料。此種想法的基礎在於我們認為一個公民運動如果具有正當性，擁有社會多數人的支持，則最終就沒有任何東西需要隱瞞。我們會讓有興趣針對特某些資料進行典藏的人，都可以擁有部分資料庫與史料，這些多元與多重的備援才是保證公民史料安全的終極手段。

更大的期待

以歷史學家的角度來看，318 公民運動無庸置疑是一個重要事件，並且仍未落幕；相關事件對於台灣而言，會有何種影響，也還有待觀察。但它到目前為止所產生的資料，對歷史學、社會學、人類學、政治學、法律等學科而言，都已相當寶貴的。因此，在我們收集資料的同時，也有不少學術界與非學術界的同仁，已經開始進行資料的收集與研究。我們的取向和這些資料收集或研究並不相同，我們希望以「巨量資料」的角度來收集，但這並非中研院或台灣任何一個學術機構可以獨力完成，而需要大量的學生與公民參與。所以，我很期待 318 公民運動作為一個契機，提供我們以巨量資料的角度收集資料並進行歷史研究的機會。如果我們可以好好利用此一機會，結合大多數研究台灣史的師生，甚至其他史學、社會學、人類學的師生，共同參與，熟悉「巨量資料」的各項研究，那麼，這將會是一個絕佳的操兵機會：利用「巨量資料」的歷史研究作為一個跳板，與世界的巨量資料歷史研究結合，把台灣已經有的大量數位化資料，依據 CHIA 的架構，重新整合並加入 CHIA。而這正是柑仔店小二們不斷討論的將台灣史甚至中國史當作世界史或全球史來研究的宏觀路線。

最後，我想利用此一機會告訴許許多多正在面對司法的公民，如果我們站在多數公民所認同的方向，那麼，當資料愈多，歷史書寫基本上就會偏向多數公民，而且司法判決的方向也會是如此。台灣的公民加油！歷史學界加油！

參考資料

Schmidt, Eric, Jared Cohen, *The New Digital Age: Reshaping the Future of People, Nation and Business*. 《數位新時代》（臺北：遠流出版，2013）

Mayer-Schönberger, Viktor and Kenneth Cukier, *Big Data: A Revolution That Will Transform How We Live, Work and Think* (London: John Murray, 2013). 《大數據》（臺北：天下文化，2013）

Manning, Patrick, *Big Data in History* (NYC: Palgrave Pivot, 2013).

歷史與 醫學

THREE

杜鵑窩裡的雀鳥：
怎麼看精神醫學的政治濫用史

吳易叡
香港大學李嘉誠醫學院、醫學倫理及人文學部助理教授

半年前從燠熱的南洋，回到時間更迭明顯的亞熱帶。研究計畫一一交了出去之後，面對窗外臨暗的沙灣，和剛才清空的辦公桌。那些沉於硬碟底端，無法簡單運用組合的醫學文獻和訪談片段，又再度浮上心頭。心想著，過去幾年醉心於精神醫學發展的跨國性研究，如今回到離家五百哩處，是否該重新讓這些斷簡殘編撥雲見日，設法重現煙塵底下依然詭譎的戰後臺灣心靈圖像？

神祕的後山

1 月 16 日，總統和國會選舉投票當天，《聯合報》突然刊了一則報導：〈花蓮玉里醫院「政治犯病友」凋零中〉。文章劈頭就說：「衛生福利部花蓮縣玉里醫院的「政治犯病友」，及台北榮民總醫院玉里分院的老榮民精神病友，均凋零待〔誤〕盡，此次大選「乏人問津」，醫護人員樂得「沒有壓力」。[1] 文章的重點在於，以往被藍綠政治人物大力抨擊，帶有政治目的的精神醫學濫用，如今已如過往雲煙，不必再提了。

註 1.
花蓮玉里醫院「政治犯病友」凋零中，http://udn.com/news/story/6656/1445227。

五年前從英國回台，曾經短暫在清幽的玉里小鎮受訓。短短不到三個月的時光裡，每天清晨騎著腳踏車，到縱谷裡被霧氣圍繞的醫院上班，那是決定離開臨床跳入學術火坑之前好不愜意的一段光景。有朋友甚至煞有其事地問我：「你去玉里，該不會另有目的吧？」事實上，那是個陰

錯陽差的生涯規劃。原以為在繁華盛景的對角線蝸居，可以好好寫作，誰知大學來了資格考沒通過的通知，只好壯士斷腕辭職。一面專心寫好博士論文，一面訪談精神科的前輩醫師們。

玉里關著政治犯的確時有所聞。但到底兩間超大型醫院收容著患了精神病的政治犯，還是利用精神病院取代監禁管訓，從來沒有人說得清楚。零星破碎的新聞報導總是雷聲大、雨點小。捕風捉影的傳聞總是大於實際證據，後續追蹤也闕如。1980 年代末的閱聽氣氛逐漸開放，媒體批露了台大社會系陳光中教授到當時的玉里養護所進行的田野研究。研究結果在高雄醫學院的一場有關健康政策的研討會上發表。論文做出的其中一項結論，認為部分並非精神病患者的「病人」不應被留置於養護所。

當時，引起軒然大波的是被認為可能是保安份子的和政治犯的「安」與「新生」註記。玉里醫院隨後澄清了病患的多重來源，台視新聞也在事後訪問了陳教授。螢光幕前的陳教授在鏡頭前澄清他的研究，並沒有提到「政治犯」三個字。[2] 即便如此，研討會結束之後，為了消除社會疑慮，人權團體夥同立法委員與院外的精神科醫師進入養護所訪視。調查團體做出了可預見的否定結論，但精神醫學與政治偵防的曖昧關係，卻從此在輿論之間蔓延開來。

註 2.
訪台大社會系副教授陳光中談他所寫的玉里養護所研究報告中，並沒有用政治犯字眼。
http://dava.ncl.edu.tw/
metadatainfo.aspx?funtype=0
&PlayType=2&id=95476&BL
ID=95476。

精神醫學諜對諜

精神醫學在政治上的濫用可大抵這麼定義：挪用精神醫學的診斷，或利用精神醫學裡管束性的介入手段，侵害「病患」的基本人權，達到撻伐異己的政治目的。在小說、電影裡，類似惡行早已不是新鮮事。但在能夠被視為「史實」在陽光底下談論的，卻仍然少之又少，問題不外涉及「病患」隱私的史料來源，和難亙古以來在正常與異常之間難以劃清的那道界線。

斑斑劣跡的曝光，往往帶著某種要為受害者「翻案」的味道。一般人最能瞬間聯想的，莫過於蘇聯對於異議份子的貫作非為。1973 年索忍尼辛的《古拉格群島》，根據自己在集中營的體驗和二百七十位受訪者的證詞，為群島上慘絕人寰的疲勞審問、從肉體到精神摧殘黑幕開出了發隱擿伏的第一槍。二十世紀的下半葉，關於蘇聯政府如何利用精神醫學對異議者進行政治清算的研究，成果還算豐碩，包含史達林如何親筆竄改醫學文件，把著名的巴弗洛夫理論和李森科的無稽之談混為一談；策動精神科醫師們進行文革式的自我批判；還有創造「遲滯性精神分裂」的診斷條目，用來「治療」出現或潛在反動思想的異議份子等等。

然而，利用醫學做他途之用，何止於「萬惡的共產黨」？在最近出版的

圖 1.
歷史學者兼精神分析師 Daniel
Pick 的著作《納粹之心》

註 3.
Daniel Pick. 2012. The Pusuit of
The Nazi Mind. Oxford: Oxford
University Press.

《滿洲候選人》電影片段

《納粹之心》（The Pusuit of The Nazi Mind，圖 1）一書裡，歷史學者兼精神分析師 Daniel Pick 透過新史料的爬梳，講出一段耐人尋味的故事。二次世界大戰期間，正當計算機鬼才亞倫・圖靈在布萊切利園的同盟國軍情中心腸枯思竭，想要破解德軍的密碼系統時，另一個團隊也企圖用精神分析和精神醫學，想要了解犯下滔天罪行的納粹黨重大惡性的本質。他們選中的目標是希特勒的副手魯道夫・赫斯（Rudolf Hess）。[3]

1941 年 5 月，赫斯前往英國從事的祕密任務的動機，宥於機密史料的限制，一直到今天目的依然不明。人們只知道他在降落之後，迅即遭到英方拘留。希特勒片面宣布赫斯精神失常，同時解除他所有的職務。赫斯在牢中受到嚴密監視，一直到他在紐倫堡受審之前，所有獄卒和警衛都被禁止和他有任何往來。了解他的，大概只有時任塔非史托克診所（Tavistock Clinic），後來擔任世界心理衛生聯盟主席的精神科醫師約翰・李斯（John Rees）。赫斯在日記裡說，他在監禁的四年期間，李斯常到監牢裡探望他，還試圖下藥毒害，甚至想要以男色迷惑這位壓抑的納粹大臣。想當然，極端法西斯意識形態的「病理機制」最終並未被透徹掌握。但 Pick 在書中生動地描述，李斯為了卸除赫斯的心防，的確無所不用其極奇。光是帶進監牢裡的藥，除了類鴉片製劑、阿斯匹靈、阿托品、巴比妥酸鹽、甲基安非他命，甚至還有一堆順勢醫療用物。

戰後的精神醫學隨著冷戰的分裂版圖，在兩個敵對的陣營分庭抗禮。除了索忍尼辛對古拉格的指控，眾口鑠金的傳言莫過於蘇聯針對美軍戰俘所發展的「洗腦技術」。「洗腦」這個詞彙是借來的。1950 年，邁阿密新聞社的記者 Edward Hunter 在的報導中用了這個源自於中國毛澤東政權的概念。此時，心理技術不但可以用來窺探一個人的心智深層，更可用來改變一個人甚至一群人的思想，以達到順從自己指令的目的。透過主流媒體指證歷歷的重製與再現，洗腦變成了共產黨的代名詞。1959 年的電影小說《滿洲候選人》（The Manchurian Candidate）就以韓戰為背景，描述一群被蘇聯綁架的美國士兵，在中國的滿洲進行洗腦，腦中被置換了虛假的記憶和全新的意識形態回到美國，預備參選公職。

然而歷史學上並無有力的史料能佐證蘇聯對美軍戰俘進行洗腦。在讓人惶惶不可終日的滿洲候選人輿論席捲美國之前，美軍其實早就發布了調查報告，說其實「洗腦」這個概念是宗「流行的誤解」（popular misconception）。精神醫學學者則認為，洗腦假使存在的話，應該和蘇聯在自己國家境內所進行的思想改造計畫和強制勸說（coercive persuasion）相關，就算有，效果也是暫時而有限。

反而同一時間的北美洲，惹人非議的是一位才華洋溢的精神科醫師。1988 年，英國記者 Gordon Thomas 紕漏了包含曾任美國精神醫學會會長

的艾文・卡麥隆（Ewen Cameron，圖2）在內的醫學和藥理學專家，協助中情局的科學情報部長達二十年的 MKUltra 計畫，鑽研有效控制心智的方法。1950 年代中期被台大派至加拿大麥基爾大學進修的葉英堃醫師，目睹了這位讓人畏懼三分的系主任設計的各種治療。除了密集的電痙攣治療、大量的抗精神病藥物計畫，還有著名的「精神誘發」（psychic drive）頭盔。參與研究的病人們頭戴著播放著錄音帶的頭盔，有的還必須穿戴著裝置躺在「催眠房」（sleep room）的床上連續好幾個小時。[4] 許多參與「催眠房」計畫的人，在日後跳出來指控這個計畫的不人道。除了他們被施打或餵食大量的藥物之外，還必須忍受讓人不堪其苦的身體限制與感官剝奪。有的病人因此產生尿失禁，記憶力快速衰退的現象，有的最後無法脫離機構生活。

讓人百思不得其解的是：許多人對卡麥隆教授的行徑深感不齒，但他的同事及學生卻依然對他十分愛戴。哈佛大學科學史的 Rebecca Lemov 教授曾經撰文評價卡麥隆的生涯和實驗動機。首先，她無法證明這位惡名昭彰是否直接接受中情局資助，甚至也合理地懷疑卡麥隆並不知道他的贊助機構：人類生態調查學會（Society for the Investigation of Human Ecology）背後的政治結構。此外，五零年代的精神醫學深受盛極一時的行為主義影響。「精神誘發」裝置的設計，其實只是順應當時許多矯正偏差行為的意見和方法，其中微不足道的一個。精神醫學史學者 Edward Shorter 甚至信誓旦旦地認為，就算當時中情局沒有出資，我行我素的卡麥隆還是有可能會獨力發展出同樣的實驗。[5]

中國的被精神病

至於「洗腦」一詞的來源國呢？在中國，其實洗腦一詞指的並不是一項專門而具體的技術或是治療方法。舉凡國家意識形態的建立和宣傳、一條鞭的學校乃至於國民教育、藉由勞動對政治犯進行的思想改造，都被稱為洗腦。而濫用精神醫學進行政治清算或操作的例子，雖然不能說沒有，是否有如眾多人權工作者和政治學者所指稱的那麼普遍，也難加以定論。原因在於在幅員如此廣大的中國，現代精神醫學從十九世紀末到二戰之後發展的零星貧瘠，和文革期間完全停滯的心理以及精神醫學研究，使得「精神醫學是什麼」這道認識論的問題，還尚待詳細追問。

文革期間，北大三院的精神病房被改制為「五連」；安定醫院被命名為「紅衛醫院」。文革結束後，更有一系列的「安康」醫院落成，完全隸屬警察機關。根據 Human Rights Watch 的特派專員 Robin Munro，在他調查期間，被留置於這些醫院裡的病患，約有百分之十五屬於異見份子和宗教狂熱者。據稱，在這些為政治服務的醫院裡，醫生們奉行的是被史達林一派修正過的精神醫學，許多在現代精神醫學和傳統中醫的治療像是針灸，都被拿來當成酷刑的工具。揭發蘇聯和中國濫用精神醫學情事

圖 2.
美國精神醫學會會長的艾文・卡麥隆（Ewen Cameron, 1901-1967）

註 4.
詳見吳佳璇，《台灣精神醫療的開拓者——葉英堃傳記》（臺北：心靈工坊，2005）

註 5.
ebecca Lemov. 2011. *Brainwashing's Avatar: The Curious Career of Dr. Ewen Cameron.* Grey Room No. 45:61-87.

註 6.
Robert van Voren (2010). *Political Abuse of Psychiatry: An Historical Overview*. Schizophrenia Bulletin 36(1):33-35.

註 7.
Harry Yi-Jui Wu. 2016. *The Moral Career of 'Outmates': Towards a History of Manufactured Mental Disorders in Post-Socialist China*. Medical History 60 (1): 87-104. http://journals.cambridge.org/action/displayAbstract?fromPage=online&aid=10064473&fileId=S0025727315000708.

註 8.
參考吳易叡，2015，〈倖存者〉，《字花》第 58 期。

註 9.
參考中研院人文社會科學研究中心醫療史研究生論文工作坊。嚴婉玲，2015，〈「玉里養護所中有政治犯！」事件探討〉（未出版）

註 10.
陳英泰，2005，《回憶，見證白色恐怖（下）》。台北：唐山出版社，頁 528。

不遺餘力的荷蘭籍政治學者 Robert van Voren 甚至認為從文革期間以降，中國為政治目的濫用精神醫學的情形比以往的蘇聯更為普遍而嚴重，他尤其同情九零年代開始，法輪功學員在精神病院裡的遭遇。（註 6）

同樣地，曾經在中國進行田野研究，或是長期以來在中國境內執業的精神科醫師，卻對如此的指證相當不以為然。他們的理由很簡單：根據自己和中國精神科醫師們共事的經驗，情形根本沒有如人權工作者所指控那麼誇大。千禧年初，在《美國精神醫學與法律雜誌》（*Journal of American Psychiatry and Law*）和《哥倫比亞亞洲法律雜誌》（*Columbia Journal of Asian Law*）上的爭論，掀起了一股討論中國現況的熱潮。受迫於人權團體的壓力，世界精神醫學會也曾計畫進到中國境內進行實地調查，但最後卻因種種因素未能成行。讓這番爭論最終仍是公說公有理，婆說婆有理。

而晚近甚囂塵上的「被精神病」又是怎麼一回事？簡單來講，這四個字泛指正常人被有意或無意誤診為精神病患，接受精神醫學治療或是遭受精神機構收治的經驗。雖然和 1990 年代異見份子的遭遇不無關係，但這四個字的寓意其實早已和精神醫學的惡意濫用逐漸脫離了關係。三年前，我開始蒐集「被精神病」者的陳述，和維權工作者來往，與中國的精神科醫師進行訪談，才發現這個現象的主因，不外乎中國極度不平均發展的軟硬體基礎建設，包含醫療機構不完備、精神醫學專業訓練的落後、法律系統的未臻完善，和受到經濟型態轉型而改變的家庭親序關係，使得真正的病人無法獲得治療，不應受到治療，只是一時聒噪的雀鳥反而淪落在杜鵑窩裡。[7,8]

以古鑑今

隨著精神醫學的歷史和科技社會研究在臺灣的蔚為風潮，已有研討會論文就「玉里關著政治犯」這件事的歷史意義進行細密的爬梳。[9]另外，展讀白色恐怖受難者的證詞，已經過世的陳英泰回憶道：「有一個比我們晚被抓的本省籍名許席圖的政大學生，因在學校組織學生社團統一社被抓而於被監禁時發瘋，後因家人不願承受他、照顧他，他被關到玉里瘋人院去，久而久之幾乎被社會遺忘。」[10]言下之意，因為統中會事件被囚禁於綠島的許席圖，似乎在收容於玉里養護所前，就已經出現了精神症狀。在同一章節裡，陳英泰其實也寫道，許多人在監禁的過程中出現了精神問題，而監獄的處理方式既不專業又草率，甚至充滿「不被當人看」的虐打情形。這也意味著對於許席圖而言，進到玉里實際上是個人道的舉措，和精神醫學的政治濫用恰恰相反。

意義較難釐清的，大概是國家媒體批露異議份子尋求精神醫學協助的動機。1989 年，鄭南榕因為追求言論自由而自焚。以《聯合晚報》為首，

眾多媒體第一時間便形容他的「瘋狂狀態」，讓人「膽寒」的「狂徒」行徑。然後報道他曾經因為失眠問題到台大精神科就診的過往經歷。鄭南榕的例子或許是個零星事件，但如果和其他戰後東／南亞新興極權國家一併觀之，不難發現利用精神疾病的指涉去概括持不同意見者的思想行為，在臺灣並非特例。例如獨立不久的新加坡國防部，便透過媒體批露「共產黨外圍組織領袖」林清祥，在拘禁時與同僚發生觀點不同的爭執時出現精神不安，隨後入板橋醫院治療的新聞。這和在司法精神醫學裡之中，運用精神醫學獲致刑事免責目的不同：這個做法可被視為人道介入，但隨後出現的「轉機構化」（trans-institutionalization）現象亦無可避免。[11] 運用國家媒體「病理化」意識型態的歧見，讓「狂徒」們的言行失去法律效力和邏輯性，這種細膩的操作，後果不能等閒視之。

而要是精神科醫師親自參與政治偵防和調查，或是參與治療因嚴刑拷問發生的精神障礙呢？許多精神醫學的前輩們也相信，在白色恐怖的年代，相關例子的發生並不是沒有可能。[12] 只是年湮人遠，許多當時可能發生的憾事，完整的來龍去脈已難以考究。和彭明敏與魏廷朝發表〈台灣人民自救宣言〉而入獄的謝聰敏，一生致力於研究酷刑。他在著作裡寫道：「台大附屬醫院的精神科醫生……與特務機關合作，提供精神病患者使用的針劑。精神科醫生常常使用針劑，讓患者說出潛意識裡所隱藏的故事，尋求精神病的病因。特務機關的醫生就用這種針劑注射政治犯的血管，讓政治犯胡言亂語，透露心理極力隱藏的東西。」[13] 這段話裡講的針劑，便是在 1950、60 年代蔚為風潮，被用來卸除被施打者的心防，廣泛用於刑事拷問的「吐真劑」Amytal。這種也被稱為「紅中」的巴比妥酸鹽，由於耐受性強，產生欣快感的劑量和致死量接近，後來更被視為毒品。不過，在《國立臺灣大學醫學院附設醫院神經精神科 25週年紀念刊》裡的發展史一覽表，卻也白紙黑字地登載著，在 1951 年：「使用 narcoanalysis 並發展犯罪精神醫學」。[14] 足見這宗如今惡名昭彰的治療，在時地脈絡裡充其量只是順應當時的科學研究的普遍興味。

作為精神醫學史的學徒，首當其要的自知之明，即是精神醫學相對於其他專科醫學而言，發展的歷史也不過短短的兩百年。在如此俄頃的時間內，理論的出現與瓦解、治療的挪用與揚棄，隨著它的功能和目的劇烈地變換消長。精神醫學自從在歷史登場以來，便舉著的人道與規訓兩面大纛。時刻必須警醒自己的是時代雖然已經進步，我們仍面臨著使人從疾病中解放（emancipation）和社會控制之間巨大的兩難。[15] 面對它是否為政治服務而遭到濫用的難題，和轉型正義工作所面臨的煎熬類似：除了涉及隱私權的第一手資料難以取得、風燭殘年的口述者逐漸凋零之外，還有牽涉了許多參與其中，仍和我們共同生活的人，他們甚至是德高望重的師長之輩。

做為歷史的學徒，與其洞悉精神醫學的本質，不如領悟精神醫學在歷史

註 11.
參見楊添圍，《以瘋狂之名──英美精神異常抗辯史》（臺北：心靈工坊，2015）

註 12.
同註 4

註 13.
謝聰敏，《談景美軍法看守所》（臺北：前衛出版社，2007），頁 226。

註 14.
台大醫院，《國立臺灣大學醫學院附設醫院神經精神科廿五週年紀念刊》，1972，頁 5。

註 15.
參考吳易澄，〈精神疾病與人權──一個跨界對話的呼籲〉，《律師月刊》2015 年11 月號，頁 39-45。

社會脈絡中如何被使用，如何被當時的集體心態所投射的身分位置；理解所牽涉的所有人事物，如何在機構、人際網絡之間與政治結構中如何施為行動。在真理難尋的年代，說書人的任務乃搜索黑夜中的明火，通過一則又一則「人」的故事，探究我們的心靈是曾經如何被禁錮，又曾經如何渴望自由。

誰是古之良醫？

THREE

2

金仕起　國立政治大學歷史學系副教授

在醫學院學位證書和醫師專業證照都付之闕如，鐵、公路、飛機、輪船等交通工具和運輸網尚未出現，影音視訊、網際網路、智慧行動裝置、社群媒體還不存在的兩千年前，除了口耳相聞的口碑、謠言、傳說，有時可以看到的圖書、畫像之外，人們一旦遭遇病痛，怎麼判斷誰是值得信賴、可以藥到病除的好醫生？又是哪些人在左右「業界標準」？一般升斗小民的印象，因為留下的資料非常有限，不大容易把捉。我們就先拿社會中能夠識字、書寫的這一層人民留下的遺跡當起點，做點初步的揣測。

話說古書《鶡冠子》有篇題作〈世賢〉的短論，記載了戰國晚期趙悼襄王（西元前 244-236 在位）向將軍龐煖討教治國之術的一則對話。對話中，龐煖為了回應悼襄王所提「夫君人者，亦有為其國乎？」的問題，曾根據當時常見的論述習慣，按他所聽聞，[2] 講述了三則和醫有關的故事，也反映了他對古之良醫若干特徵的理解。

第一則故事，可能因為原來的編簡有些殘損、錯置，已經不復完整，但敘事的條理仍大體清晰。無論如何，故事一開場，龐煖為了回應悼襄王的提問，拿傳說中的古之良醫俞跗打頭陣，說他「已成必治，鬼神避之」，意思是，就算病人病情很重，看來沒救了，但俞跗都能起死回生，

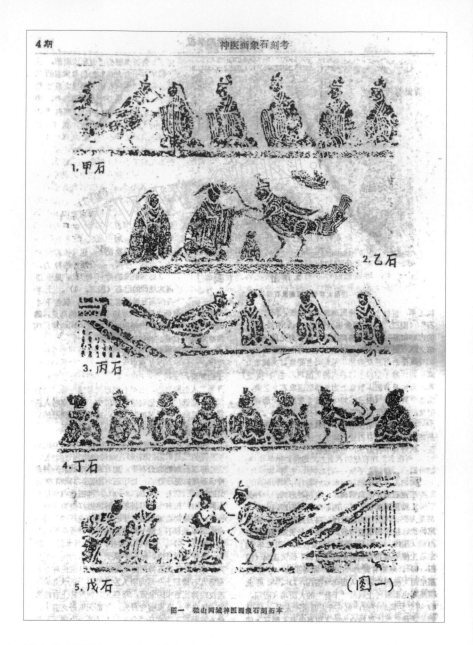

應當還是不難理解的。重點是,龐煖之所以這麼講,大概在引發悼襄王追求霸業的成就動機,和探問如何取霸的好奇吧。

如所預期,悼襄王受了龐煖的挑動,接著提出了「願聞其數」的要求,表明想要瞭解取得霸業的方法。於是,龐煖便順著悼襄王的提問,開始講述第三則故事,陳示治國取霸的途徑。龐煖說,從前的從前,魏文侯(424-387 BCE 在位)和另一位古之良醫扁鵲曾有一段對話,魏文侯問扁鵲:「府上兄弟三人,誰最會治病?」扁鵲回說:「大哥最好,二哥次之,扁鵲我最下。」魏文侯又問:「可以說來聽聽嗎?」扁鵲繼又答道:「大哥替人治病,是看病人的『神』(的變化),病還沒有個樣子,就(不著痕迹)把人的病給除掉了,所以(別人都不知道,)名聲不出家門。二哥替人治病,則是留意(疾病初期身體的)毫毛之處(的變化,並及早處置),所以名聲不出里門。至於我,就得動用(大家都看得到的)鍼來刺病人的血脈,拿毒藥(給病人飲食或敷塗),或割裂病人的肌膚(刮除癰腫膿瘍),才治得了病。也因此,我的名聲往往遠播於列國之間。」魏文侯聽完扁鵲的話,說:「說的好!要是管仲當初襄贊治理齊國,是像扁鵲那樣大刀闊斧行之,齊桓公還能成就霸業嗎?總結這些經驗,重點在於未及重病之初便看出有病(不病病),並在病還沒出現徵兆、證狀前就先動手治療。待重要的工作不動聲色地完成,下頭的人都還以為是自然而然呢。所以說:『良醫化之,拙醫敗之。』(要是碰到拙醫),就算僥倖不死,大概也少不得讓傷口更深入大腿和軀幹吧。」故事講到這兒,龐煖的目的顯然在透過魏文侯和扁鵲對話說明,政治上的問題貴在及早處置,也就是「治之無名,使之無形,至功之成,其下謂之自然」。也因此,故事最後,《鶡冠子》記道,悼襄王聽完故事,說:「好得很!我雖然不能免於受傷(譬喻犯錯),但誰能在我的毛病還很細微時,就及早協助我醫治、改正呢?」言下之意,是希望大家能幫他、提醒他,好一道追求霸業。[3]

從《鶡冠子・世賢》看來,龐煖嘗試「借醫為喻,言治於未亂之旨」的企圖很清楚,[4]悼襄王的回應似乎也顯示他聽懂了、受教了。不過,事態的發展並未如預期搬演。根據《史記・趙世家》篇末「太史公曰」轉述馮王孫的說明,及太史公的後續評論,趙國之所以亡於秦(228 BCE),恐怕有很大部分得把帳算在悼襄王的頭上。特別是他因為自己寵愛的女子,廢掉了原先的嫡子嘉,另立繼承人遷的舉措,引發了趙國統治階層的內部分裂。[5]要說悼襄王的作法和龐煖的諄諄建議背道而馳,是說一套、做一套,禍延子孫的反面教材,應當也不為過吧。從這個後見之明的觀點看來,《鶡冠子・世賢》恐怕不完全是篇無的放矢的寓言、泛論而已。相反的,它不無可能反映了公元前三世紀下半,悼襄王柄政期間趙國內外的具體情勢。有的學者甚至認為,它的編寫年代,應當就在悼襄王亡故之後不久。[6]

註 3.
黃懷信撰,《鶡冠子校注》(北京:中華書局,2014),卷下,〈世賢第十六〉,頁 319-326。

註 4.
呂思勉,《經子解題》(上海:上海商務印書館萬有文庫本,1929),〈鶡冠子〉,頁 186-190。

註 5.
《史記・趙世家》篇末的「太史公曰」是這麼說的:「吾聞馮王孫曰:『趙王遷,其母倡也,嬖於悼襄王。悼襄王廢適子嘉而立遷。遷素無行,信讒,故誅其良將李牧,用郭開。』豈不繆哉!秦既虜遷,趙之亡大夫共立嘉為王,王代六歲,秦進兵破嘉,遂滅趙以為郡。」見司馬遷撰,《史記》(北京:中華書局新校標點本,1959),卷 43,〈趙世家第十三〉,頁 1833。

註 6.
黃懷信撰,《鶡冠子校注》,〈前言〉,「三、鶡冠子的撰作時代」,頁 8-10。

註7.
《七略》即「六藝略」、「諸子略」、「詩賦略」、「兵略」、「數術略」和「方技略」，再加上寫在最前頭的總綱「輯略」，因此，有時候也見得到「六略」的提法。按《漢書·藝文志》說成帝時，「詔光祿大夫劉向校經傳、諸子、詩賦，步兵校尉任宏校兵書，太史令尹咸校數術，侍醫李柱國校方技。」《別錄》的分類應當就已經是按上述六略分類了，只是內容比較繁細。南朝梁、陳之際的阮孝緒（479-536）有《七錄》說：「昔劉向校書，輒為一錄，論其指歸、辯其訛謬。隨竟奏上，皆載在本書。時又別集眾錄，謂之別錄，即今之《別錄》是也。子歆探其指要，著為《七略》。其一篇即六篇之總最，故以撮略為名，次六藝略，次諸子略，次詩賦略，次兵書略，次數術略，次方技略。」關於《別錄》、《七略》和《漢書·藝文志》的體裁和關係，清人姚振宗（1842-1906）的描述很便參考。他說：「方之《四庫全書》，《別錄》為《總目提要》，《七略》則《簡明目錄》也。又班氏既取《七略》以為〈藝文志〉，又取《別錄》以為〈儒林傳〉。」以上，見阮孝緒，〈《七錄》序〉，收入釋道宣輯，《廣弘明集》（上海：上海商務印書館影四部叢刊初編子部，1936），卷第三，頁35；姚振宗，《漢書藝文志條理》，收入二十五史刊行委員會編集，《二十五史補編》（北京：中華書局影本，2000），第二冊，頁1529。

註8.
《鶡冠子》一書在《漢書·藝文志》中的分類情況，見班固撰，《漢書》（北京：中華書局新校標點本，1962），卷三十，〈藝文志第十〉，「諸子略·道家」，頁1730；「兵略·兵權謀」，頁1757。

註9.
魏徵等撰，《隋書》（北京：中華書局新校標點本，1973），卷三十四，志第二十九，〈經籍三〉，「子·道家」，頁1001；劉昫，

《鶡冠子·世賢》記載戰國晚期趙悼襄王和龐煖的對話一事可能出於史實，但記錄或編寫這幾則對話的是誰或哪些人？原來又打算給誰或哪些人看？對話中涉及的細節都可信嗎？比如，俞跗「已成必治」的神技具體細節是什麼？這是說客的如簧之舌講的寓言，還是真的？用隨國之兵作戰的，是哪位楚王？待老到的醫生治病的，又是楚國執政的若敖氏的哪位成員？魏文侯和扁鵲間的對話發生過嗎？扁鵲兄弟行醫「道不同數」，實有其事嗎？這些問題，大概都不容易得到確鑿的答案。

那麼，瞭解書名、書的編寫者和書的內容間有哪些可能的關係，能對進一步瞭解上面的幾則故事有些幫助嗎？我們先試著發掘看看。截至目前，最早收載《鶡冠子》的圖書目錄，是《漢書·藝文志》。《漢書·藝文志》是東漢班固（32-92）等人根據西漢宗室劉向（西元前77-76）整理皇家內外圖書的工作成果《別錄》為基礎，並以劉向之子劉歆（西元前50?-23）繼踵其事而續編的《七略》，特別是其中的總綱〈輯略〉作為底本，刪要修訂編成的。[7]《別錄》和《七略》今天雖大體散佚了，但根據《漢書·藝文志》，《鶡冠子》這部書曾一度給劉向、歆父子或步兵校尉任宏歸在「兵略」之下，講「兵權謀」的一類書裡。其後，在班固等人刪訂《漢書·藝文志》時，才把書從「兵」中移出，移入「諸子略」的「道家」，並加上了鶡冠子，「楚人，居深山，以鶡為冠」的說明。[8]

從書的著錄來說，《鶡冠子》一書在漢時已經存在，不成問題。但我們今天看到的《鶡冠子》，是否等同於《漢書·藝文志》的舊本，答案就不是那麼斬釘截鐵了。比如在《漢書·藝文志》中，《鶡冠子》是「一篇」，隋、唐時，官方的分類雖接近《漢書·藝文志》，列在「子」部「道家」，卻都是作「三卷」的。[9]這種情況到清修《四庫全書》，也依舊如此。[10]所以，隋、唐時期的遺冊是否等同於兩漢時的舊本，就已啟人疑竇了。像唐人柳宗元，就懷疑當時流通的《鶡冠子》可能是後人偽託的。[11]對此，近人呂思勉則指出：「按《漢志》止一篇，韓愈時增至十六，陸佃注時，又增至十九，則後人時有增加，已決非《漢志》之舊，然今所傳十九篇，皆詞古義茂，決非漢以後人所能為。」[12]可見他認為，從漢到唐，《鶡冠子》的書名雖沒變，但內容的確已非《漢志》之舊，只不過新增的部分在時代上應當也晚不過漢，不外漢人的手筆。當然，根據出土發現，古書多經編者分合並不罕見，因此，我們也還可以繼續追問，篇卷之數的異同，到底反映的是內容的增減或篇卷的分合？[13]如果是後者，那麼，主張《鶡冠子》的內容晚不過漢的一派，自然會比較居於上風。不過，話說回來，這些問題在新證據出土前，我們恐怕是不容易有確鑿的答案了。

那麼，書名題作「鶡冠子」的意旨何在呢？從今本《鶡冠子》十九篇中，

第七、八、九、十四、十五等篇都以「龐子問鶡冠子」的問對展開這點
來看，當初定題的人，也許認為《鶡冠子》跟鶡冠子這個人有點關係。
但班固的意思，是像唐以後學者所認知的，是把《鶡冠子》一書當作是
鶡冠子編寫的嗎？[14] 曾深入研究古書體例和傳統目錄學的余嘉錫先生
（圖2）便指出：「古書之命名，多後人所追題，不皆出於作者之手，
故惟官書及不知其學之所自出者，乃別為之名，其他多以人名書。」[15]
在出土文獻越來越常見的今天，余先生的這個觀察是很具洞識、說服力
的。換言之，雖然我們可以猜測《鶡冠子》跟鶡冠子這個人不無關係，
但在還無法充分掌握這部書形成歷史的條件下，我們恐怕也無法簡單地
把《鶡冠子》的作者與鶡冠子等同起來。

但鶡冠子這個名號，對我們理解這部書的內涵，並非全無幫助。按班固
的說明，鶡冠子是住在深山裡的楚人，習於穿戴鶡鳥羽毛做的冠飾。看
來，他是一位實在的歷史人物，不是虛構出來的。但為什麼取這個號兒
呢？若干傳統的文獻，如《隋書·經籍志》從這個人「居深山」的特性
看，便推測他可能是位不希望別人知道其具體姓字名諱的「隱人」。但
「鶡冠」如果是根據實物取義的，那麼，它的意義就未必很隱晦了。「鶡」
作為一種鳥的名稱，已見於《山海經》。在古人的一般印象中，這種鳥
似乎很善鬥；[16] 此外，我們也可以從司馬彪的《續漢書》裡看到，東漢
的皇家武官是戴「鶡冠」的。而東漢武官的這個服飾傳統並不是新創的，
據說還是從戰國時代改胡服行騎射的趙武靈王來的，目的在旌表武士，
透過這種鳥「勇雉也，其鬥對一死乃止」的特性來彰顯武士的威儀。[17]
總之，從班固留下的線索看，戴「鶡冠」的隱士會講「兵」，並非格格
不入；作為「楚人」，和傳說中出身楚國苦縣的老子，似乎在地緣、文
化上也不無關係，所以班固將《鶡冠子》移入「道家」，大概持之有故。
《四庫全書總目提要》說這部書「雖雜刑名，而大旨本原於道德。」[18]
大體也不會說不過去。

根據上面的分析，這部古書大概和古代兵家、道家的學術都有些關聯，
主要的關切則如《史記·太史公自序》引述司馬談六家要指所說的「務
為治」，也就是討論國家、政事的治理之道。事實上，除了日常實用的
技術性圖書，在傳統所謂周秦漢時期形成，並且能夠獲得留存和流傳至
今的多數古籍，不論種類是六藝或諸子，立場是九流或十家，大概多半
也具有類似的旨趣。

現在，再回到我們討論的問題脈絡中。就像司馬遷的〈扁鵲傳〉描繪了
日後醫史學者眼中扁鵲的基本輪廓，[19]（圖3）《鶡冠子·世賢》透過
醫的相關故事表達政治主張的同時，也在無意間大體勾勒了早期文獻中
和良醫有關的幾個特徵：一、醫通國身；二、已成必治；三、視病於未形。

《舊唐書》（北京：中華書
局新校標點本，1975），卷
四十七，志第二十二，〈經
籍下〉，「丙部·子部」，頁
2029。

註10.
永瑢、紀昀等撰，《武英殿本
欽定四庫全書總目》（台北：
臺灣商務印書館，1983），第
三冊，卷一百十七，〈子部〉，
「雜家類一」，頁543-544。

圖2.
余嘉錫先生像，見余嘉錫，
《余嘉錫文史論集》，長沙：
岳麓書社，1997。

圖3.
山田慶兒《夜鳴く鳥：医学·
呪術·伝説》一書封面。山田
慶兒《夜鳴く鳥：医学·呪
術·伝説》，東京：岩波書店，
1990。

註 11.
柳宗元撰，尹占華等校注，《柳宗元集校注》（北京：中華書局，2013），第一冊，卷第四，〈議辯〉，「辯《鶡冠子》」，頁 356-364。

註 12.
呂思勉的見解，見氏著，《經子解題》，〈鶡冠子〉，頁 186-187。

註 13.
古書和《鶡冠子》篇卷分合無定的問題，可見李零，〈出土發現與古書年代的再認識〉，收入氏著，《李零自選集》（桂林：廣西師範大學出版社，1998），頁 29-30；黃懷信，《鶡冠子校注》（北京：中華書局，2014），〈前言〉，「二、鶡冠子的篇卷」，頁 3-7。

註 14.
如《舊唐書·經籍志》便是「《鶡冠子》三卷」下自注「鶡冠子撰」。劉昫，《舊唐書》，卷四十七，志第二十二，〈經籍下〉，「丙部·子部」，頁 2029。

註 15.
古書多不著撰人，或多非某子手著的現象在出土文獻中很常見。見余嘉錫，《古書通例》（上海：上海古籍出版社，1985），卷一，〈案著錄第一〉，「古書書名之研究」，頁 26-27；卷四，〈辨附益第四〉，「古書不皆手著」，頁 119-130；李零，〈出土發現與古書年代的再認識〉，頁 27-31。

註 16.
《山海經》中山經中次二經的濟山之首，有「輝諸之山，其上多桑，其獸多閭麋，其鳥多鶡」，清人郝懿行引《玉篇》說鶡，「鳥似雉而大，青色，有毛角，鬥死而止。」見袁珂校注，《山海經校注（增補修訂本）》（成都：巴蜀書社，1992），卷五，〈中山經〉，「輝諸山」，頁 147。

註 17.
關於鶡冠，《續漢書·輿服志》有說：「武冠，俗謂之大冠，環纓無蕤，以青系為緄，

先看看醫通國身的涵義，這大概可以從兩方面觀察：一方面，是強調從事醫療的人也懂治理治術；另一方面，是表達醫病的方法和治國的方法是相通的。前者，像《漢書·藝文志》綜述方技的源流，說：「太古有岐伯、俞拊，中世有扁鵲、秦和，蓋論病以及國，原診以知政。」[20] 就是強調這些替人看病的醫療者，也懂治國的道理和技術。這方面比較可靠的具體例子，像公元前 694 年，齊國的醫寧曾根據所聞，強調「賢者死忠以振尤，而百姓寓焉。智者循理長『慮』，而身得庇焉。」推斷曲從齊襄公意欲，為他暗殺魯桓公的齊公子彭生沒有好下場。[21]（圖 4）西元前 541 年，替晉平公（姬彪，西元前 557-532 在位）看病的秦國醫和說：「先王之樂，所以節百事也。」「君子之近琴瑟，以儀節也，非以慆心也。」藉以向這位國際霸主說明，不要縱情聲色。他又對晉國執政趙武說：「國之大臣，榮其寵祿，任其大節。有菑禍興，而無改焉，必受其咎。」[22] 表達對晉國國政的關切，並提出「上醫醫國，其次疾人，固醫官也」的說法，為自身的職守辯護。[23] 西元前 307 年前後，替秦武王看病的扁鵲說：「君與知之者謀之，而與不知者敗之。使此知秦國之政也，則君一舉而亡國矣。」抨擊武王處理疾病的不當[24]。其他，像傳說中替龍叔看心病的齊國名醫（又有說是宋國良醫）文摯，說他：「方寸之地虛矣。幾聖人也！子心六孔流通，一孔不達。今以聖智為疾者，或由此乎！」[25] 就比較近於道家之徒諷刺儒家聖人的寓言了。至於表達醫病的方法和治國的方法是相通的相關敘事，那大概就是涉及古之良醫的文獻大宗、主要的論述脈絡了。我們甚至可以說，少了這一脈絡，非但醫療者不大容易成為歷史書寫的對象，已成必治或治於未亂這兩類良醫的特徵，也不易成為論者關注的重點。

其次，看已成必治這個問題。有關古之良醫的這類特徵，往往和論者處在論辯的對話脈絡有關，出於論者與人別苗頭、爭勝的氛圍中。舉例言之，除了《鶡冠子·世賢》已經描述的那位俞拊，有名的例子尚包括見於《韓詩外傳》、《史記·扁鵲倉公列傳》和《說苑·辨物》所收錄的一則大同小異的扁鵲故事。故事裡，扁鵲造訪虢國，虢君的太子不巧暴病而亡，因此扁鵲自薦可以為之治病。但虢君眾子中喜好醫方的，大概覺得扁鵲誇大其辭，因此便語帶挑釁地問道：

「吾聞上古醫者曰弟父，弟父之為醫也，以莞為席，以芻為狗，北面而祝之，發十言耳，諸扶興而來者，皆平復如故。子之方豈能若是乎？」扁鵲曰：「不能。」又曰：「吾聞中古之醫者曰踰跗，踰跗之為醫也，搦木為腦，芷草為軀，吹竅定腦，死者復生。子之方豈能若是乎？」扁鵲曰：「不能。」[26]

這裡的弟父可以設祭、唸咒讓不良於行的病患起身，踰跗也可以吹竅（灼炊九竅？）定腦（定經絡？）讓死者復生，已成必治的能耐連扁鵲

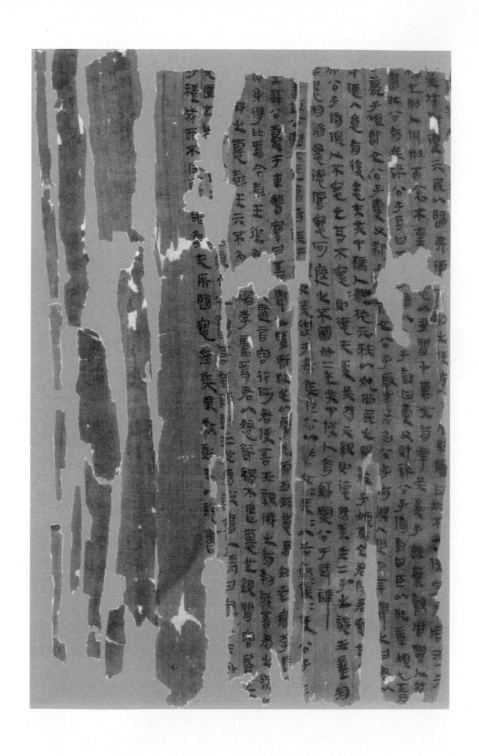

圖 4. 馬王堆漢墓帛書《春秋事語》,〈魯桓公與文姜會齊侯于樂章〉。見裘錫圭主編,《長
沙馬王堆漢墓簡帛集成》第一冊,北京:中華書局,2014。

加雙鶡尾，豎左右，為鶡冠
云。五官、左右虎賁、羽林、
五中郎將、羽林左右監皆冠
鶡冠，紗縠單衣。虎賁將虎文
絝，白虎文劍佩刀。虎賁武騎
皆鶡冠，虎文單衣。襄邑歲獻
織成虎文云。鶡者，勇雉也，
其鬭對一死乃止，故趙武靈王
以表武士，秦施之焉。」見司
馬彪，《續漢書》，收入范曄
撰，李賢等注，《後漢書》
（北京：中華書局新校標點
本，1965），志第三十，〈輿
服下〉，「鶡冠」，頁3670。

註18.
《四庫全書總目提要》則列在
「子」部「雜家」類，並說它
「其說雖雜刑名，而大旨本原
於道德」，大體是很精要的。
永瑢、紀昀等撰，《武英殿
本欽定四庫全書總目》，第三
冊，卷一一七，〈子部〉，「雜
家類一」，頁544；呂思勉，《先
秦學術概論》，收入《民國叢
書》編輯委員會編，《民國叢
書》（上海：上海書店影1933
世界書局本，1992），第四編，
第一冊，下編，〈分論〉，第
一章「道家」，第六節，管子
鶡冠子，頁46。

註19.
山田慶兒，〈扁鵲傳說〉，《東
方學報》60（1988），頁74。

註20.
班固撰，《漢書》（北京：中
華書局新校標點本，1962），
卷三十，〈藝文志第十〉，「方
技略」，頁1780。

註21.
裘錫圭主編，湖南省博物館、
復旦大學出土文獻與古文字研
究中心編纂，《長沙馬王堆漢
墓簡帛集成》（北京：中華
書局，2014），第參冊，《春
秋事語》釋文，〈魯桓公與
文姜會齊侯于樂章〉，頁196-
197。

註22.
杜預注，浦衛忠等整理，《春
秋左傳正義》（北京：北京大
學出版社十三經注疏整理委員

都承認自己不如。司馬遷寫〈扁鵲傳〉，也透過虢中庶子的炎炎之口，說：「上古之時，醫有俞跗，治病不以湯液醴灑，鑱石撟引，案扤毒熨，一撥見病之應，因五藏之輸，乃割皮解肌，訣脈結筋，搦髓腦，揲荒爪幕，湔浣腸胃，漱滌五藏，練精易形。」以便壓制扁鵲敢說：「聞太子不幸而死，臣能生之」的氣燄。[27] 從這兒，我們可以留意到，「已成必治」這類特徵，雖然不時被提起，當作是良醫的一種能耐，但它常常是在敵對競勝氛圍濃厚的脈絡下給逼出來的一種說法，未必是大家所共識的實事。

至於「視病於無形」這類能耐，則常常和「治於未亂」相提並論。良醫能見病於無形，一方面，當然和良醫的特殊能耐有關，像《史記‧扁鵲倉公列傳》裡扁鵲能「視見垣一方人」、「盡見五藏癥結」，主要倚賴的，就是長桑君給的禁方和神藥；另一方面，則和編寫良醫故事的人，想透過診治疾病的經驗，強調「謹小慎微」、「圖難於易」的治術有關。不過，治病的成敗，病人的反應也殊為關鍵。像前面介紹的，《鶡冠子‧世賢》中扁鵲大哥無疑是「視病於無形」的典型，他能成功，名不出家門，主要的前提其實還在願意配合的病人。《韓非子‧喻老》講扁鵲替蔡桓公看病（《史記‧扁鵲倉公列傳》則作扁鵲替齊桓侯午看病），雖然同樣是「視病於無形」，但因蔡桓公不信扁鵲之言，固然落得病入骨髓，不得救治的下場；好意指陳病情的醫療者扁鵲，也往往為了躲過權勢之家的怪罪，不得不先選擇逃跑以保住性命。

事實上，古代圖書中常見稱述的良醫，不見得都是指藥到病除的聖手；相反的，主要是他們料病如神的能耐。像《左傳》中先後從秦國到晉國為晉景公（姬獳，599-581BCE 在位）和晉平公看病的醫緩和醫和，晉人都視為「良醫」，但他們的診斷結果都是病不可治。前者說晉景公，「疾不可為也。在肓之上，膏之下，攻之不可，達之不及，藥不至焉，不可為也。」[28] 後者說晉平公，「疾不可為也，是謂近女室，疾如蠱。非鬼非食，惑以喪志。良臣將死，天命不祐。」[29] 宣告病人不治的醫療者，可以成為病人和病人臣僚口中的「良醫」，可見古人看重的顯然與今人不盡相同。另外，值得一提的地方在於，不知道是不是對良醫「視病於無形」、「於病視神」的重視，「形」反而成為了診視疾病時退而求其次的觀察對象了。

總之，要回答「誰是古之良醫？」這個問題，如果從文字資料來看，我們首先可以發現，它和流傳至今的古書對「論治」的高度興趣是脫不了關係的。可以說，誰是良醫的「業界標準」常常不是實際從事這類職業的「專業人士」說了算的，而是政論家、說客為了引發有權有勢的聽眾的興趣，拿來當談資時，才賦予「定義」的。在這個脈絡下，具體的治療方法、過人的治療能力雖然也受到相當程度重視，但相較於精準的診

斷、預測能力受到的關注，它們的角色往往仍是緣助性的。同時，良醫是否是歷史上的實在，在多數的論述脈絡中也非關重點，重點是說者和聽者是不是對其中的弦外之音達成共識了。

會，2000），卷四十一，〈昭公元年〉，頁 1339-1344。

註 23.
韋昭註，《國語》（上海：上海古籍出版社，1978），卷十四，〈醫和視平公疾〉，頁 473-474。

註 24.
劉向集錄，《戰國策》（上海：上海古籍出版社整理標點，1985），〈秦二〉，「醫扁鵲見秦武王」，頁 147-148。

註 25.
楊伯峻，《列子集釋》（北京：中華書局，1979），卷第四，〈仲尼篇〉，頁 129-130。

註 26.
屈守元箋疏，《韓詩外傳箋疏》（成都：巴蜀書社，1996），卷十，頁 838-839。類似的內容也收入劉向撰，趙善詒疏證，《說苑疏證》（台北：文史哲出版社影，1986），卷十八，〈辨物〉，頁 552-555。不過，《說苑》的本子作趙國，非虢國。
30. 司馬遷撰，《史記》（北京：中華書局新校標點本，1959），卷一百五十，〈扁鵲倉公列傳第四十五〉，頁 2788。

註 27.
司馬遷撰，《史記》（北京：中華書局新校標點本，1959），卷一百五十，〈扁鵲倉公列傳第四十五〉，頁 2788。

註 28.
杜預注，浦衛忠等整理，《春秋左傳正義》，卷第二十六，〈成公十年〉，頁 853。

註 29.
杜預注，浦衛忠等整理，《春秋左傳正義》，卷第四十一，〈昭公元年〉，頁 1339-1340。

醫療、經驗與文本

金仕起 國立政治大學歷史學系副教授

註 1.
湖南省博物館、中國科學院考古研究所編，《長沙馬王堆一號漢墓》上集（北京：文物出版社，1973），頁 1-2、35。

在今天中國湖南省長沙市東南郊，西有湘江流經，北和東面有瀏陽河環繞的一個小台地上，有個叫五里牌的地方。五里牌的東邊，有兩個大土冢東西而立，狀似馬鞍，所以當地人喚作「馬鞍堆」，現在則稱作「馬王堆」。（圖 1-3）當地傳說這兩座土冢是五代時期的古墓，但在 1952 年經中國科學院考古研究所長沙工作隊調查後，則斷定這裡應該是一個漢墓群。1971 年年底，因為一座醫院在當地施工，東邊的土冢受到影響，中國湖南省博物館的考古人員聞訊，派人前往調查，決定配合該項工程進行發掘。於是自 1972 年 1 月 16 日開始正式發掘，4 月 28 日結束。因為這是一座漢墓，因此定名為「馬王堆一號漢墓」。在這座墓裡，起出了女性古屍一具，和包括紡織品、漆器、木俑、樂器、竹笥和其他竹木器、陶器、竹簡等超過一千件的隨葬文物。[1]

馬王堆一號漢墓西側的封土堆，則是馬王堆二號漢墓的所在。在一號漢墓發掘的過程中，考古人員又在無意間打通了一號墓和三號墓的墓坑間隔，接觸到了三號墓的槨室壁板，才確認了還有一座漢墓在其下，故又稱之為馬王堆三號漢墓。因此，自 1973 年 11 月 19 日開始，考古人員又展開了二、三號漢墓的發掘。（圖 4）由於二號漢墓曾被盜掘，三號漢墓則保存完整，所以決定先發掘三號漢墓。到 12 月 12 日，先完成了三號漢墓的田野工作，起出了男屍一具和超過 1600 件的隨葬文物。12 月 18 日起，再發掘二號漢墓，至 1974 年 1 月 13 日結束。由於二號墓棺槨腐

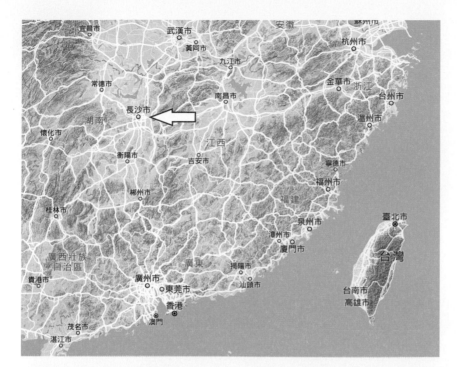

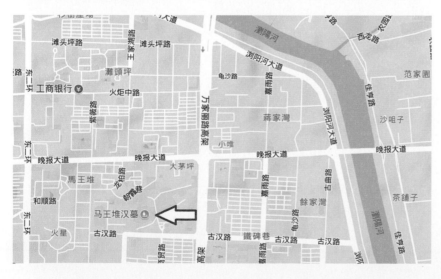

圖 1-3.
長沙馬王堆漢墓的位置

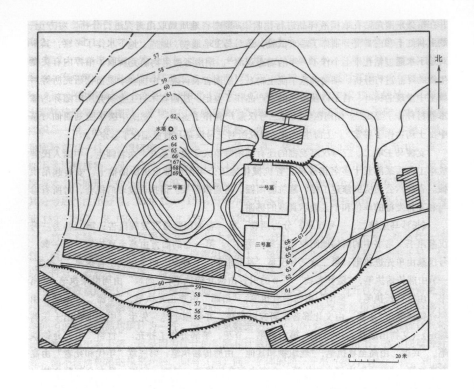

圖 4.
馬王堆一、二、三號漢墓的相對位置

註 2.
湖南省博物館、湖南省文物考古研究所編，《長沙馬王堆二、三號漢墓·第一卷田野發掘報告》（北京：文物出版社，2004），頁 1-2、11、42。

朽坍塌，多數隨葬器物已經破爛，所以統計的器物件數超過 2700 件。[2]

這三座墓的下葬年代和墓主，因為墓中隨葬文物的出土，很幸運地可以獲得比較準確的推測。從馬王堆二號漢墓中出土的「長沙丞相」、「軑侯之印」及「利蒼」三枚印章（圖5）看來，這個墓的墓主大概就是《史記·惠景間侯者年表》中記載的，公元前 193 年（惠帝二年）封侯，死於公元前 186 年（呂后二年）的軑侯利蒼。馬王堆三號漢墓的下葬年代，因為有從一號墓打破三號墓封土的現象，推測比一號墓早些時候下葬。根據墓葬中出土的紀年木牘，下葬的時間應當在公元前 168 年（文帝十二年），墓主死亡的時間應當更早。又據墓中出土「軑侯家」、「軑侯家丞」等封泥，推測墓主大概是利蒼的兒子，但名字不詳。一號漢墓的女性墓主，因為墓中出土了一枚印章，上有「妾辛□（追）」的字樣，（圖6）學者推測墓主可能就叫辛追，是利蒼的夫人，三號墓墓主的母親，下葬年代可能在公元前 168 年後不久。[3] 換言之，一、二、三號墓的所在地，在公元前的二世紀上半葉，可能是軑侯這個貴族的家族墓群。

圖 5.
「軑侯之印」、「利蒼」、「長沙丞相」三枚印章

圖 6.
「妾辛□（追）」之印

註 3.
湖南省博物館、湖南省文物考古研究所編，《長沙馬王堆二、三號漢墓·第一卷田野發掘報告》，第三章，〈年代和死者〉，頁 237-240。

馬王堆三號漢墓是一座有封土堆的帶斜坡墓道的豎穴土坑木槨墓。（圖7-10）葬具由槨室（圖11-12）、三層套棺及墊木組成。槨室全長 5.5 公尺，寬 4.5 公尺，從邊框到下層底板的高度是 2.08 公尺。隨葬物品集中放置在三層套棺外圍東西南北的四個槨箱之中。在象徵墓主起居室的東槨箱中，出土了一具長 59 公分，寬 37.5 公分，通高 21 公分的雙層長方漆木奩。（圖13-14）上層放置絲帶，和一束絲織品。下層分為五格，靠邊放置了一卷帛書、兩卷竹簡，還有兩隻竹笛。三個較寬的格子裡，分別放置了

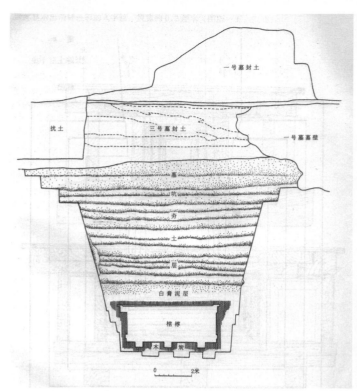

圖 7. 馬王堆二號漢墓的剖面圖

圖 8. 馬王堆三號漢墓發掘現場

圖 9. 馬王堆三號漢墓發掘現場另一角

圖 10. 馬王堆三號漢墓發掘現場

圖 11. 馬王堆三號漢墓槨室第一層隨葬器物分佈圖

圖 12. 馬王堆三號漢墓槨室俯視圖

醫療、經驗與文本

左·圖 13.
槨室東箱的隨葬器物,箭頭處
即雙層漆木長方奩。

右·圖 14.
雙層漆木長方奩

註 4.
湖南省博物館、湖南省文物考
古研究所編,《長沙馬王堆
二、三號漢墓·第一卷田野發
掘報告》,第二章,〈三號漢
墓〉,頁 155。

註 5.
裘錫圭主編,湖南省博物館、
復旦大學出土文獻與古文字研
究中心編纂,《長沙馬王堆漢
墓簡帛集成》(北京:中華書
局,2014),第五冊,《五十二
病方》,頁 213。

註 6.
同註 5。

折疊成長方形的帛書、兩幅圖,和一只牡蠣殼,帛書下還壓著一隻青蛙,已經成乾屍。另一格則空著。這個長方形的漆木奩,在墓中的物品清單中可能叫作「布繒檢」。[4]

折疊成長方形的帛書中,有兩張帛書背靠背地疊在一起,上頭抄著和醫學有關的內容。每張帛書寬 48 公分,長 110 公分。抄寫的方式也很特別,帛分上下兩半部,先從右上方從上往下寫至左上方末尾後,將整幅帛旋轉一百八十度後,再從右上方抄到左上方。然後再折疊。這兩張帛依次抄著整理者題為《五十二病方》、《足臂十一脈灸經》、《陰陽十一脈灸經》甲本(因為同墓還出土了內容雷同的另一部書)、《脈法》、《陰陽脈死候》的古醫書。[5]

《五十二病方》的形式、內容、著作年代等問題,整理者是這麼說明的:

> 書首有目錄,正文每種疾病都有抬頭的標題,兩者互相一致,共五十二題。每種疾病題下分別記載各種方劑和療法,少則一、二方,多的有二、三十方不等。疾病種類包括了內科、外科、婦產科、小兒科、五官科等科的病名,尤以外科病名為多。治療方法主要是用藥物,也有灸法、砭石及外科手術割治等方法。書中藥名多達二百十四餘種,有一些不見於現存古本草學文獻。值得注意的是本書和前面四種古醫書中,都沒有針法出現,而《黃帝內經》書中不但有針法,而且詳述有九種形制、用途不同的醫針。由此可見,《五十二病方》的著成年代較早……[6]

可以這麼說,不論《五十二病方》(圖 15)的著成年代是否比《黃帝內經》早,從這部書出土的墓葬的下葬年代推測,它的內容至少是公元前二世紀上半葉以前,就已經存在的了。

在這裡,我們要討論的就是《五十二病方》這部書裡的一道方子。一道

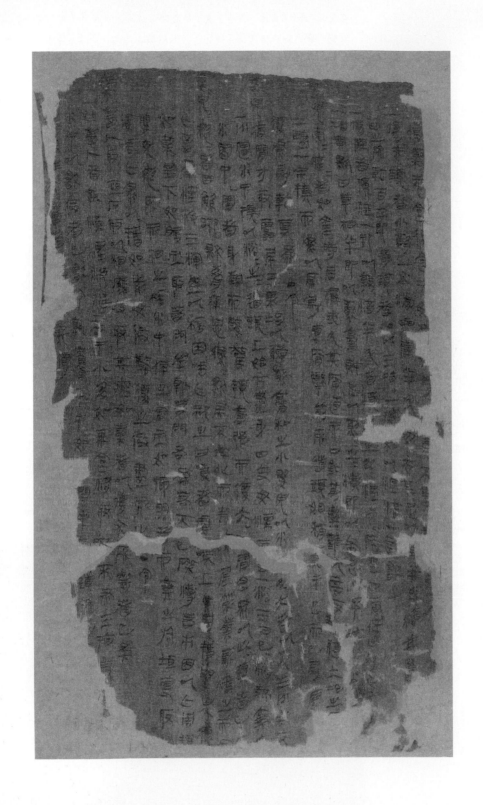

圖 15. 《五十二病方》中的「嬰兒索痙方」

圖 16.
治療嬰兒索痙的方子

嬰兒索=痙=（索痙：索痙）者，如產時居濕地久，其胥（肎）直而口鉤（噤），
筋攣（攣）難以倍〈信（伸）〉。取封殖土冶之，□【□】45 二，鹽一，合撓
而烝（蒸），以扁（遍）尉（熨）直胥（肎）攣筋所。道頭始，稍□手足而巳
（已）。尉（熨）寒【□□】46 復烝（蒸），熨乾更為。●令。47.

兩千多年前，位處漢帝國南境的長沙國，可能曾經流傳著的方子。方子
如圖 16 這麼寫著的。[7]

這道方子大概是用來治療「嬰兒索痙」這類疾病的。什麼是「嬰兒索痙」
呢？[8] 學者們的見解不一。有的認為，這是「婦女在孕產時所患的一種
痙病」，也就是「產婦在分娩時因為逗留在潮濕地方的時間太長，因而
引起背部肌肉強直，牙關緊閉，全身肌肉痙攣，使肌肉伸展困難」的病。
[9] 有的，則有見於「嬰兒索痙下與嬰兒病癇、嬰兒瘛相接」，所以主張，
「應為嬰兒疾病」，並引隋人巢元方《諸病源候論·中風痙候》所謂：「小
兒風痙之病，狀如癇，而背脊項頸強直，是風傷太陽之經。小兒解脫之，
臍瘡未合，為風所傷，皆令發痙」，認為與「小兒風痙」的證候是相近的。
[10] 有的學者則根據後說，認為「從臍帶截斷部位感染細菌形成的嬰兒（新
生兒）痙攣證狀」的可能性比較高。[11] 從帛書的前後脈絡來看，後面兩
種看法恐怕比較接近帛書的原意。

知道「嬰兒索痙」大概是新生兒因截斷的臍帶部位感染細菌引發的痙攣
證狀，那麼，這可能是哪種疾病呢？「嬰兒索痙」這類疾病，後世除了
前引《諸病源候論》稱作「小兒風痙」外，又多稱作「小兒臍風」，像
晉人皇甫謐的《黃帝針灸甲乙經》卷十二〈小兒雜病第十一〉指出：「小

註 7.
裘錫圭主編，湖南省博物館、復旦大學出土文獻與古文字研究中心編纂，《長沙馬王堆漢墓簡帛集成》，第五冊，《五十二病方》，「嬰兒索痙」，頁 223。

註 8.
「嬰兒索痙」大概是兩漢時期常見的一種病名，北京大學所藏西漢竹簡中，就有「治嬰兒索痙」的方子。見李家浩、楊澤生，〈北京大學藏漢代醫簡簡介〉，《文物》2011.6，頁 89。

註 9.
馬繼興，《馬王堆古醫書考釋》（長沙：湖南科學技術出版社，1992），《五十二病方》考釋，頁 368。

註 10.
周一謀、蕭佐桃主編，《馬王堆醫書考注》（天津：天津科學技術出版社，1988），《五十二病方》，頁 72-73。

註 11.
小曾戶洋、長谷部英一、町泉壽郎著，《馬王堆出土文獻譯注叢書·五十二病方》（東京：東方書店，2007），頁 25-26。

註 12.
晉·皇甫謐編撰，張燦玾等主編，《鍼灸甲乙經校注》（北京：人民衛生出版社，1996），卷十二，〈小兒雜病第十一〉，頁 1908。

註 13.
唐·孫思邈撰，劉更生等點校，《備急千金要方》（北京：華夏出版社，1993），卷八，〈諸風〉，「論雜風狀第一」痹痙附，頁 123。

圖 17.「角弓反張」見於《肘後備急方》和《諸病源候論》，這是 opisthotonus 的示意圖。（圖片來源：Art Medicine Twitter: Opisthotonus in a patient suffering from tetanus. Charles Bell, 1809）

兒臍風，目上插」、「口不開，善驚」，主張分別鍼刺絲竹、然谷二穴治之。[12] 唐人孫思邈的《備急千金要方》卷八〈諸風〉「論雜風狀第一瘲瘲附」也說：「小兒臍風、大人涼濕，得瘲風者皆死」。[13] 此外，根據衛生福利部疾病管制署在 2013 年的一份簡報，我們猜測，這類好發於新生兒，因臍帶傷口引起的疾病，相當可能是新生兒破傷風（Neonatal Tetanus），致病原則是破傷風桿菌（Clostridium tetani）。感染的過程，新生兒的潛伏期「約 3-28 天，平均 6 天」，臨床症狀則有「出生幾天（3-28 天，通常 6 天）後，吸吮動作和哭泣情形由正常漸漸轉變為吸奶困難和哭泣微弱、牙關緊閉、全身性痙攣、肌肉僵直、角弓反張（opisthotonus，圖 17），導致無法餵奶和進食、致死率很高，可高達 80%，出生後愈早發病，致死率愈高」等特性。一旦罹患後，治療方式則有：「注射破傷風免疫球蛋白（Tetanus Immune Globulin, TIG）；或抗毒素（Tetanus Antitoxin, TAT）；或抗生素；或支持性療法。」[14] 可見，這道方子所描述的，發生在初生嬰兒身上，因為臍帶傷口，而「肯直而口噤，筋攣難以伸」的這類疾病，不論在古今，大概都是一種有著高度致命風險的急證吧。

但馬王堆三號漢墓中的這道方子教我們怎麼治療這類疾病呢？方子裡大概使用了三種主要材料：一是封殖土，一是鹽，一是因為帛書的缺字，不明其物的材料。封殖土，根據整理者的看法，大概近乎當時南方楚人所說的，蟻穴周圍小丘上的黃色黏土。方子說：先把這類黃色的黏土搗碎研磨成末，取不詳之物兩份，鹽一份，一道混合攪拌，再放在火上蒸熱。然後將這類溫熱的混合物，無所遺漏地敷在背脊發生僵直痙攣的地方進行熱熨。從頭開始，依次熱熨到手足結束。如果溫熱之物冷卻了，就重複放在火上蒸熱，苦溫熱之物乾了，也重複這麼做。方子的最後，還特別用墨點作了註記，下面綴了個「令」字，表明這個方子「好！」「有效！」「靈驗！」[15] 但事實果真如此嗎？如果不是，那麼，為什麼當初寫下方子，或後來抄寫方子的人這麼做呢？

不過，馬王堆三號漢墓中的這道「嬰兒索痙」方，既不是傳統中國歷史上惟一，也不是最後一道形諸文字、治療這類疾病的方子。在各種治方中，採用的材料更不限於封殖土、鹽而已。以大家耳熟能詳的，明人李時珍所編撰的《本草綱目》（圖 18）一書為例，在「小兒初生諸病」範疇下，有關「臍風」的治療，便列有獨蒜、鹽豉、棗猫、鯽魚、全蝎、白僵蠶、守宮、猴屎、牛黃、白牛屎、雞屎白、豬脂、驢毛、烏驢乳、豬乳、牛涎、牛齝、草汁、大豆黃卷汁、釣藤、夜合花枝、葛蔓、天漿子、甘草，及蛇莓汁等物。[16] 在論及各類藥物時，又明列可以治療「小兒臍風」這類疾病者，又包括：雞屎白、蟬蛻[17]、艾葉[18]、葫（大蒜）[19]、雀甕（毛蟲）[20]、棗猫（生棘樹上飛蟲）[21]、蝎[22]、衣魚（蠹魚）[23]、蝸牛[24]、守宮[25]、獼猴屎等多種材料。[26] 如果要再算上「臍風」這類可能和新生兒關係較大的疾病治療方法的話，大概還有附子尖[27]、當歸[28]、

註 14.
衛生福利部疾病管制署編，〈破傷風及新生兒破傷風核心教材〉（網址：www.cdc.gov.tw/downloadfile.aspx?fid=21400CCC4D49AC62，2013 年 7 月。2017.7.31 擷取）

註 15.
周一謀、蕭佐桃主編，《馬王堆醫書考注》，《五十二病方》，頁 72-73；馬繼興，《馬王堆古醫書考釋》，《五十二病方》考釋，頁 368-370；裘錫圭主編，湖南省博物館、復旦大學出土文獻與古文字研究中心編纂，《長沙馬王堆漢墓簡帛集成》，第二冊，《五十二病方》，「嬰兒索痙」，頁 70 圖版。

註 16.
明・李時珍撰，劉衡如、劉山永校注，《本草綱目新校注本》（北京：華夏出版社，2009），卷四，〈百病主治藥〉，「小兒初生諸病」，頁 271。

註 17.
同上書，卷三，〈百病主治藥〉，「痙風」，頁 97。

註 18.
同上書，卷十五，〈草部〉，「艾葉」，頁 650。

註 19.
同上書，卷二十六，〈菜部〉，「葫」，頁 1075。

註 20.
同上書，卷三十九，〈蟲部〉，「雀甕」，頁 1501。

註 21.
同上書，卷四十，〈蟲部〉，「棗猫」，頁 1515。

註 22.
同上書，卷四十，〈蟲部〉，「蝎」，頁 1525。

註 23.
同上書，卷四十一，〈蟲部〉，「衣魚」，頁 1547。

露蜂房 [29]、螻蛄 [30]、鼠婦 [31]、蜈蚣等這類藥材。[32] 而且，不論是單一藥物或附方之後，我們還不時可以看到像是「立愈」[33]、「即止」[34]、「神效」[35]、「萬不失一」[36]、「甚妙」這類字眼，[37] 強調它們的療效。

這些主要由草木、鹽土、果菜、昆蟲、爬蟲類，或禽獸的乳汁、唾液、排遺構成的藥材，果然可以治療因臍帶傷口引發的新生兒破傷風這類急性、致命的疾病嗎？如果不是，為什麼在兩千多年前的貴族死後世界裡，要大費周章，差人抄寫在極為貴重的絲帛上，當作隨身之物？後世的人，為什麼又一代一代不絕如縷地傳寫、刊刻這類治療的訊息？經驗、療效，是書寫者說了算的事嗎？還是說，一旦形諸文本，後繼的傳抄者就將前人的書寫視為經驗了呢？

參考資料：

本文所錄馬王堆漢墓相關圖影，分別見於湖南省博物館、中國科學院考古研究所編，《長沙馬王堆一號漢墓》上集（北京：文物出版社，1973）、湖南省博物館、湖南省文物考古研究所編，《長沙馬王堆二、三號漢墓‧第一卷田野發掘報告》（北京：文物出版社，2004）、裘錫圭主編，湖南省博物館、復旦大學出土文獻與古文字研究中心編纂，《長沙馬王堆漢墓簡帛集成》（北京：中華書局，2014），不另出註。

註 24.
同上書，卷四十二，〈蟲部〉，「蝸牛」，頁 1571。

註 25.
同上書，卷四十三，〈蟲部〉，「守宮」，頁 1590。

註 26.
同上書，卷五十一，〈獸部〉，「獼猴」，頁 1907。

註 27.
同上書，卷四，〈百病主治藥〉，「驚癇」，頁 272；第十七卷，〈草部〉，頁 805。

註 28.
同上書，卷十四，〈草部〉，「當歸」，頁 581。

註 29.
同上書，卷三十九，〈蟲部〉，「露蜂房」，頁 1489。

註 30.
同上書，卷四十一，〈蟲部〉，「螻蛄」，頁 1545。

註 31.
同上書，卷四十一，〈蟲部〉，「鼠婦」，頁 1548。

註 32.
同上書，卷四十二，〈蟲部〉，「蜈蚣」，頁 1564。

註 33.
同上書，卷十五，〈草部〉，「艾葉‧小兒臍風」，頁 650。

註 34.
同上書，卷二十六，〈菜部〉，「葫」，頁 1075。

註 35.
同上書，卷四十，〈蟲部〉，「棗猫」，頁 1515。

註 36.
同上書，卷三十九，〈蟲部〉，「雀甕」，頁 1501。

註 37.
同上書，卷四十三，〈蟲部〉，「守宮」，頁 1590。

病人絮語：
往診與看醫生的場所

許宏彬　國立成功大學歷史學系副教授

曾幾何時，我們都習慣了生病時無奈的移動與等候。

「昨天怎麼沒來上班？」
「去看病。」
「歐。」

歐，我瞭解，我知道，辛苦你了。

「去看病」或者「去看醫生」是一趟不得不的漫長旅程。從病榻掙扎起身，忍受苦痛移動病軀，滿懷歉意地等待家人好友特意為你請假接送，亦或者強忍不適地等待大眾運輸工具到來，期待公車上有位可坐，無須被讓位。進到醫院，則是另一套 SOP。領號碼牌掛號、等候叫號、掛號、看懂醫院地圖後找到診間、報到、再次等候叫號，終於看到醫生。（原來這就是「看醫生」啊！）

看完醫生，症狀輕微的繼續抽號碼牌、再再次等候叫號、繳費、再再再次等候叫號，領藥。然後再再次滿懷歉意地請家人朋友來接送，亦或者在公車上喘息掙扎。大半天就這樣過去了，終於可以回家吃飯、吃藥，然後終於可以躺回被窩中好好休息。病情嚴重或難解的，中間還得先去做各種檢查（仍舊得先找到檢查室、排隊等候叫號），再回來找醫生看

報告。來來回回來來回回，一整天就不見了。也難怪，許多長輩都會說，光是去醫院看醫生這件事就會讓血壓飆高。

我們都忘了，曾經，在不是很久很久以前，移動的通常是醫生，而不是病人。在人類面對病痛的漫長歷史中，醫生到病人家往診是常態。畢竟，生病的是病人，不是醫生啊，而讓病人盡量躺在家中床上休息不是理所當然的嗎？

殖民時期的臺灣醫師普遍重視往診，例如知名的鹽分地帶文人醫師吳新榮。1932 年甫自東京醫專畢業，返臺開業的年輕醫師吳新榮，站在陌生的佳里街上，望著叔叔留給他的佳里醫院，想起了叔叔曾告訴他的故事。吳家並非土生土長的佳里人，當吳丙丁初至佳里開業時，要如何挑戰當地既有的資深醫師並開拓自己的地盤？相較於其他醫師多利用人力車等較老派的交通工具往診，吳丙丁則是藉助新式腳踏車的機動性，不辭辛勞快速往診，方能逐漸拓展地盤。也因此，新手開業醫吳新榮也時時勉勵自己要「勤緊往診」。（圖1）

與現今只在醫院診所後診的醫師不同，往診醫師常常得冒著惡劣天候、克服遙遠險途前往病家。吳新榮形容「雨中的往診，如犧牲者的氣慨；濕路的走車，如先驅者的面貌」，而「中午去篤加，乘竹筏漂歷人家診察是難有的奇景。」此外，由於往診所面對的往往是急症病患及其焦慮萬分的家屬，也常讓開業初期的吳新榮反省其醫療是否妥當：「午後，

去埔頂往診的時候，遇著雨來，在患家少息的時，由患家責問我的藥近來有較壞不是？聽說漸漸不劾〔效〕。我想這不是藥的較壞，是我的認真不足，所以我要再警戒自己的。」同月，吳新榮也提到：「今日的不快事就是昨夜往診的老婆今朝來報死。這個肺結核的老婆雖太虛弱而初診不過一明〔暝〕，未免我對我〔自己〕的醫術難無懷疑。當然我的醫術太稚幼，而且

圖 1.
甫繼承叔父醫院一年的吳新榮一家及醫院團隊，左側可見數臺腳踏車。（圖片來源：小雅園）

我的經驗也太淺薄了。」執業數年後，吳新榮慢慢累積診療經驗，也開始對其醫術較有自信，遇到往診病人不幸過世時便轉為近似「藥醫不死病，佛度有緣人」的感慨：「無功勞，昨夜半明〔暝〕照約去城子內往診一個喉症的患者，雖然勤緊，雖然親切、誠立〔意〕，而且診斷確實，治療適當，可是真仙子不能救無命人。」

吳新榮藉著往診不僅可以了解患者的家庭環境，也與不少病家建立起長期友誼。如 1942 年 7 月 10 日的日記中他記到：「昨夜有四次被叫起床，外出往診。這是近來少有的事，但也很辛苦。最近和患家都較為隨和，覺得較為輕鬆。昨天黃昏，到黃騰氏家往診，他端出了米粉、金蘭酒和豬心料理來招待；到邱登宅往診，他拿出啤酒、豬腳、鴨蛋相待。覺得我好像到患者家庭巡迴喝酒一樣，真是奇妙有趣的景象。」喜愛民俗的吳新榮，往診時如看到病家家中有古物，也會興致勃勃地仔細端詳，甚至趁機會向病家購買或由病家致贈。往診也是吳新榮訪友的好時機，他常藉此拜訪師長親友、請教意見或者分贈禮品。

醫師需要保持健康的身體與規律的生活作息才得以應付平時與夜間突來的往診，然而 1932 年開業不久後，吳新榮便常在晚間與朋友打麻將到深夜，有時不免耽誤白天診療，因此時時提醒自己要戒除麻將，而「早睡早起」也成為其日記中反覆出現但難以達成的標語。此外有時吳新榮與友人夜半外出尋歡作樂也會耽誤診療：「喝著喝著，不知夜之漸深，忽然家中有兩個急患者，緊要關頭，醫生竟然行蹤不明，妻子就帶著藥局生到處找人，終於被找到了。兩人遊興正濃時，竟然出醜。」當吳新榮自己生病時，自然也就無法往診，影響醫業不小，如 1935 年 1 月 28 日日記記載：「但我因為腸疾，自歸家後連續下痢五、六回，而且左膝起痛，致使數年來未有的大患，今朝〔二十九日〕斷行絕食，往診也漸〔暫〕且辭，諒下午就可以回復。」但有時即使生病也得勉力往診：「今日下痢四回，往診十六位。」

由於往診頻繁耗時，其間所運用的通信及交通工具便非常重要。吳新榮三子吳南圖便回憶道，為了讓病患家屬迅速取藥，吳新榮還曾飼養信鴿並攜出往診，待確立處方後，便由信鴿將處方攜回醫院，方便在醫院等候的家屬直接領回藥劑。至於往診的交通工具，除了能協助醫師節省往返時間或提供舒適的往診環境外，往往也是醫師展現社會階級及開業成功的重要工具。在吳新榮的隨筆、回憶錄及日記中提及的各種往診交通工具包括：步行、騎馬、乘轎、人力車、竹筏、腳踏車、摩托車、三輪車、汽車等等。基本上，如果是庄內或醫院附近，步行是常見的選項。在 1900-1910 年代，如夜間或遇雨，有時醫師也會乘轎出診。吳新榮回憶其外祖父，「他是個老漢醫，身穿灰色的長衫，手持銀色的水煙斗，悠悠然地上轎往診。」覺得甚至比乘高級轎車還令人欣羨。吳也記得年

幼時見到地方上第一位西醫師騎馬往診，「其威風凜凜而來，及不可一世的神態。」到了 1910 年代後，醫師出診（特別是夜間或雨天往診）便常搭乘人力車。吳新榮曾提到年幼時有位年輕西醫師到家中為吳父看診，那種特地搭乘人力車顯派頭的姿態。由於往診車資需由病家支付，會增加病家負擔，因此當同業增加、醫業競爭時，吳新榮往診便以免錢且快捷的腳踏車為主。有時病家甚至會同時請數名醫師到府往診，先到者便能優先看診。吳新榮自述有時騎車到病家，見院前已有腳踏車痕跡，便知已有同行先到，只好摸摸鼻子直接回家。

1930 年代起便是摩托車的時代了，「因為腳踏車已應不及病家急躁的心理。……在此時代沒有自備的摩托車，就被病家看為落伍醫師。」摩托車也成為吳新榮殖民時期最重要的往診交通工具。（圖 2）1933 年 11 月，當他在日記中檢討開業一週年所得時，第一大事便是購買摩托車。摩托車除了增加往診的時效之外，也拓展醫業的地盤。他回憶道：

> 在摩托車時代，我們一出診可順路診療四、五十人的患者，尤其在麻疹或其它瘟疫流行時，我們如騎摩托車跑過四、五庄頭，回路來時，都可看到每庄頭的小店前，立一竹竿，這表示有病人待診的記號。當時騎摩托車的人，大都是醫生，庄民一聽到喇叭的響聲，就立竹竿待醫。

二戰前開業醫往診除了應特定病家所求外，在偏鄉缺乏醫師的情況下，

圖 2.
1936 年，吳新榮自佳里醫院騎摩托車往診。（圖片來源：小雅園）

也常常「順便」診療周遭病患。隨著戰事進行，油價日益高漲且機車維修不易，吳新榮也逐漸少用摩托車往診，改回腳踏車。戰爭末期空襲頻繁時，吳新榮必須配合空襲警報來行醫，唯有警報解除之際才能外出往診。為了清楚聽見空襲時砲彈的聲響，「往診時僅可能坐人力車，這樣才能聽清楚爆音，才能夠警戒應變。可是患者多了，就顯得人力車太慢，無法應付

……。」因二戰末期摩托車被日本海軍徵用，加上戰後罹患高血壓不適合騎乘高速顛簸的摩托車，吳新榮便開始少用摩托車往診。戰後初期，醫師出診以三輪車為主；而 1960 年代初期，汽車已成出診的主流。然而與此同時，隨著交通的便捷及綜合醫院的興起，臺灣醫師往診也慢慢走入歷史。

往診的故事告訴我們什麼？早期臺灣開業醫勤於往診，醫師們必須走出診間，積極運用各種交通工具穿過大街小巷，冒著風雨、跋山涉水來到病人榻前。相較於現今設備良好且各式檢查便捷的醫院醫療，往診看似落伍、耗時且缺乏效率，但那種不分晝夜、親至榻邊的診療，卻能讓醫師與病人及病家間有更深入、親密的理解與互動，在緩解病人苦痛同時也帶給病家莫大安慰。開業三十餘年後，吳新榮在隨筆〈三十年來〉中回憶道，其一生最重要的時刻，都是在佳里渡過的：「這裡有祖、父、子、孫四代均為患者的家庭，這裡在路上的婦孺都和我打招呼，在田邊的農夫都向我問長問短。這裡的流氓地痞都不敢對我尋難欺侮，這裡的頭人老大都曾是我們的友人，這種種都使我們對這地方無限的留戀。」這些透過一次次往診所牽引纏繞出的，醫病之間看似尋常不起眼卻密密交織的酸甜苦辣人情世故，是許多早期開業醫津津樂道的共同記憶。

附註：

本文取材改寫自：許宏彬，〈行醫營生——小鎮醫師吳新榮的醫業、實作與往診〉，《新史學》28 卷 4 期（2017 年 12 月），頁 49-102。
圖片來源：小雅園 https://paradisic.org/wu-sin-roung/picture/

參考資料：

對往診有興趣的朋友，可進一步參考拙文：
許宏彬，〈小鎮醫師的摩托車之旅〉，《科學發展》540 期（2017 年 12 月），頁 82-84。
許宏彬，〈當「三宅一生」遇上「馬車醫生」〉，《科學發展》528 期（2016 年 12 月），頁 72-74。

龍骨小史

陳元朋　國立東華大學歷史學系副教授

什麼是龍骨？

中藥材龍骨（Fossolia Ossis Mastodi），始見於東漢時期成書的《神農本草經》，其後又為歷代本草載錄。龍骨的藥用效果主要表現在鎮驚安神、斂汗固精、止血澀腸、生肌斂瘡之上。儘管由於現代中醫藥學無法為其定性定量，以及這種藥物與保護古生物化石認知的牴觸，導致該藥材被排除在 1970 年代之後的中國法定藥典外。但根據本文的田野調查發現，龍骨的使用，不論在中國，亦或是臺灣與香港仍然很常見，各地藥材盤商至今都還能夠供貨，足見其用藥習慣始終存在於當代的華人社會。（圖1、圖2）

現代中醫藥學著作，普遍認為龍骨乃是新生代（Cenozoic）哺乳動物如象類（Proboscidea）、犀類（Rhinocerotidae）、三趾馬（Hipparion spp）、牛類（Bovidae）、鹿類（Cervidae）的骨骼化石。（圖3、圖4）值得注意的是，當代中醫藥學界對於龍骨來源的認知，也並不是原發自本學門內的，那些在十九世紀中期以降開始對中國「古脊椎動物」（vertebrate paleontology）產生研究興趣的西方學者才是早期濫觴。他們之中的許多人，都曾留意到「中國藥舖」裡的龍骨其實是地質時期留存的古脊椎動物化石，並且還從中辨識出許多古生物的新屬新種。

作為史學研究的對象，中藥材龍骨的特殊性是多方面的。首先，不同於

圖 1, 2.
台北迪化街中藥材龍骨（作者攝）

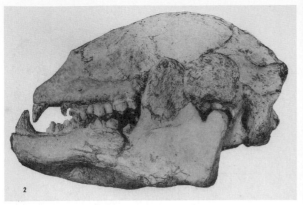
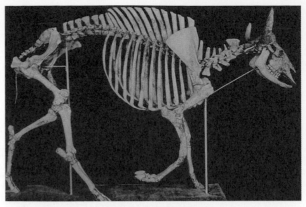

圖 3, 4.
大熊貓（左）與大額牛（右）的化石，古人以為是龍骨。圖片來源：*Colbert, Edwin Harris, Pleistocene Mammals from the Limestone Fissures of Szechwan, China*, American Museum of Natural History, 1953, pp.18-25.

絕大多數可以在十八世紀以來西方生物分類法下歸屬品種的傳統中國藥材，龍骨並非專屬某一種物類，它其實是許多物種的總合泛指。其次，在恪求藥材始原的傳統本草學裡，古代中國藥學家們面臨了一種詮釋上的困境，他們既認為龍骨的來源是龍，但又無法說明為何那「生而不可得見」的龍，竟會有骨殖遺世。第三，在物質屬性的判定上，龍骨在近代深受各種社會文化變遷的影響，包括新學問的傳入、以及繼之而來的道德性與必要性的爭論，甚至是國家法律的規範，而原本使用龍骨的文化，也因此而出現相應的轉向。就這些點看來，龍骨誠然是獨特的，它的認知與使用，常能引發爭議並反映世變，其他藥物卻未必都擁有類似的際遇。

歷史上龍骨的採掘

1921 年，美國古生物學家葛蘭階（Walter Granger, 1872-1941）在中國四川省萬縣鹽井溝一個叫作坪壩的小山村挖掘古生物化石，並在其後的五年間，陸續將上萬斤的蒐集所得運回美國。值得一提的是，葛蘭階並不是一開始就知道化石在哪的，他是先在萬縣的中藥舖詢問龍骨的產地，再到鹽井溝向村民打聽更精確的地點，最後才尋獲坪壩村這個化石開採點。（圖5）

葛蘭階在中國追尋龍骨的歷程，無寧是引人注目的。當代古生物學家的工作經驗顯示：龍骨，這種在中國長時間被當作藥材的古脊椎動物化石，並非是舉目盡見、俯拾皆是的物類。它們原本都深埋地中，只有在埋藏環境發生變化時，才能夠為人所知覺。換言之，地中龍骨能否成為研究室裡的古脊椎動物化石？「識者」的存在是極為關鍵的要素。而在葛蘭階這個案例裡，知曉地中骨殖所產區域，及其藥用價值的中藥舖的業者與村民，就是所謂的「識者」。

龍骨何所產？古今都非常識。在供需的環節裡，醫療資訊的掌握與否，又往往決定著化石能否成為龍骨。史鑑在明憲宗成化二十一年（1485）所

圖 5. 中國四川省坪壩村挖掘出古生物化石，圖片來源：Colbert, Edwin Harris, *Pleistocene mammals from the limestone fissures of Szechwan, China*, American Museum of Natural History, 1953, pp.11-12.

撰寫的〈龍墳志〉一文，就是一個十分鮮明的例證：在秀水的復禮鄉，田土裡偶然掘出的骨殖，農夫們既不識是何物？也不曉其用途？反倒是一位漁人，知道這是可作藥材的龍骨，不僅將之賣給蘇州的藥肆，亦且還形成了常態性的穩定產銷關係。

古代龍骨的發掘，大概頗有賴於民間的「識者」。彼輩一方面知曉龍骨在醫療活動裡的價值，二方面又握有關於這種藥材的專門採集知識，於是乃成為產銷關係裡的樞紐。史料顯示，這類人士不僅明代有之，在北宋時期亦有其活動足跡，黃休復（生卒年不詳，1001 年仍在世）筆下的那位「鬻龍骨叟」，就是一位十一世紀在四川省「龍泉山脈」採掘龍骨的專業採藥人。他不但對所鬻龍骨的類別、成色知之甚詳，且還能夠細數產地的自然地貌，而其所謂的「山阜岡岫之間，磧洞土穴之內」等語，又儘可以與前述當代古脊椎動物學家所提供的工作經驗相對榫。

古代龍骨採掘者的專業知識無寧是多元的。例如，哪種品類的龍骨效果較好的認知，最先或許是源起自診療者的臨床經驗，之後才流向產地的那一方，並成為彼輩的採掘指標。又比方說，歷代本草中某些關於龍骨產地訊息，則很可能原本就是直接得自於生產端的實際經驗。例如出現在本草中有關龍骨出於「大水所過處」與「山澗大水中」的記載，就尤有當代的個案可資參佐。像是 1924 年桑志華（Emile Licent, 1876-1952）在「泥河灣遺址群」所獲得的第一塊「長骨化石」，就是在大雨過後溪水暴漲的「白草溝」中撈取的。

1954 年，裴文中的田野調查顯示，在中國各地的中藥行中，龍骨分南北兩路貨。其中，北路貨多為山西保德所產，色黑紅者多為榆社所產；而南路貨則來自於川、黔、湘、桂、滇、粵諸省山洞中，色多潔白。裴氏的報導是極具價值的，他說明了在龍骨的產銷文化裡，似乎還存在著關乎地方特產的地理性指涉。換言之，某些地區的龍骨生產，很可能還有其悠遠的歷史可尋。

就現存的方志資料看來，近代及其之前的中國龍骨生產，山西省無疑是最突出的。在這個古稱晉地，中世目之為河東的地區，龍骨不僅常見於方志記錄中的「土產·藥屬」，有些甚至還具有向朝廷進獻的「土貢」身分。事實上，山西的龍骨生產，同時也為這種藥材在中國的供銷史，揭露了許多具體而微的觀察面向。例如，蒲坂在唐宋時期雖然盛產龍骨，但到了清代卻是「絕不聞」。這就說明古代脊椎動物化石其實是一種不可再生的資源，它必然會有挖掘告罄的一天。又如，榆社這個地方在裴文中的田調裡，乃是山西省龍骨的主要產地，但在歷代文本中卻未見提及。這樣的現象一方面當然可以理解為該地本無地志的編纂，但「晚新開發」同樣也是另一種可能性。

古人採掘龍骨的歷史，既是藥材的生產史，也是產地的興衰史。不過，層出不窮的產地，區分多樣的成色，最多也只能說明藥用上的普遍性，它們其實都與龍骨的物質屬性無涉。關於此，龍骨產銷史裡的「識者」尤是明證。彼輩所掌握的專門知識，若非何所產？便是何所良？他們當然也能言說何所由，但那種「龍蛻骨」的認知，卻又時常引發博物之士的思辯困境。值得注意的是，認知常自有其攀援的思想傳統，而對一種側重功用或效果的行為文化來說，取源於既有思辨素材的物性認識，通常也只具有疏證的價值，它終究無法左右實用的行為。然而，一旦傳統經歷衝擊與重整，舊認知就會變得格外重要，它的對與錯，有時甚至會危及既有行為與文化傳統的正當性，而龍骨則正是其例。

「生不可得見」的「有形之物」

龍這種生物的真實性，明季來華傳教的耶穌會神父艾儒略（Giulio Alenio, 1852-1649），曾與他的生員信徒李九標（字其香，生卒年約在 1598-1647）有過一番問對。艾儒略顯然並不認為中國的龍是一種真實存在的生物，更不認同「龍能行雨」的傳說為真實。他提醒李九標，觀察事物時的「眼見為憑」，很可能面臨著認知上的風險，更遑論見都沒見過的「信以為真」。

「未曾親見」，其實是中國龍文化裡的一個引人注目的現象。絕大多數的人，都只在傳說中接收到那鑿鑿之言所傳遞的訊息，但真正的目擊者卻是少之又少。另外一方面，與龍相關的神異傳說，也展現出類同於其他事物傳說一般的層累特徵。事實上，以往中國的有識之士，也未必全都囿於龍之神異而毫無質疑，像是東漢王充（27-97）的〈龍虛篇〉，又或是近代章太炎（1869-1936）的〈說龍〉就都是其類。不過，縱然是建構在實證邏輯的論述，通常也很難改易廣大群眾得之於傳說的既定認知。王充就曾經慨歎，「俗人智淺，好奇之性，無實可之心」與「世儒拘俗人之議」是導致與龍相關的神異傳說歷久不衰的主因。而就在民國十三年（1924）章太炎撰文力證龍其實是鱷魚的前後，天津南運河邊的「大王廟」還在洪水甫退之際，大唱酬神野台戲以供奉名為「西昆將軍」的龍神。根據當時身臨其事的唐魯孫（1908-1985）回憶，所謂的神龍「敢情是二尺多長，比姆指略粗的一條碧綠帶青的小蛇」。

古代傳說中身形樣貌變幻無方的龍，很可能會擴張現實中人們對於龍的認知空間。在這樣的理路中，「無實可之心」的「智淺俗人」會將那些掘地而得之，但卻又未明其為當世何物的骨殖視之為龍骨，似乎也是一種合理的聯想。值得注意的是，在先秦以迄漢魏六朝之間所存在的龍傳說中，龍還是會死的。例如，《左傳》裡就記載了「御龍氏」偷偷將「死龍」製作成肉醬，並敬奉給孔甲食用的傳說；而《漢書》與《華陽國志》

中，也分別有「龍墮死」與「龍死」的記載。就這些點看來，漢魏之間的藥學家們，之所以會在《本經》「龍骨」條文下另又別錄「生晉地川谷及太山岩水岸土穴中死龍處」的字樣，或許也是基於當時與龍相關的傳說所致。

如果說形貌未拘一格，以及生命有時而終的龍之傳說，會是引發人們將地中莫明骨殖認知為死龍遺骨的濫殤。那麼，在屬於龍的傳說裡，其實還存在著更多與之相悖的元素。例如，在東晉道教宗師葛洪（284-363）的《神仙傳》裡，就有能夠「駕龍乘雲上造太堦」的仙人，而這種登仙的意象，其實還可以再上溯至先秦兩漢時期的神仙信仰中。然而，總是與仙人並存的龍，原本理應是具有神異素質的靈物，現在不僅會死，而且還死有遺骨，則任誰都難免疑惑之感。陶弘景就是其例。在《本草經集注》裡，這位自幼熟讀葛洪《神仙傳》的南朝道教宗師對龍骨的註記是：「皆是龍蛻，非實死也」。

物性不變，是六朝道徒將龍骨釋之為龍蛻的用意。在這樣的脈絡裡，龍骨不是遺骨，只是看起來像遺骨的龍蛻，龍則還是龍。值得注意的是，如斯認知，在陶弘景之後的數百年間，還得到了許多道流的承繼。像是北宋時期的道士洞元子，甚且還將龍的蛻骨歷程劃分為好幾個階段現實裡被誤認的骨殖，傳說中伴隨仙人的神物，企求轉換生命型態的古代道侶依違於龍的死生之間，最後創造了蛻骨之說來為之疏通。這套認知理路不易打破，就連北宋時期那位博雅蘇頌（1020-1101），都在他的《本草圖經》裡採信了這樣的看法。要知道，蘇頌之編纂《圖經》，在各藥物產地是設有「識別人」的。而如果連這樣一部嚴謹的著作，都在龍骨條文下註記了「龍蛻骨」的字樣，那麼蛻骨之說或許就不僅限於道流而已，它很可能已然成為一種普遍性的認知。

就現存的本草文本看來，龍骨為龍蛻的藥學認知，大概在宋代之後就已然確立。自是以迄清代，諸家藥學專著在述及龍骨之時，基本都採用的是這套說辭。當然，存疑者也不是沒有；然而，疑惑的理路往往並不足以推翻既有的認知。在此，寇宗奭的議論尤其值得提出討論，在《本草衍義》裡，這位在北宋政和六年（1116）擔任過「收買藥材所辨驗藥材」職務的藥學家如是說道：

諸家之說，紛然不一，既不能指定，終是臆度。西京潁陽縣民家，忽崖壞，得龍骨一副，肢體頭角悉具，不知其蛻也？其斃也？若謂蛻斃，則是有形之物，而又生不可得見，死方可見；謂其化也，則其形獨不能化。然《西域記》中所說甚詳，但未敢據憑。萬物所稟各異，造化不可盡知，莫可得而詳矣。孔子曰：「君子有所不知，蓋闕如也」。妄亂穿鑿，恐誤後學。

從「蛻斃」合併的行文來推斷，寇宗奭對於龍會不會死？龍骨是不是只是龍蛻？其實一點興趣也沒有。在他的認知裡，不論蛻或是斃，在留下骨殖之前，都應該是可以被目擊的物類，但卻又從未有人覩見；而像唐代玄奘在《大唐西域記》裡所記錄的化為人形的龍女傳說，則又神奇的令人難以置信。寇氏於是選擇回歸先秦君子對待未知事物的態度—存而不論。

在近代以前具有博物屬性的本草藥學專書裡，上述懷疑論者的看法或許只有思辯上的意義。因為，在很長一段時間裡，本應傳達各種藥物真實形貌的藥圖，發揮的卻是強化「龍／龍骨」關聯認知的作用。可以看到的是，在兩宋時期的相互有傳承關係的《本草圖經》、《證類本草》與《紹興本草》中，龍骨的藥圖基本上反映的是骨骼的形態，而這或許又與蘇頌在編纂《本草圖經》時恪求產地必須呈送藥物標本至京師以備圖繪的做法有關。然而，當時間進入明代以後，龍的形象則開始在各種本草著作的龍骨藥圖裡現身。除了陳嘉謨（1486-1570）的《本草蒙筌》仍然採用的是宋代的骨骼藥圖外，其餘則或是將骨骼藥圖與龍圖並陳，或是僅以龍圖附列於龍骨的本草記述項下。至於清光緒年間重刻的《本草綱目》，雖然與該書在明代的「江西初刻本」同樣採用了骨骼藥圖與龍圖同列的模式，但這個本子卻又別出新裁地將「龍頭骨骼」也刻畫在藥圖之中，而在民國時期所出版的兩部「增批」、「增註」清代《本草備要》與《本草從新》的文本裡，都還可以覷見這種龍骨藥圖形式的影響力。事實上，圖繪「龍頭骨骼」的做法，其實也非清光緒年間《本草綱目》重刊本之所獨創，因為早在清初刊行的《本草匯言》裡，同樣的形象就已然側身在那幅描繪龍骨產出山谷的藥圖之旁了。（圖6）

圖 6.
作者自繪龍骨藥圖。圖片來源：陳元朋，〈「生不可得見」的「有形之物」──中藥材龍骨的認知變遷與使用歷史〉，《中央研究院歷史語言研究所集刊》第 88 本第 3 份。

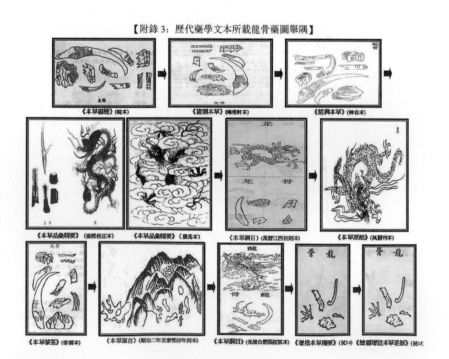

不論對與錯，本草所涉及的認知，在性質上終究還是實證的。然而，問題也正在於此。以實證以徵虛擬，就算是在文字疏證上可以通說，也未見得就真的是確鑿無誤，更何況這實證與虛擬間被認定存在的因果關係，很可能本身就有待商榷。就這一點看來，作為古代博物知識來源之一的本草，即使將其知識傳統裡所認知的龍骨知識傳遞到其他藥學之外人士的身上，也未必能夠導引出更為近實的認知內涵。例如蔡清（1453-1580），這位在清雍正二年入祀孔廟，被尊稱為先儒的明代理學家，就曾在一篇名為〈題畫龍〉文章中，展露過這種認知障蔽的由來。蔡清之談龍，從《易經‧乾卦》以論龍「伸縮變化」的機制，但取汲反證，則不能捨本草之龍骨而它求。他說龍雖靈，但神卻微，因此會形重墮地而為骨殖，其實亦不過禽獸之類。蔡氏的看法，大概是近代以前，中國有關龍之認知的最激進意見了。他的結論並非來自於抽象的推衍，而是得自於「山谷中往往有死龍骨」的實證事類。然而，他終究無法再進一步以躋於真實的關鍵在於：博物如本草者，只能告訴蔡清龍骨是龍之遺骨，卻不能告訴他龍骨其實是許多種遠古脊椎動物所遺留的化石。

成為「古脊椎動物化石」的龍骨

根據今人的統計，歷代方書中所載錄的龍骨方劑有近兩千首。由此觀之，龍骨在古代醫療活動中，確實是一種常用的藥材，而歷代始終不絕於書的龍骨採掘事蹟，大概也是為了供應醫者在臨床應用上的實際需求所致。龍骨的療效顯然是無庸置疑的。因此，就算部分人士對於它的來源有所不解，但也無法扼抑這種「生而不可得見」的「有形之物」在醫療上的使用頻率。然而，這一切在西方「古脊椎動物學」傳入中國後，卻有了革命性的轉變。

圖 7.
中國成安縣委宣傳部，〈成安小鄉村走出的全國地質先賢——李捷〉。前排三位自左至右為翁文灝、章鴻釗、丁文江。（圖片來源：https://bit.ly/2xJUNah）

楊翠華與戴麗娟的研究都指出，近代「古脊椎動物學」在中國的奠基，主要是伴隨著「地質學」的傳入而形成的。自 1912 年，章鴻釗（1877-1951）自日本東京帝國大學獲得地質學士學位並回國主持南京中央政府的實業部地質科起，一直到 1916 年，丁文江、章鴻釗、翁文灝所組建的農商部的「地質調查所」，（圖7）再到 1926 年葛利普既在地質調查所成立古生物研究室，並在北京大學地質系教授古生物學為止。西方「古脊椎動物學」大抵在 1930 年代開始在中國紮穩根基，而相關的研究業績，則除了河北「周口店動物群」（圖8）之外，還有四川的「鹽井溝動物群」以及雲南的「祿豐動物群」等。

圖 8.
1928 年，裴文中、王桓升、王恭睦、楊鐘健、步林、步達生、德日進、巴爾博攝於周口店。

不過，在清末民初的中國，龍骨乃是古脊椎動物化石的事實，雖然在知識階級中得到一定程度的認同，但在庶民社會裡，它仍然被大多數人視作是藥材而被開採與使用著。總體而言，在醫療活動中使用古脊椎動物化石的道德與法律門檻，大概要到 1949 年之後，才開始被中國古生物

圖片來源：「中國第二歷史檔案館」，〈裴文中與北京人頭蓋骨化石〉。http://www.shac.net.cn/mgcq/mgmr/201412/t20141209_2489.html

圖 9.
山西省人民政府，〈國務院轉發中國科學院關於保護古脊椎動物化石問題的請示報告的通知〉5

圖片來源：《山西政報》，第 10 期（太原，1961，05），頁 156。

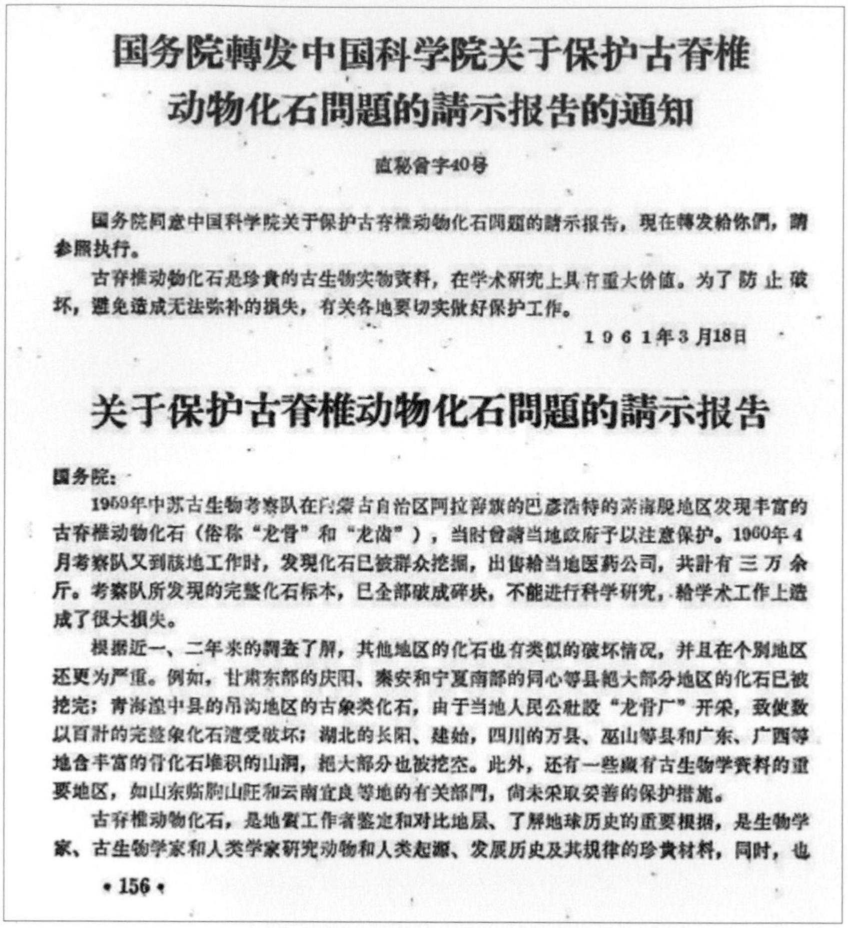

国务院轉发中国科学院关于保护古脊椎动物化石問題的請示报告的通知

直秘會字40号

国务院同意中国科学院关于保护古脊椎动物化石問題的請示报告，現在轉发給你們，請参照执行。

古脊椎动物化石是珍貴的古生物实物資料，在学术研究上具有重大价值。为了防止破坏，避免造成无法弥补的損失，有关各地要切实做好保护工作。

1961年3月18日

关于保护古脊椎动物化石問題的請示报告

国务院：

1959年中苏古生物考察队在内蒙古自治区阿拉善旗的巴彦浩特的索海脱地区发現丰富的古脊椎动物化石（俗称"龙骨"和"龙齿"），当时曾請当地政府予以注意保护。1960年4月考察队又到該地工作时，发現化石已被群众挖掘，出售給当地医药公司，共計有三万余斤。考察队所发現的完整化石标本，已全部破成碎块，不能进行科学研究，給学术工作上造成了很大損失。

根据近一、二年来的調查了解，其他地区的化石也有类似的破坏情况，并且在个别地区还更为严重。例如，甘肃东部的庆阳、秦安和宁夏南部的同心等县絕大部分地区的化石已被挖完；青海湟中县的吊沟地区的古象类化石，由于当地人民公社設"龙骨厂"开采，致使数以百計的完整象化石遭受破坏；湖北的长阳、建始，四川的万县、巫山等县和广东、广西等地含丰富的骨化石堆积的山洞，絕大部分也被挖空。此外，还有一些蘊有古生物学資料的重要地区，如山东临朐山旺和云南宜良等地的有关部門，尚未采取妥善的保护措施。

古脊椎动物化石，是地質工作者鉴定和对比地层、了解地球历史的重要根据，是生物学家、古生物学家和人类学家研究动物和人类起源、发展历史及其規律的珍貴材料，同时，也

• 156 •

學界與中國共產黨政府逐漸建構起來，而其歷程則甚是漫長多舛。

藥用龍骨的開採，其實涉及的是錯綜複雜的利源問題。而事實也顯示，在國用匱乏的時代裡，禁令是儘可發布的，但完全的禁絕則或許連官方也不樂見。於是，在整個 50 年代裡，古脊椎生物學界的呼籲，官方的禁令，以及民間龍骨的開採，就幾乎可以用「此起彼落」來加以形容。（圖 9）事實上，上個世紀初期，由中國自己所養成的第一、二代古脊椎動物學家，或許還是 1950 年代呼籲古生物化石不受藥用採掘摧殘的各種群體中，最不遺餘力的一群人。與他們相比，考量利源的中央與地方政府，在態度上就顯得官式樣板，而經由臨床使用而開創需求空間的中醫藥界則反應更幾近於默然。事實上，當時中醫藥界的消極態度是可以理解的。龍骨本來就是傳統醫療活動裡的一味常用藥材，其重要性甚至還成為特定方劑類型的骨幹，治療者當然無法立刻改易其用藥習慣。除此之外，由於 1958 年開始，中國開始實行「政社合一」與「集體統一經營」的「人民公社」制度，原本屬於「農業生產合作社」的藥材生產與運銷，被規劃成「衛生部藥材經營部門→地方藥材收購站→人民公社」的一條鞭制度。於是，長久以來就作為農民副業的龍骨藥用採掘，現在乃成為生產大隊的工作項目與利益來源，這就無疑是在社會制度上構築了一道阻礙

禁採政策的壁壘。而在如此的政治環境下，中醫藥界縱然有心襄贊化石的保護工作，或許也得顧慮直攖廣大人民群眾利益的後果。

1960、70 年代，是中國政治與社會運動激烈開展的時期，而有關龍骨開採與保護的詳盡紀錄，基本也呈現曚昧的狀態。不過，根據許多當時參與採掘者的事後回憶，這個時期的古脊椎動物化石藥用開採，其實還是持續且普遍存在的（見於「重慶新科教頻道」所製播的科普節目《真相》〈龍骨坡的故事〉，2010.5.17）[1]。事實上，即使時序進入 80 年代後，中國共產黨的「改革開放政策」雖然確實讓十三億人中的「一部分人先富了起來」，但內陸地區農村社會的普遍性貧窮，以及經濟急速發展下所造成的重利輕法社會風氣，仍然導致了許多非法採掘古脊椎動物化石的事例。例如，2013 年發生在河南省博愛縣「六堆寓舊石器遺址」（圖 10-11）的龍骨盜採事件，就是典型的重利風氣與官場貪腐雙重作用下的產物。根據《中國文化報》的實地採訪，該遺址原是 2008 年河南省人民政府公布的「第五批省級文物保護單位」。但從 2010 年起，盜採龍骨的集團不但公然炸山採掘，甚至還設立崗哨禁止土著村民進入。然而，事經媒體批露後，該縣「文物部門」的負責人卻聲稱「採掘範疇不在遺址之內」，其直屬行政上級焦作市的國土資源部門則推說「只負責辦採礦證，保護區的事不歸我們管」。而當地村民則表示，每次報案之後，就會被盜採者以電話恐嚇，而公安若要來查，那麼「私採者頭一天便趕緊停了」，村民因此質疑官方執法部門與盜採者有「私通」。[2]

總體而言，1949 年以來，中國官方雖然沒有將龍骨的採掘完全視作為違法，但從 50 年代以來幾次〈指示〉、〈通知〉與〈暫行條例〉的法意來看，政策面的寓禁傾向還是十分清楚的。一個不爭的事實是：2000 年以來，不論在實體市場裡，又或是網路虛擬交易平台上，龍骨的價格一直都維

註 1.
資料來源：56 網
http://www.56.com/u92/v_NTE3MjI4NzM.html（搜尋日期2016.2.2）。

圖 10, 11.
河南博愛縣舊石器遺址。圖片來源：張瑩瑩、〈河南博愛縣私挖濫採危及舊石器遺址背後原因揭秘〉，《中國文化報》（2013.9.3），取自中國新聞網 http://www.chinanews.com/cul/2013/09-03/5236781.shtml（搜尋日期：2016.2.6）

註 2.
資料來源：中國新聞網
http://www.chinanews.com/cul/2013/09-03/5236781.shtml（搜尋日期：2016.2.6）。

圖 12.
這類資訊，即使在 2010 年中國官方頒布〈古生物化石保護條例〉之後，依然見於各大中藥交易網站與實體藥市之中，足見龍骨的貨源只是緊縮，還並未達到斷貨的狀態。其類例可自「中國藥材誠實通」：http://www.zyccst.com 便捷獲取（該網須用簡體字搜尋藥材盤價）。

圖 13.
賈蘭坡，〈由挖龍骨作副業生
產談起〉

表　龙骨、龙齿中铀釷的含量（μg/g）

批号	名称	产地	铀含量	釷含量
1—1	土龙骨	宁夏	1550	0.5
1—2	土龙骨	宁夏	1780	1.2
1—3	土龙骨	宁夏	1340	0.4
2—1	土龙骨	甘肃	192	1.3
2—2	土龙骨	甘肃	77.3	1.3
3—1	土龙骨	内蒙古	117	0.9
3—2	土龙骨	内蒙古	105	1.3
4	土龙骨	山西保德	111	0.4
5	土龙骨	山西阳高	64.7	0.8
6	土龙骨	山西雁北	67.1	0.2
7—1	土龙骨	山西忻县地区	121	1.1
7—2	土龙骨	山西忻县地区	52.1	1.7
9	土龙骨	山西榆社	136	1.2
11	土龙骨	山西汾县（市售）	137	0.4
13—2	土龙骨	山西柞县	119	0.1
14—1	土龙骨	山西柞县	131	0.3
15—1	土龙骨	山西福基	105	0.7
15—2	土龙骨	山西福基	120	0.1
17	土龙骨	山西临猗	148	1.2
19	土龙骨	山西临猗	148	0.4
20	土龙骨	山西垣曲	83.5	<0.1
21	土龙骨	山西闻喜	145	0.2
23	土龙骨	山西芮城（市售）	1300	0.1
24	五花龙骨	山西保德（一等）	97	<0.1
25	五花龙骨	山西保德（二等）	139	0.1
26	五花龙骨	山西保德（三等）	1.1	0.1
28	五花龙骨	山西榆社	134	<0.1
29	五花龙骨	山西	845	0.3
32	土龙骨	宁夏	456	0.2
33	土龙骨	宁夏	294	0.2
34	五花龙骨	山西	275	0.8
36	土龙骨	山西	2600	1.1
39	土龙骨	宁夏同心县	937	0.2
(1)	龙齿	宁夏中卫县	26.5	0.2
(2)	龙齿	内蒙古巴彦昭盟	104	0.1
(3)	龙齿	山西保德	159	0.2
(4)	龙齿	山西保德	102	0.1
(5)	龙齿	山西保德	166	0.2
(6)	龙齿	山西中阳	228	<0.1
(7)	龙齿	山西保德	110	0.3
(8)	龙齿	山西榆社	18	0.1
(9)	龙齿	山西保德	143	<0.1
(10)	龙齿	山西吉县	172	1.6

圖 14.
龍骨和龍齒中鈾、釷的含量測
定

圖 15.
不同產地龍骨中無機元素的含
量測定

持走高上揚的趨勢，而供貨商的理由則多是：產地禁採，貨源緊張。（圖12）

或許是由於 1980 年代以來，中國官方對於龍骨藥用採掘行為的申禁表態日益明朗，中國中醫藥學界的相關發聲也變得熱絡起來。當代的龍骨生藥學研究，雖然有些只在透過化學成分及其比例的相類，來建議醫界未來應以牡蠣殼（Ostrea gigas Thunberg, Ostrea talienwhanensis Crosse, Ostrea rivularis Gould）來作為龍骨的替代品。但卻有更多的研究者，是將目標鎖定在這種化石藥材的「微量元素」（trace element）之上。許多研究都指出，龍骨的化學成分除了以碳酸鈣（$CaCO_3$）、磷酸鈣（$Ca_3(PO_4)_2$）、五氧化二磷（P_2O_5）、三氧化二鐵（Fe_2O_3）、氧化鎂（MgO）外，還包括了鋅（Zn）、銅（Cu）、鐵（Fe）、鋁（Al）、錳（Mn）、鉬（Mo）、鈷（Co）、鉻（Cr）、鎳（Ni）、硒（Se）、鉛（Pb）、砷（As）、汞（Hg）、釷（Th）、鈾（U）等十多種「微量元素」。[3]

早在 1952 年，賈蘭坡就曾經提出警告，指出古脊椎動物化石乃是生物骨骼埋藏在地層裡，經過長久的年代，骨骼本身所含的有機質被它周圍所接觸的礦物質替代所形成的。因此，假若周圍含有有毒元素或化合物，那麼化石本身也就帶有毒素，隨便服用是非常危險的。[4]（圖13）賈氏當初的警語，被冷落了三十年，終於在 80 年代開始得到了現代生藥學的證實。許多中國中醫藥研究者都在他們的分析中指出，龍骨中所含有的「微量元素」，有些對人體或許無害，且可能是藥效的來源，但像是釷（Th）、鈾（U）這樣的元素，倘若含量過高，就必定會對人體產生嚴重的危害。例如，北京中醫學院的趙中杰在以鈾分析儀檢驗 39 個中國龍骨產地的化石標本後就發現，產自甘肅省、山西省、寧夏回族自治區的 7 個龍骨樣本，鈾元素的含量甚至已達到「鈾礦」的等級。[5]（圖14）中國中醫研究院中藥研究所楊連菊的研究也指出，陝西省府谷縣所產龍骨的錳（Mn）、鉛（Pb）含量，以及甘肅省靈台縣所產龍骨的砷（As）、汞（Hg），均「大大超過」人體所能負荷的重金屬安全範圍，值得警惕。（圖15）[6]而任職於浙江省衢州市藥品檢驗所的富同義則指出，由於龍骨的來源複雜，「化學成分」與「藥理作用」關係不明，臨床上的「主觀期待」是來自於傳統醫學典籍的記錄，但「醫生和調劑人員誰也不知道用的是什麼東西」、「治療效果根本無法估計」。

就物性賦予的歷史變遷而言，二十世紀初期，龍骨的第一個有別於傳統認知的身分是古脊椎動物化石，而這種常用藥材的社會文化承負也於焉展開。整個 1950 年代，龍骨的物性身分是分歧的。在古生物學界，它就是化石，就是生物構成元素與地質環境替換作用下的產物。在民間與中醫藥界，它則是藥材，而傳統醫學認知裡的作用，則使它仍然保持了自古以來的交換價值。至於官方，則是依違兩端，他們既承認龍骨的化

石物性，又不想否認龍骨的中醫藥物性。此後，隨著時間的遞移，龍骨的古脊椎動物化石身分日益增強，就連官方也透過「國土資源」的認定，意欲棄守這種藥材既有的傳統藥學物性。而最後表態的，則是 80 年代以來的傳統中醫藥學界，他們一方面透過物性的比對，謀求龍骨的替代品；二方面又透過生藥學研究，徹底解構龍骨的組成元素，並從而指出龍骨不利人體健康的物性。只是，這個最後由中國中醫學界所賦予龍骨的物性，卻不是傳統中醫古典所申說的物性，而是那些臚列在西方化學元素表上的「微量元素」。

結論

龍骨的物性變遷史，講說的其實就是部「昨是今非」的醫療文化史。在這個關乎物質屬性的命題裡，是非與否，端看認知為何。值得一提的是，在物質研究的場域裡，認知往往是複數存在的，不同的認知又總會共伴座落在特定對象之上。關於此，龍骨又恰是顯例。近代以前，醫療認知之外，別有龍的認知；近代以降，則越見傳統醫學、西方醫學、古脊椎動物學，乃至於官方利源考量等各方認知的角力與互動。孰是孰非？定論其實不由龍骨，社會文化的大風土才是取決之要。

這篇短文刪節於〈「生不可得見」的「有形之物」—中藥材龍骨的認知變遷與使用歷史〉（《中央研究院歷史語言研究所集刊》第 88 本第 3 份）。原文初稿完成於 2015 年 9 月，為中央研究院歷史語言研究所主題計畫「醫學的物質文化 - 歷史的考察」所轄子計畫「龍骨的社會生命史」之研究論文。2016 年 5 月完成第一次修訂稿，2016 年 12 月定稿。

參考資料

陳元朋，〈「生不可得見」的「有形之物」——中藥材龍骨的認知變遷與使用歷史〉，《中央研究院歷史語言研究所集刊》第 88 本第 3 份。

註 3.
趙中杰，〈礦物藥中的微量元素〉，《中藥通報》，第 12 卷第 3 期（北京，1987，04），頁 41-43。毛維倫，〈煆制龍骨鈣及其微量元素分析〉，《中國中藥雜誌》，第 14 卷第 12 期（北京，1989，06），頁 21-23。黃寅墨，〈龍骨、龍齒、花蕊石微量元素及藥理作用比較〉，《中成藥》，第 12 卷第 6 期（上海，1990，06），頁 31。李光華，〈淺談龍骨的基本成分與炮製〉，《遼寧中醫雜志》，第 28 卷第 6 期（瀋陽，2001，06），頁 372。

註 4.
賈蘭坡，〈由挖龍骨作副業生產談起〉，頁 388-389。又可參見薛顯英，〈淺議化石、礦物藥與環境地質的關係〉，《化工礦產地質》，第 28 卷第 3 期（涿州，2006，09），頁 159-161。

註 5.
趙中杰，〈龍骨和龍齒中鈾、釷的含量測定〉，《中藥材》，第 13 卷第 1 期（廣州，1990，01），頁 33-35。

註 6.
楊連菊，〈不同產地龍骨中無機元素的含量測定〉，《中國中藥雜誌》，第 16 卷第 9 期（北京，1991，05）頁 522-523。

梅毒：
一個科學事實的發生與發展

陳恒安 國立成功大學歷史學系副教授

THREE

6

前言：神主牌作為擋箭牌

這個故事恐怕有點無聊，得試試放大絕，拿神主牌當擋箭牌，看看讀者是否能多少將頁面往下滑。這裡要談的是一本科學史哲小書裡有關梅毒的小故事。梅毒在書中是個重要案例，但這本書到底有多神，值得柑仔店讀者滑動手指？寫下《科學革命的結構》的孔恩，在 1962 年原書的序中表示他讀過此書，且表示作者「預見了許多我的觀點。」[1] 啟發經典的前經典，究竟是什麼樣的小書呢？真是令人感到好奇。順著孔恩留下的訊息往前者，我們會發現，原來這本書就是波蘭學者弗萊克（Ludwik Fleck）於 1935 年以德文出版的《一個科學事實的發生與發展：思維樣式與思維集體學說導論》（*Entstehung und Entwicklung einer wissenschaftlichen Tatsache: Einführung in die Lehre vom Denkstil und Denkkollektiv*）。

因有主場優勢，所以歐洲學者似乎比其他地方的學者還常提到弗萊克的著作。自己當初對弗萊克產生興趣，是因為弗萊克與我論文主角德國生物學家哈特曼（Max Hartmann, 1876-1962）那截然不同的科學哲學立場。同時代，又同屬德語區的兩位生命科學家的哲學差異，常令我陷入「當希波克拉底說是，蓋倫說不是」的拉扯狀態。另外，值得一提的是，二十世紀初期的科學家的守備範圍似乎都很廣，他們除了科學論文外，經常發表探討科學或學科本質的理論文字。這兩位先生也屬此類，除了科學論

註 1.
孔恩著，程樹德等譯，《科學革命的結構》，頁 37。

文外，他們的科學哲學論文出版都只能以本，而非以篇計。老實說，我曾幾度想翻譯這本小書，無奈學術塵緣難了，偷懶藉口又太多，現在剛好有這個好機會，想說多少試著說一些。

那麼，允許我先從介紹弗萊克先生開始吧！

1896 年 7 月 11 日弗萊克誕生於當時屬波蘭，但今天屬烏克蘭的利維夫（Lwów）。1922 年弗萊克在家鄉 UJM 大學（University of Jan Kazimierz）選讀醫學，熱中微生物學。從 1920 年起，他便待在波蘭著名班疹傷寒專家魏格（Rudolf Stefan Weigl, 1883-1957）教授身邊擔任助理。取得醫學學位後，弗萊克前往維也納進修細菌學。可惜，在 1939 年之前，弗萊克一直沒有機會取得大學教職，只好棲身不同衛生單位，負責細菌學相關實驗研究工作。（沒錯，是「只好」。大學教職在當時被認為是最理想的研究工作。）二戰爆發，Lwów 初為蘇聯統治，UJM 大學更名為烏克蘭獨立醫學學院，弗萊克被任命負責微生物學部門。

到了納粹勢力東擴至利維夫後，弗萊克被迫離職，全家被遷往猶太區。不過由於擁有微生物學特長，弗萊克得以繼續在區域醫院從事研究工作。期間，弗萊克嘗試研發從班疹傷寒病患尿液中生產疫苗。後來納粹政府得知此項成果，於 1942 年逮捕弗萊克全家，要求弗萊克於指定藥廠從事疫苗生產。隔年全家又被送到波蘭的奧茲威辛（Auschwitz）集中營，弗萊克首先被安排在第十區的衛生所，負責以血清學檢測來診斷梅毒、班疹傷寒等疾病，之後又被遷往今日德東區的布痕瓦爾德（Buchenwald）集中營，於第五十區納粹黨衛軍的衛生所研發班疹傷寒血清。

因微生物專長而從集中營倖存下來的弗萊克，在大戰後的 1945 年到 1952 年間，擔任波蘭盧布林（Lublin）瑪莉居禮大學醫學院微生物研究所所長。1952 年至首都華沙從事微生物學研究，專研感染與壓力下的白血球行為。1954 年獲選為波蘭科學院士。1946 年至 1957 年是弗萊克醫學研究進行最密集的時期，他指導了大約五十位博士生，先後發表八十七篇學術論文。[2] 1956 年弗萊克心臟病發，同時罹患淋巴肉瘤（lymphosarcoma），因此他決定全家遷回猶太人的祖國以色列。1961 年，不會說希伯來語的弗萊克於第二次心臟病發後逝世。（圖 1）

不是明星科學家的話，怎麼會被人文社會學界注意到呢？

弗萊克之所以在今天被稱為社會建構理論的奠基者，或許是拜孔恩《科學科命的結構》一書大賣之賜。孔恩的影響，間接促成了《一個科學事實的發生與發展》英譯本於 1979 出版，甚至德文版也在 1980 年重新刊行。在英譯本中，孔恩在自己撰寫的五頁前言中，再次提到他與

註 2
作為主要作者與共同作者，弗萊克大約發表了一百七十篇原創與評論著作。

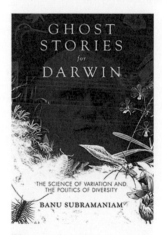

圖 1.
2016 年獲得以 Ludwik Fleck 命名獎項的學術著作 Ghost Stories for Darwin: The Science of Variation and the Politics of Diversity。Ludwik Fleck 獎是 Society for the Social Studies of Science 於 1992 年創立鼓勵科技與社會研究學術著作的獎項。此學會簡稱 4S，每年的年會都有許多臺灣學者參與，熱鬧非凡。

註 3.
Rainer Egloff. *Tatsache-Denkstil-Kontroverse: Auseinandersetzungen mit Ludwik Fleck*. Zürich: Collegium Helveticum, 2005.

註 4.
Bożena Chołuj, Jan C. Joerden (Hrsg.) *Von der wissenschaftlichen Tatsache zur Wissensproduktion. Ludwik Fleck und seine Bedeutung für die Wissenschaft und Praxis.* Frankfurt am Main: Peter Lang, 2007.

圖 2.
2012 年發行的英文版 *Genesis and Development of a Scientific Fact*

圖 3.
1980 年重新刊印的德文版 *Entstehung und Entwicklung einer wissenschaftlichen Tatsache. Einführung in die Lehre vom Denkstil und Denkkollektiv*

弗萊克的因緣。這次，孔恩多透漏了一些，表示是透過萊興巴哈（Hans Reichenbach, 1891-1953）的《經驗與預測》（*Experience and Prediction,* 1938）的註腳，才注意到弗萊克這本小書。

因有這層關係，因此有學者認為，多數讀者都是透過閱讀孔恩而認識弗萊克，只認識了孔恩哲學架構下的弗萊克。無論此說是否公允，至少顯示出英語世界弗萊克思想的接受發展史的重要線索。在這段落中，我不打算，也做不到細緻分析弗萊克思想的接受史。我只想提供一些臺灣讀者可能比較少接觸的，非英語系歐洲學界關於盧弗萊克的研究發展概況。近年來不斷出現的弗萊克研究，雖然還遠遠無法被稱為 Fleck Industry，但多少可以讓我們知道，弗萊克思想其實還未成為過去式。

底下僅簡單列舉一些自己之前追蹤的學界研究，譬如，瑞士蘇黎世聯邦理工大學（ETH Zürich）強調科技與人文社會學科對話的 Collegium Helveticum 於 2005 年受贈弗萊克遺物，成立「弗萊克中心」，除整理成弗萊克檔案，並提供研究對話平台。2005 年匯集十一篇論文為中心專書出版[3]。同年於波蘭 Słubice「波蘭學院」（Collegium Polonicum）舉辦「從科學事實到知識生產：弗萊克對探討德國與波蘭知識、文化與權力的意義」研討會，發表二十三篇論文（十九篇德文、四篇英文），2007 年集結出版[4]。2003 年法語譯本發行，2005 年再版，法國 STS 學者拉圖（Bruno Latour）為新版撰寫刊後語。2008 年三版。2007 年西語版問世。除此之外，亦有許多單篇論文與學位論文陸續發表，可見非英語世界興起一小波弗萊克研究熱潮。

中文學界對弗萊克並非完全陌生，但是截止目前為止，似乎還未出現以弗萊克及其理論的研究專著，僅有少數初探弗萊克哲學思想的論文。[5]近年來科學社會學乃至科技與社會研究（STS）等具有建構色彩的理論也逐漸影響中文學界，許多學者將《一個科學事實的發生與發展》視為重視科學實作研究傳統的重要參考文獻之一。[6]但是這些資訊是否能引起中文學界進一步深入研究弗萊克思想，未來還值得觀察。（圖 2、3）

弗萊克書中的經典案例：瓦瑟曼梅毒測試

當代學者普遍認為弗萊克將科學知識、科學事實給歷史化與社會化了。簡單說，實驗科學家弗萊克認為科學認識並非主體與客體之間的直接關係，必須透過集體或者社會作為媒介。在這裡，我想簡單介紹一下弗萊克如何利用科學史來談科學事實，特別是以他那有名的，有關德國細菌學家瓦瑟曼（August von Wassermann, 1866-1925）梅毒檢測歷史分析為案例。

弗萊克提醒讀者，瓦瑟曼梅毒檢測技術這樣科學事實的誕生，絕非僅是

「我來、我見、我征服」的科學發現史，即：科學家觀察研究梅毒現象，經實驗研究找到梅毒病源，進而發展出相應檢測技術。為了呈現出他心目中那個複雜的、動態的梅毒疾病圖像，弗萊克擬定了幾條軸線加以討論。

首先，弗萊克想表示的是「社會心理氣氛」會影響大家對特定疾病的關注程度。為了說明想法，弗萊克回溯了十五世紀末遭受嚴重流行病侵襲的歐洲歷史。他發現，當時人們慘遭疾病蹂躪，但是出於現實需求，加上隨手可得的素材（病人），醫療人員便開始研究疾病，並逐漸發展出屬於當時的梅毒概念。另一方面，也因為梅毒患者多由性行為感染疾病，而且症狀常出現在生殖器周遭，所以「社會心理氣氛」很容易將梅毒定位為性病，並將因罹患梅毒而腐爛的皮膚視為上天懲罰肉慾的罪證。病例眾多加上社會高道德的推波助瀾，順勢造成梅毒在治療上享有優先被社會處理的位置。梅毒不會像肺結核，雖然影響人類社會深遠，但卻擁有奇妙的「浪漫」特質。[7]（不容易想像偶像劇男主角因罹患梅毒，進而與女主角交織出一齣純情浪漫生死愛情劇吧？）

在說明了社會心理氣氛的影響之後，弗萊克進一步指出，臨床治療經驗對疾病概念形成具有關鍵影響力。弗萊克發現，當時許多人對梅毒的理解，主要來自醫療實務經驗。他認為梅毒概念與水銀治療法之所以產生「聯結」（Koppelung），並非出於科學家的邏輯推論，而是來自臨床經驗。西方的醫師根據長期以水銀治療慢性皮膚病所累積的經驗，其實相當清楚水銀可能造成中毒，但是因為水銀具有「療效」，因此還是普遍使用。譬如，十四世紀的內科醫師，就經常開水銀處方來治療病人的疥癬。也就是說，在醫師不斷以水銀治療梅毒的漫長過程中，一個具有特定症狀的疾病單元、專用治療藥物，以及是否復原的判斷標準等，逐漸被整合起來形成一組指導醫療行動的經驗圖像。（圖4）

另外，弗萊克又觀察到，人們對梅毒的理解與新興細菌學、微生物學實驗知識的「聯結」又是另一條必須回溯的歷史軌跡。弗萊克分析說，梅毒的症狀雖然表現在皮膚表面，不過根據傳統「體液學說」（humoral theory）的說法，問題卻出在血液上。也因此，弗萊克進一步推論，瓦瑟曼一開始之所以選擇血液，與其說是從觀察進而推導出結論，倒不如說是受過去歷史文化中所存在的元概念（Uri-, Präideen）影響。畢竟，根據西方醫學史，梅毒一直被認為是與血液品質有關的疾病，甚至到了二十世紀還被稱為「壞血」（bad blood）。[8] 在書中，弗萊克甚至斷言，無論瓦瑟曼團隊最初的目的為何，他們的工作似乎都滿足了西方自古以來的社會願望，即：證明梅毒是一種血液壞掉的疾病。

梅毒與血液的關係從上面的元概念或許可以獲得解釋，但是細菌學與微

註 5.
張成崗，〈弗萊克學術形象初探〉。我自己多年前也寫了一點弗萊克，也曾有中國研究生寫信請求提供資料，這位先生應該已經畢業多年。臺灣也有位研究生撰寫相關論文，但是似乎在博碩士論文網還查不到。一點有關弗萊克的文字，請參閱陳恒安，《二十世紀後半葉臺灣演化學普及知識的思維樣式》的第二章〈弗萊克與「科學普及」〉。

註 6.
雷祥麟，〈劇變中的科技、民主與社會：STS（科技與社會研究）的挑戰〉。特別是註釋68。臺灣 STS 社群新近編輯出版的「STS 普」書籍《科技渴望參與》，在頁 383 中亦將此書視為「臺灣較常討論 STS 研究者的著作」。

註 7.
肺結核的疾病隱喻請參考蘇珊・桑塔格，《疾病的隱喻》。

註 8.
簡單的「壞血」事件介紹，請參閱陳恒安，〈以科學之名——塔斯吉克梅毒研究〉。

圖 4.
1498 年的梅毒患者與治療。
右上方那位先生手中拿的可不
是燒瓶，而是在體液學說底下
尿診學的重要儀器。（圖片來
源：維基百科）

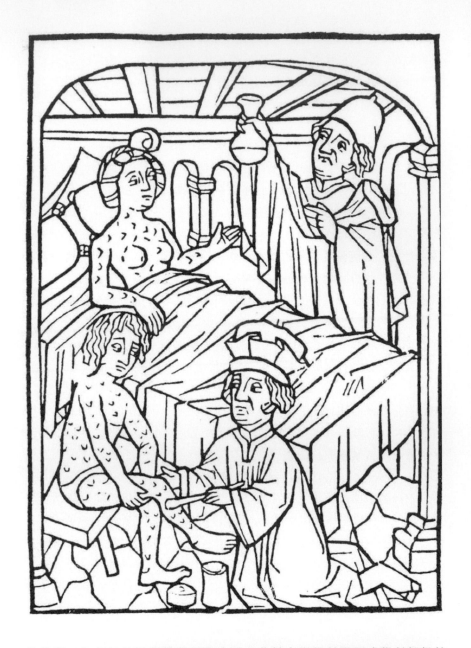

生物學又如何加入這個關係網絡中呢？弗萊克從學科發展或學科興趣的
角度找到了觀察點，他認為，到了十九到二十世紀，醫界興起對「疾病
本體」的探索風潮，激發出大量關於痲瘋、疥瘡、天花、下疳、淋病的
病原研究與疾病分類研究。梅毒作為歷史悠久的疾病，當然也是這時病
原學所欲解決的重要課題之一。所以，弗萊克才會說，瓦瑟曼團隊很自
然地在傳統認為是問題所在的血液中，尋找病原（微生物）的蹤跡。

註 9.
後稱蒼白密螺旋體為梅毒螺旋
體（Treponema pallidum）

弗萊克進一步說明微生物學的知識內容的影響，他認為學界一般所稱
「蒼白螺旋體（Spirochaeta pallida）[9] 導致梅毒（syphilis）」這樣的因果陳述，
是傳統「梅毒性血液變化」（alteration sanguinis luetica）的現代詮釋版本。因
為他指出，以二十世紀初期的醫學標準來看，血液性質變化，諸如腐敗
的血、憂鬱的血、過熱的血，或濃稠的血這些概念，根本無法作為診斷

基礎。因此，弗萊克同意瓦瑟曼等科學家以細菌學與微生物學語言取代體液學說質性描述的作法。只是，弗萊克卻也不忘提醒讀者，血液變化這個元概念的確具有啟發研究方向的作用，雖然它可能在梅毒概念發展的後期失去原有的蹤跡。對弗萊克來說，二十世紀初期細菌學、原生生物學以及病原學的興起，使當時的梅毒研究者能將長期以來被視為問題的血液與病原學與細菌學等聯結在一起，[10] 才有機會發展出後來的出梅毒血液測試。

如果，我們跟著弗萊克回溯幾條不同的歷史軌跡，便可以發現瓦瑟曼檢測之所以成為梅毒測試的標準，主要是因為梅毒作為血液疾病的元概念、社會心理因素、醫界對疾病本體的時代興趣、以及後來細菌學發現蒼白螺旋體這幾個因素的相互作用。這幾條軌跡中的各種因素不斷相互形塑，相互證實（觀察、猜測與實驗操作）的過程，促成了梅毒科學「事實」的發生。

對弗萊克來說，「梅毒」並不是獨立存在的，穩定的非歷史性疾病實體。瓦瑟曼時代的梅毒概念，夾雜著歷史上種種遺跡，所以梅毒是「神話－倫理」的疾病，是「經驗－治療」的疾病，也是「病理與病原學」的疾病。

或許我們可以再描述一下這個互動過程，以方便我們想像弗萊克對科學事實發生與發展動態性與複雜性的概念。譬如，我們可以發現科學研究過程必須投入許多人力，如生物學者、化學研究者、醫療人員、實驗室人員、病人、病人家屬；也必須投入其他物質設施，如實驗室研究與教學設備；更必須擁有細菌學等學科的發展成果；當然也不能不考慮社會大眾對性、罪惡、懲罰、身體的觀念，以及社會政治對梅毒重視的程度。

不過，無論弗萊克的概念如何，當時瓦瑟曼檢測的確為學界與醫療界所接受，甚至促使血清學（Serologie）成為一門自主的學科。甚至從當時醫界日常習慣將此反應直接稱為「血清檢測」（serologische Probe）便可見其重要性。[11] 即使如此，弗萊克還是提醒我們，就算是醫界已經以蒼白螺旋體（Spirochaeta pallida）的存在與否來定義是否染上梅毒，但不可忘記細菌學上物種概念仍有模糊之處，而且免疫學檢測存有偽陽性的現象。也就是說，以細菌學與免疫學來定義疾病，並不見得具有更高的確定性！最後，弗萊克基於他爬梳歷史案例中顯現的複雜過程，大膽宣稱梅毒不是「客觀的」（objective）存在，用以突顯當時醫學在認識論上的「危機」，弗萊克說道：[12]

> 梅毒作為特殊疾病概念的發展尚未結束，也不會結束，因為它涉入病理學、微生物學、流行病學說的發現與創新。它的特徵不斷改變，從神祕主義到經驗主義，從一般病理發生學到專門

註 10.
當時學界中除了蕭丁（Fritz Schaudinn, 1871-1906）提出蒼白螺旋體（Spirochaeta pallida）之外，還有屬於「相同思維集體與思維樣式」的西格爾（John Siegel）的梅毒小體（Cytorrhyctes luis）。無論最後因為什麼原因學界接受蕭丁的蒼白螺旋體，兩者都顯示以細菌學方法在血液中尋找病原這一現象。蕭丁與西格爾兩者之間的競爭，請參閱 Lindenmann, "Siegel, Schaudinn, Fleck and the etilogy of syphilis"；Lindenmann, "Discussion: Siegel, Schaudinn, Fleck and the etiology of syphilis: a response to Henk van den Belt"；Van den Belt, "Ludwik Fleck and the causative agent of syphilis."

註 11.
Fleck, Entstehung und Entswicklung einer wissenschatlichen Tatsache. Einführung in der Lehre vom Denkstil und Denkkolletive, p. 22.

註 12.
Fleck, Entstehung und Entswicklung einer wissenschatlichen Tatsache. Einführung in der Lehre vom Denkstil und Denkkolletive, pp. 28-29.

的病原學。在此期間，我們並非僅僅豐富細節，也同時失去古老學說的許多細節。所以我們今天很少或者甚至，學不到也不教氣候、季節以及病人一般體質與梅毒的關係。而在古老的著作中，可找到許多相關的觀察紀錄。隨著梅毒概念轉變，新問題與新知識領域誕生，因此「概念發展」本來就不會結束。

註 13.
Fleck, *Entstehung und Entswicklung einer wissenschatlichen Tatsache. Einführung in der Lehre vom Denkstil und Denkkolletive*, p. 2.

最後，簡單再補充一下，為什麼弗萊克雖然覺得細菌定義仍有模糊處，卻仍將瓦瑟曼梅毒檢測視為「科學事實」。因為，他認為此反應深入人心，因此足以代表大家接受的「科學事實」。因此他才會「選擇發展最完備的醫學事實，也就是所謂的瓦瑟曼反應與梅毒相關聯的事實」[13]，作為《一個科學事實的發生與發展》中最重要的，歷史化科學事實的案例。

結語：動態、發展與創造的人類真理

弗萊克在書中的歷史分析部分指出，梅毒並非真實存在的「疾病單元」（Krankheitseinheit）或「疾病本體」（disease entity）。也就是說，梅毒並不是在某特定時刻，被某偉大科學家掀開遮掩之物後而「發現」（dis-cover）的事實存在，而是複雜社會與科學過程的產物。

弗萊克認為當代科學之所產生問題，根源之一便是科學家不願面對科學知識動態複雜的本質，只想把科學當成事業，在社會發展中成為機會主義者。他建議的藥方自然是放棄穩固僵化的科學真理觀（scientific truth），而迎接一個「動態的、發展的、創造性的人類真理」（dynamic, developing, creative human truth）。[14] 在無法清楚地描述何為動態的、發展的、創造性的人類真理前，弗萊克似乎只能先回到科學史的研究，利用梅毒測試的案例，嘗試描繪一個梅毒檢測科學事實的發生與發展的複雜過程。至於他如何將科學知識社會化，又如何從這些案例推論出他的科學哲學觀點，就有待下次機緣再寫了。對了，若對弗萊克從歷史角度談疾病概念有興趣的話，也可以看看糖尿病可以怎麼談，請參考《從醫療史談實證醫學的小危機》。

註 14.
Fleck, "Crisis in science".

紀錄片
NHD 2015 Documentary:
The Buchenwald Typhus Vaccines: Leadership and Legacy of Dr. Ludwik Fleck

第四篇

歷史與 器物

FOUR

黑暗時代的光芒、失而復得的寶藏

林圭偵
中央研究院歷史語言研究所助研究員

2018 年 9 月巴西博物館慘遭祝融之災的新聞傳開，大家都為失去珍貴難再得的文物感到心痛不已，同樣令人悲憤又歎惜的人為大規模毀壞文物，也曾在幾十年間發生於阿富汗和伊拉克，竟然令人有一種心生熟悉的感傷。連年內戰和信仰上的對立使考古遺址和博物館文物幾被破壞殆盡，據知僅阿富汗便有逾 2700 件的博物館文物遭受嚴重破壞難以復原，其餘被掠奪盜賣的數字恐怕更難以估計；就連曾被視為重要佛教珍寶（以及觀光財源）的巴米揚（Bamiyan）大佛也在 2001 年 3 月遭塔利班炸毀。昔日玄奘拖著疲憊的身軀、轉過山谷，瞬間所見那令人絕倒的「梵衍那國」黃金大佛也成為絕響。

事實上，不只是玄奘一心所嚮之佛法，位在歐亞大陸之間的阿富汗，歷史上有各式各樣的宗教、民族來來去去，對現在該地大部分信仰伊斯蘭教的民眾而言，什麼樣的國家歷史值得保存？這是誰的文化？由誰來決定哪些該保留？並非是輕易就可達成共識的事。有些文物因負有特殊意義，一旦擁有彷彿便有了繼承正統的合理性，反而使得這些文物陷入你爭我奪的險境；在種族、信仰、文化傳統俱分歧的世界，摧毀其他非我族類的信物，也成了打擊他者最有效的方式。顯然摧毀大佛的塔利班政權並不認為佛教印記為其自身歷史的一部分，而僅是有無利用價值可言而已——可以是觀光財源、可以是談判籌碼，不論留下或移除或許都帶

有政治考量。然而歷史上素來有「文明十字路口」之稱的巴克特里亞地區（Bactria，今之阿富汗、烏茲別克、塔吉克交界部分），也曾極具兼容並蓄的精神，包容不同宗教和藝術文化共存。

2018 年 4 月在成都時，筆者碰巧遇到阿富汗考古遺址出土的文物在成都市博物館展出，這也是繼歐美日韓幾座重要博物館，及中國國家博物館之後的地方巡迴展。可能正好契合近年來中國考古圈偏好域外連結，與「一帶一路」的思維，此時橫貫東西的游牧民族，同時兼有異域風情與中國特色，可說又令人好奇又能彰顯漢唐文明影響之廣。於是展覽除了介紹一般參觀者所不熟悉的地理位置與佶牙贅口的文化序列，如何說明它與中國產生關聯便十分重要，例如因「善賈市」而擁有許多中國物品的大夏（據說即為據有巴克特里亞之地的王國，圖 1），以及受漢所迫而西走、並進而擊潰大夏的大月氏（亦即其後在巴克特里亞地區建立貴霜帝國 Great Kusan 的族群），其活動範圍和潰走路線都重新獲得注意。當然，成都作為歷史上的對外口道之一，也使這個展覽在當地展出別具意義。例如張騫在大夏曾見到蜀地物產，以及幾個世紀後玄奘所牽起的求經之道，都說明了這座城市與阿富汗之間並非毫無淵源。

在巴克特里亞的出土物品中，與中國關係最深的，當屬陪葬品中的西漢銅鏡與絲織品，但此次在成都未展出。除此之外，有別於中土其他地區的青銅文化，成都的三星堆遺址和金沙遺址都出土了金飾，因而向來被認為與中西亞關係匪淺。大量的金飾亦是此次展出中最具特色之處，或許正因其「含金量」太高，使這批文物自始即命運乖舛，受到多方覬覦。如今所見可說是烽火劫餘，其發現是個意外，發掘之後的命運則更曲折多舛，背後牽涉的人員與故事彷如藏寶奇謀。

圖 1.
巴克特里亞（Bactria）和犍陀羅（Gandhāra）時期的阿富汗（資料來源：Hidden Afghanistan. Amsterdam 2007 [Exhibition Catalog], p. 66 below, https://www.uni-goettingen.de/en/133520.html, Oct. 19. 2018）

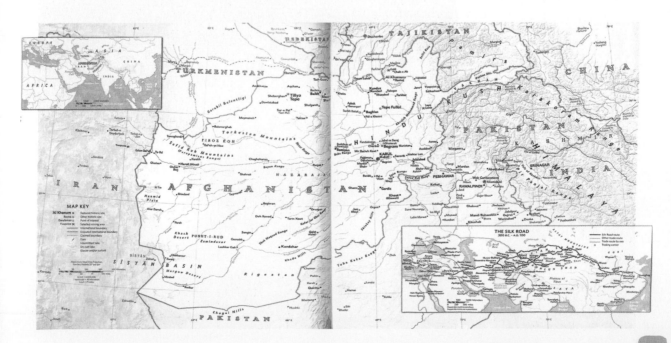

註 1.
他同時是中亞青銅時代文明 Bactria–Margiana Archaeological Complex（BMAC 或稱為 Oxus Civilisation, ca. 2300-1700 BC）許多遺址的主要發現者、命名者和刊述者。

註 2.
梅維恆（Victor Mair, 見庫茲米娜 Kuzmina [2015]）解釋 "Tepe" 為突厥語中小丘或人為土堆之意，常出現於中東的地名之中，一方面也顯示當地的地景和語源。

註 3.
根據墓葬中最晚的遺物所做推測。

1970 年代末蘇維埃與阿富汗聯合考古隊於阿富汗西北部發掘，老經驗的考古學者薩瑞阿尼狄（Viktor IvanovichSarianidi）[1] 在尋找青銅器時代遺址時，無意間發現了一處藏有豐富隨葬品的墓地——蒂拉丘地（TillyaTepe）[2]，即使已見多了中西亞墓葬，他也感到此處的不尋常，果然隨後墓葬便因逾兩萬多件的黃金飾品聲名大噪，黃金之丘（The hill of gold）之名不脛而走。疊壓在墓葬之下的遺址原是薩瑞阿尼狄尋找的目標，年代約在西元前二千紀與一千紀之交，考古學者推測此處原是一座拜火教的廟宇，歷經多次重建後，最後在西元前一千紀中期廢棄。意外發現的蒂拉丘地墓室一部分打破神廟的構件，年代顯然更晚，約是在西元前後一世紀之間[3]，已進入古典時期。

蒂拉丘地的七座墓葬之中有六座經過發掘，皆為帶有木棺的豎穴土坑墓；除 4 號墓是男性外，其餘皆為女性。其中 6 號墓的年輕女性隨葬了可折疊式的金製王冠，右手執權杖，胸前飾品、手環、腳環等一應俱全，儼然是個女王；王冠由黃金錘鍱成樹與花、鳥的形狀，形成繁複的垂墜（圖 2-3），這都令人想起著名的新羅金冠，但後者時代要晚得多，也被認為是受到歐亞草原的影響。唯一的男性墓中則有武器及做為帽飾的盤羊金像，這類器物在草原中並不少見，但此處在金羊骨角上所看到的紋路、身上的毛髮及面部表情都格外細膩。其武器為游牧部族中常見的阿奇那

圖 2、圖 3.
大英博物館及國家地理雜誌所發行之阿富汗珍寶圖錄，均以 6 號墓所出王冠為封面。

科（akinakes/acinaces）式金柄鐵劍（或稱斯基泰或塞西亞短劍 Scythian sword），及帶有象牙柄的黃金劍鞘，劍鞘上除了幾種動物紋飾外，另以「卍」字形週繞，並鑲嵌了許多心形的綠松石（圖4）。此外，該墓亦發現有殉葬馬，這也是斯基泰人常見的葬俗。

其餘墓葬骨骸在木棺之中，也多覆蓋華麗而繡滿小金牒的衣飾、髮飾、帽飾、項飾、耳環、手環、足環、戒指、腰帶，甚至連鞋子上都滿佈金飾，或納有金箔鞋底，幾個墓主還手握錢幣。許多金飾上鑲嵌了綠松石、紅瑪瑙、青金石、石榴石、象牙或珍珠母貝；以金線或金鍊連結各部位，或縫製在衣服上（圖5）。這些寶石和金屬有許多原產於當地，例如「色相如天」被視為佛教七寶之一的青金石（Lapis lazuli），便號稱為阿富汗的「國石」，也是巴克特里亞藉以和其他地區貿易的重要資產。此外這些墓葬和幾個同時代的遺址（如喀布爾以北的貝格姆 Begram）中也有絲綢、青銅器、鐵器、漢代漆碗、象牙、（半）寶石和來自地中海世界的玻璃器；例如蒂拉丘地2、3、6號墓的墓主便在胸前特別放置了西漢銅鏡。在高度希臘化的物質文化之外，又展現了各方文化的影響。

圖4.
4號墓出土之短劍鞘，除正面的象牙柄短劍，背面另有二把刀。（作者攝）

圖5.
出土時放於女性墓主帽旁的頭飾，以「龍神」（Dragon Master）為主題（2號墓出土）。（作者攝）

圖 6.
出土於艾伊哈努姆（AiKhanum）
的柯林斯式石柱頭（Corinthian
Capital，西元前 2 世紀）
作者攝）

如這般滿佈金飾的墓葬，以往在美索不達米亞尼尼微（Nineveh）的墓葬中也曾有類似的發現，但數量和製作的精美程度則不如蒂拉丘地。更使人著迷也困惑的是蒂拉丘地的金飾所展現出各方文化融合之下的主題，例如鐫刻了希臘文的金銀器，刻畫了希臘諸神的錢幣和戒指，受到印度影響的人物畫像，帶有格里芬或各式有翼、無翼西伯利亞草原動物的金飾，或是進口自印度、擁有佛陀神像的金牌等，同時出現在這裡。其中 3 號墓的隨葬品既有上刻漢字銘文的連弧紋鏡，又有裝飾了希臘字母的化妝金盒，梳子則以象牙製作並畫有印度人物——十足國際化的美妝配備。

再說巴克特里亞曾是波斯阿契美尼德帝國（Achaemenid Empire, 550-330 BC）重要的財稅來源，富足以金、銀上繳稅賦；後於西元前 330 年為亞歷山大大帝所佔領，成為其行省。亞歷山大在這裡建立了許多希臘式的城市（Alexandria），不但為巴克特里亞帶來希臘語、官員與移民，也帶來了流行的希臘風。到了西元前 250 年左右，行省總督迪奧多特（Diodotus）趁機自塞琉古（Seleucid）的統治之下獨立成為希臘－巴克特里亞王國（Greco-Bactria Kingdom），彼時的巴克特里亞已是號稱「千城之國」的富庶國度 "The extremely prosperous Bactrian empire of the thousand cities"，城市蓬勃而發展。這些亞歷山大城們形同希臘在中亞的殖民城市，在考古發掘中屢有發現，最東遠達艾伊哈努姆（AiKhanum），與印度文明接壤。在這裡發掘出許多希臘式的建築構建（圖6），亦有體育場、神廟、宮殿和圓形劇場的遺留，均為比照希臘城市規劃而建。

左·圖 7.
彌勒菩薩交腳像。哈達
（Hadda）遺址出土，3-4 世
紀，55x34x19 cm；東京藝術大
學展出「Afghanistan, Timeless
History」圖錄 2002, cat. No. 75；
哈達與犍陀羅非常接近。

右·圖 8.
以海克力斯（Heracles）形象
出現於佛陀一側的執金剛神。
哈達（Hadda）遺址，Tapa-i-
Shotor 寺院，大僧院第 5-2 壁
龕；前田耕作 2003，頁 19。

蒂拉丘地本身離希臘至薩珊王朝時期的地區首都 Emshi-tepe，不過數百公尺，來自希臘的影響自然是強烈的。希臘風不僅呈現在建築上，也影響了後來犍陀羅的佛教造像，使原本就高鼻深目的聖者 ariya-puggala 更帶有希臘男神樣貌，像是自然的波浪捲髮、深入額頭的鼻根、衣飾的風格

等；有時還在一旁搭配了希臘的神祇（如圖 7、8）。另一方面，如同後來的貴霜王朝，轄有印度一部分的希臘諸王也必須藉由親近印度宗教達到結盟及互相制約的目的，例如現今留下的「彌蘭陀王問經」的經卷，紀錄了米蘭德王一世（Menander I Soter）與比丘那先問答教義；他所發行的錢幣也帶有佛教的符號——法輪，據說在他死後甚至以佛教的方式歸葬於浮圖。到了米蘭德王二世所發行的錢幣仍可見到法輪的形象（圖 9），此種金幣正好見於蒂拉丘地的 4 號墓。

到了貴霜王朝時期（西元 1-4 世紀），此時約當是古典印度文明的形成期，其藝術表現與宗教發展漸臻於高峰，立下許多典範作品，對巴克特里亞的影響無疑亦是強烈而直接的。同時領有印度北部的貴霜帝國迦膩色迦王一世（Kanishka I）對於佛教的傳播十分積極（圖 10），終於將大乘佛教由印度帶至中亞、中國與東南亞，一時廣為流佈。

蒂拉丘地隨葬硬幣中所包含的各地文化意象更顯示「金流」在此地有多頻繁多元，包括羅馬大帝提貝流士（Tiberius, AD 14-37）發行的金幣；來自伊朗東北部帕提亞帝國（Parthia 安息帝國，247 BC-AD 226）的金、銀幣，及巴克特里亞的仿造品；亦有來源為印度的金幣。時代多集中於西元前一至二世紀，正好是張騫來到這個地區的時期。許多硬幣在統治者的肖像之外，也在反面留有希臘神祇或宗教人物，或藉穿著希臘衣飾的神祇描繪帶有佛教象徵意義的符號或場景。

藉由這些多元文化融合的符號與象徵，蒂拉丘地的墓葬遺留可說彌補了文字記錄的缺乏，也極難得地讓我們一窺從希臘－巴克特里亞王國（Greco-Bactrian Kingdom）解體後到貴霜帝國建立之前的「黑暗時期」——此時希臘－巴克特里亞王國遭受北方游牧民族塞種人入侵（ca. 130 BC），塞種人隨後又遭大月氏擊潰，後者也就在西元一世紀時成立貴霜帝國。雖然黑暗時期在統治權力上呈現混亂狀態，在藝術和文化上卻成就斐然。但也由於這段時間的混亂和權力的真空，一直以來我們對這段空隙皆所知不多。部分學者猜測蒂拉丘地的墓葬主人可能來自大月氏的統治階級，甚至懷疑此地可能即是貴霜帝國的起源，例如發掘者薩瑞阿尼狄便如此認為，但在缺乏進一步證據之下，他的報告仍以 "Afghanistan: The Secret Treasures of the Unknown Kings" 為名；也有一說墓主是善養馬的塞西亞人（Scythian）[4] 遺留，可能是因為塞西亞的貴族墓葬中也多有相似的阿奇那科式武器和藝術造型，如有翼神獸、獅子等動物主題，也常有以馬殉葬的情形；此外，在這些遺址中俯拾可得的帕提亞、印度風格錢幣，也引人猜測這些遺留與印度－帕提亞（Indo-Parthian）帝國有關。這種族群歸屬上的困難，恰反應了巴克特里亞文化的多元與複雜，以及早期歷史的不明朗。其中文化符碼的流動性，族群的對應與選擇或許也反應了其時的政治考量。

圖 9.
出自 4 號墓的佛教金幣（圖片來源：維基百科）

圖 10.
貴霜王朝一枚金幣的正反面——迦膩色迦王（上）與佛陀造像（下），在巴基斯坦與阿富汗交界處附近的 Ahin Posh 遺址出土。（圖片來源：維基百科）

註 4.
也常譯為斯基泰人，一說塞西亞人是「塞種人」的來源，但總之不是塞亞人。

事實上，游牧部族逐水草而居，有時互相爭奪草場，或侵入農耕部落，如塞西亞（即使似乎也善於耕種）、月氏都是歷史記載中時常追趕別人也被追趕，弄得到處遷移的族群。這些部族此消彼長彼此牽動，形成考古學者眼中早期的世界體系。

歷史有時並非偶然，曾經兼容希臘、羅馬、印度、中國、西伯利亞與波斯文化的國度，同時也是各方的角力場。物換星移，周遭的文明幾經更迭，如今阿富汗是英國、俄國和伊朗的緩衝地帶。蒂拉丘地的寶藏雖然在發掘之初即得到廣泛的注意和報導，但隨之而來的蘇聯入侵（1979-89）以及連年的內戰烽火，加上塔利班的到來皆使其面臨嚴峻的挑戰，現世中的阿富汗亦遭逢了政權混亂的黑暗時期。喀布爾國家博物館雖然擁有十萬筆前伊斯蘭的民俗文物，但黑暗時期中 70% 的館藏都已被盜取，遺址也遭盜掘，連佛龕、洞窟上的壁畫都被割下。更有甚者，外國收藏家可事先指定想購入的文物、部位，再由文物販子負責取得；ebay 上時有人拍賣金、銀幣，賣家來自巴基斯坦、新加坡、美國各地，很可能便是被盜竊後輾轉流出。在此風氣下，蘇聯佔領期間，喀布爾國家博物館為了避禍決定將文物移往鄉間保存。這當中，為博物館工作的美國人道主義者葛里斯曼（Carla Grissmann）一直扮演重要的角色為保護文物奔走，尋找並協助將它們運送至安全的地方。

1988-89 年阿富汗總統納吉布拉（Mohammad Najibullah）和國家博物館館長馬索狄（Omar Khan Massoudi）更做了一個決定，就是將多年來收藏的館藏，包含黃金之丘、艾伊哈努姆、貝格姆、哈達（Hadda）、巴米揚和馮都基斯坦（Fondukistan）等地的文物分成三份：一份維持展出，一份藏於資訊與文化部，最後一份藏至皇宮（後為總統府）中的中央銀行地下秘密金庫，密室和保險櫃鑰匙分散在七個人手中，七人之中有考古學者也有官員和博物館的職員，必須同時集合這些鑰匙才能真正打開密室與金櫃。他們相互約誓必須守口如瓶，就算過世也要盡可能將鑰匙傳給下一代，此後便冒著性命之危隱姓埋名。

1988 年蘇聯撤兵後，阿富汗面臨的仍是漫長的內戰，博物館職員四散逃亡。內戰中，納吉布拉於 1992 年倒台；1993 年博物館被改置為軍事基地，也曾遭飛彈擊中陷於火海；1996 年塔利班攻入喀布爾搜索文物，最後在 2001 年引炸巴米揚大佛……所有一切被視為偶像崇拜的文物都被塔利班瘋狂摧毀。

除了人禍，在葛里斯曼的回憶中，博物館的屋頂還曾在漫天風雪中遭積雪壓垮。原先放置於博物館中的館藏幾乎已散佚殆盡，世人莫不以為蒂拉丘地的寶藏也已遇不測，或早被偷取盜賣至黑市。事實上，阿富汗的

文物盜賣之猖盛在國際上惡名昭彰更勝伊拉克，盜賣走私的文物可以噸計，更時有守衛文物或是查緝的警察遭文物販子殺害的消息。也曾有考古學者和歷史學者前去求情，然而塔利班的士兵只是和戰火一同無情地嘲笑、羞辱著他們。

直到 2003 年塔利班政府被推翻後的隔年，當局決定重新尋回這批寶藏，但一時也不知道這七個人身在何處，幾經尋找，曾經噤聲的幾人確認當前政府的可靠性，才終於放心吐露文物的所在。一行人層層穿越曲折的祕道，終於在中央銀行的密室中找到被遺忘已久的寶物箱，只是當年的鑰匙部分早已遺失（！），只好找來鎖匠，最後以十五分鐘解開十五年的等待，這大概是當年拚死保管鑰匙的人始料未及的。無論如何，被世人遺忘多年的寶藏終又再一次被發掘出土。當年主持發掘的考古學者薩瑞阿尼狄，以及始終默默守護這段記憶的葛里斯曼都被找來證實文物的真實性。時隔發掘二十五年，這時他們都已年過七十，昔日薩瑞阿尼狄的學生，後來也成為知名考古學者的赫伯特（Fedrik Hiebert）也見證其中，並接續老師的工作著手編列新的文物清單，此後就是一連串的海外巡展，等待回歸故里的一天。

這無疑是最幸運的結果，然而其他的寶藏就不一定能如此幸運了，博物館本身也還亟待重整。考古學者在烽火中既無力，又成為歷史記憶的保存者及延續者。文物有沒有國界？屬於誰的財產？誰是文化上的「外來者」？喀布爾國家博物館做為阿富汗國家歷史的總結與呈現、國民認同的情感與精神之所繫，其波折的命運恰好訴說了這個國家與人民乖舛的經歷，以及從黑暗中綻放的花朵和重建之路，如同喀布爾博物館外的標語 "A NATION STAYS ALIVE WHEN ITS CULTURE STAYS ALIVE" [5]。博物館和文物自身又未嘗不是被利用來重新尋回國家認同的工具，也將現世的紛爭苦難寄託至往日的榮耀。

註 5.
請參考 https://www.britishcouncil.org/organisation/policy-insight-research/insight/arts-culture/a-nation-stays-alive, Oct. 10, 2018.

說鼎：一個跨越時空的文化符碼

許雅惠　國立臺灣大學歷史學系副教授

鼎，可說是一般人最熟悉的古代文物。

毛公鼎，臺北國立故宮博物院的鎮院之寶，上面近五百字的銘文，至今仍為世界第一（圖1）。銘文內容記載西周晚期周王將家國大事託付給毛公，期許他克盡職責，為王室效忠。銅器本身的製作平平，有些地方還顯得有些粗糙，但字體渾厚古雅，佈排井然，是距今約二千八百年前的一篇金文鉅作。

除了博物館中的文物，現代社會也經常運用鼎的意象。由官方主辦的「金鼎獎」借用鼎的權威象徵，經過金鼎獎認證的圖書，必是好書。近年大行其道的文創產業，也看得到鼎，如故宮晶華盛裝牛肉麵的白瓷碗，從鼎的烹肉功能發想，結合臺灣美食，成為一種文創商品。

從鼎而來的成語也不少，問鼎中原、一言九鼎、三足鼎立，都是大家耳熟能詳的。從古自今，從官方到民間，都能從鼎汲取靈感，發想創造。鼎為何能如此深入人心？鼎的面貌何以如此多元？且讓我們一探鼎的前半生，看鼎在上古文化發源期中，是如何奠立基礎，而後能成為一個跨越時空的文化符碼。

圖 1.
西周晚期，毛公鼎，通高 53.8
公分。（國立故宮博物院）

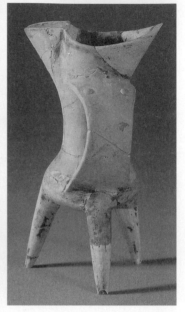

左‧圖 2.
最早的青銅鼎，西元前十八至
十七世紀，河南偃師二里頭遺
址出土，通高 20 公分。圖片
來源：編輯委員會，《中國青
銅器全集》（北京：文物出版
社，1993- ），冊 1，圖 1。

右‧圖 3, 4.
最早的銅爵（上）明顯是模仿
自陶爵（下），西元前十八至
十七世紀，河南偃師二里頭遺
址出土，銅爵高 12 公分。圖
片來源：銅爵出自編輯委員
會，《中國青銅器全集》（北
京：文物出版社，1993- ），
冊 1，圖 3。陶爵出自中國社
會科學院考古研究所編，《二
里頭陶器集萃》（北京：科學
出版社，1995），頁 43。

考古所見之鼎

目前所知最早的青銅鼎出土自河南偃師，二里頭文化後期所製作，年代
約西元前十八至十七世紀（圖 2）。青銅鼎的前身是新石器時代晚期的
陶鼎，從陶鼎到銅鼎，材質的不同意味著科技技術的突破。舊石器時代
的人類開始用火，新石器時代晚期的人們逐漸掌握窯爐、鼓風的技術，
能以六百度以上的高溫，將土燒結成陶，成為飲食的器皿。進入青銅時
代，在製陶的基礎之上，進一步從礦石中提煉出銅、錫金屬，熔鑄成青
銅合金。

世界各古文明從石器時代進入青銅時代的時間不一，東亞的黃河流域大
約在西元前十七世紀跨入青銅時代，被視為西方文明源頭的兩河流域，
則在西元前 2000 多年便已邁入青銅時代。青銅這種當時的「高科技」，
在各地普遍被用來製作戰爭中的兵器與盔甲，是一種戰略資源。此外，
青銅在西亞還用以鑄造神（人）像，在黃河流域則不見神（人）像，而
是用來製造飲食容器。這些耗費大量人力、物力的高科技器皿，自然不

圖 5.
銅爵，西元前十八至十七世紀，河南偃師二里頭遺址出土，通高 22.5 公分。圖片來源：編輯委員會，《中國青銅器全集》（北京：文物出版社，1993-），冊 1，圖 7。

是一般人日常使用，而是專屬於貴族的祭祀禮器，用以溝通神、人，同時彰顯擁有者的身分地位。

二里頭文化所製造的青銅容器，除了烹煮的銅鼎，還有爵、斝、盉等飲酒、溫酒或盛酒的器皿。在此青銅器的萌芽階段，表面裝飾均十分簡單。銅器的造型雖承襲自陶器，但金屬具有延展性，而且不易斷裂，因此工匠能夠作出更加自由、更富於變化的造型。以二里頭的爵為例，最早的銅爵明顯是模仿自陶爵（圖 3、4），不過工匠很快便熟悉青銅的物理特性，能夠製作出修長、富有曲線的銅爵（圖 5），線條如此修長的爵在陶器是難以達到的。

二里頭文化是否就是史書記載的夏朝，學者有不同的意見，短時間大概也無法解決這個爭議，不過二里頭文化與商文明的延續是沒有問題的。商代繼承二里頭青銅禮器的發展，繼續擴展禮容器的類型，特別是酒器。至商晚期（西元前十四至十一世紀），貴族禮儀中使用的酒器包括：盛酒器（尊、罍、瓿、卣）、溫酒器（斝）、調酒器（盉）、飲酒器（觚、爵）。其中觚與爵的數量與組合，更用來區分貴族身分階級之高低，十

圖 6.
牛鼎、鹿鼎出土情形，河南
安陽西北岡 1004 號大墓出
土，二件大鼎現藏於中央
研究院歷史語言研究所。
（圖片來源：考古資料數位
典藏資料庫，影像編號：
SHPKFHPKM1004BBWA_17）

觚十爵代表最高等級的貴族，商王武丁的王后婦好便擁有數套十觚十爵
的組合。[1]

商代開始出現體積巨大的銅鼎，高級貴族墓中經常會有一個烹煮大型犧
牲的大鼎，再搭配數量不等的小鼎。河南安陽殷墟商代國王陵墓雖然早
已被盜一空，但陵區仍出土豐富文物。其中一座陵墓的墓道上，便出土
裝飾牛頭與鹿頭的方鼎各一，器內搭配有象形銘文「牛」與「鹿」，描
繪的可能就是烹煮其中的動物犧牲（圖 6）。「牛鼎」與「鹿鼎」的體積
均不小，高度分別為 73.3、60.9 公分，重量則有 110、60.4 公斤，均屬高
等級的大型禮器。

截至目前為止最大、最重的鼎是「后母戊方鼎」，高 133 公分，重達
875 公斤。這件鼎也出土自河南安陽殷墟，擁有者是商王武丁的王后。
這件巨鼎有個傳奇的故事，民國 28 年發現時，正值中日戰爭期間，為
了避免大鼎落入日本人之手，主事者原先想把這件巨鼎大卸八塊，運到
安全之處。才把鼎耳切割下來，便發現這個工作比想像中困難，於是決
定就地掩埋。至民國 34 年戰爭結束，才又掘出，收歸安陽縣政府。民
國 35 年 10 月，正值蔣中正六十誕辰，駐軍於是用專車將大鼎運到南京，
獻給蔣作為賀禮，蔣撥交給中央博物院（今國立故宮博物院）。民國 37
年夏天，該鼎在南京首度公開展示，蔣還親臨參觀。[2] 國共內戰時，「后
母戊方鼎」原來已經運到南京的下關碼頭，準備隨軍艦運到臺灣，可是
碼頭的起重設備不足，只好將它留在南京。後來「后母戊方鼎」被運到
北京，成為中國歷史博物館（今中國國家博物館）的永久典藏。

註 1.
黃銘崇，〈從考古現象看西周
墓葬的「分器」現象與西周時
代禮器制度的類型與階段〉
上、下，《中央研究院歷史語
言研究所集刊》，第 83 本第
4 分（2012），頁 607-670；第
84 本第 1 分（2013），頁 1-82。

註 2.
譚旦冏，〈司母戊大鼎收藏經
過及其特徵〉，《故宮文物月
刊》，第 4 卷第 7 期（1986 年
10 月），頁 30-40。

商代的鼎以巨大的體量展現擁有者的身分，西周的鼎則是以數量來規範貴族的身分等級。周王的陵墓至今尚未發現，不過從周原貴族的傳家寶與各地諸侯的墓地可知，西周建立伊始，酒器便開始衰微（可參考第二冊〈酒池肉林的紂王形象是如何出現〉一文），至西周晚期鼎、簋為主的食器組合正式成為身分的象徵。鼎用以烹肉，簋則盛裝穀類。一般認為，天子九鼎配八簋，諸侯七鼎六簋，卿大夫五鼎四簋，士三鼎二簋。[3]不過先秦禮書的記載不一，實際的使用也沒有這般嚴明規整，各諸侯國之間有出入，隨著時間也有變化，如：山西曲沃西周晚期晉侯墓有七鼎六簋、五鼎六簋、也有五鼎四簋。這些鼎多半樣式相同，大小相序，稱為「列鼎」。

春秋晚期大鼎復活，再次出現於高級的貴族墓葬中。山西太原發現的趙卿墓，墓主是當時晉國的實際掌權者，墓中陪葬七鼎六簋，以及一個大鼎，高 93 公分，重 220 公斤。這種特大的鼎便是史書記載的「鑊鼎」，用來烹煮大型犧牲。湖北隨縣的曾侯乙墓，墓主是曾國國君，以九鼎八簋的規格陪葬，墓中也出土一對大鼎，高 64.6 公分，重 54.8 公斤，內部各有半架牛骨（圖 7）。趙卿墓或曾侯乙墓的陪葬規格，或許有人視之為僭越：趙卿以卿用諸侯之數，而曾侯乙則以諸侯用天子之禮。

所謂的僭越，不妨從技術與資源普及的角度重新思考。作為高科技的青銅資源與技術，是青銅時代的戰略資源與彰顯身分的威望財，銅礦與技術工人必是爭奪的對象。武王克商，接收商人作坊與工匠，想必也掌握銅、錫礦的來源。至於西周各地的諸侯，至遲在春秋早期也已掌握礦源與技術，能夠自行鑄造銅器，使得青銅禮器在風格與技術上，開始出現明顯的地域差異。當中最值得一提的是晉國，它在山西侯馬擁有一片鑄銅作坊，至春秋晚期成為北方重要的鑄造中心；南方的曾、楚等國必定

註 3.
俞偉超、高明，〈周代用鼎制度研究〉（上）、（中）、（下），《北京大學學報》（哲學社會科學版），1978 年 1 期，頁 84-98；1978 年 2 期，頁 84-97；1979 年 1 期，頁 83-96。

圖 7.
曾侯乙墓鼎、簋出土情況，西元前四世紀前半，湖北隨縣山土。圖片來源：湖北省博物館編，《曾侯乙墓》（下）（北京：文物出版社，1989），圖版 23.2。

也有大規模作坊，供應楚系國家的兵器與禮器。各國自行鑄造青銅器的結果，除了充實兵器，增強國力，也使青銅禮器變得更為普及，稀釋其尊貴性。

就在青銅禮器光環逐漸消失，周天子地位備受挑戰的春秋晚期，鼎的神話開始發展。

神話傳說中的九鼎

我們熟悉的「問鼎中原」成語，來自春秋晚期《左傳》的一則記載。春秋中、晚期，楚國逐漸壯大，在一場軍事勝利之後，志得意滿的楚莊王派人向周天子問鼎的大小輕重。周王的使者王孫滿答以：「在德不在鼎」，接著又說：「周德雖衰，天命未改，鼎之輕重，未可問也。」意思是說周的國運雖然衰落，但周天子是上天所命，天命沒改，鼎的輕重豈是他人可以隨便問的。楚莊王所問的究竟是什麼鼎？為什麼要問鼎的大小輕重？

原來傳說中鼎最初的原型，是夏禹所鑄。傳說禹治洪水，定天下之後，九州貢金（銅），禹於是鑄了九個鼎，作為天下的象徵。後來夏桀暴亂，鼎於是轉移到商，商紂暴虐，鼎又轉移到周。後來秦滅六國，九鼎竟然飛入泗水。秦始皇過彭城（今江蘇徐州）使人入水求鼎，就在鼎即將被撈起的剎那，空中出現一條龍將繩索咬斷，鼎再度沒入水中，再也無跡可尋（圖8）。

這顯然是一則政治寓言，批判秦不得天命，不過中國歷史上相信九鼎的

圖8.
秦始皇「泗水撈鼎」的故事在漢代可能相當流行，山東嘉祥的東漢武氏祠石壁上便浮雕著這個故事。圖片來源：編輯委員會，《中國美術全集》（上海：上海人民美術出版社，1988），冊18，圖9。

統治者還不少，王莽、武則天、宋徽宗，都曾經鑄造九鼎，宣示自身政權的合法性。王莽與武則天是篡位者，而宋徽宗則是在偶然的機會中繼承皇位，他們似乎都想證實自己的統治是天命所歸。

鼎的現代復興

辛亥革命，建立中華民國。在此以民為主的時代，竟還有人鑄了象徵天命的九鼎，打算獻給蔣中正，後來由於輿論反對才臨時取消獻鼎儀式。這個民國九鼎的背景是：1942 年 1 月 1 日二次世界大戰末期，26 國在華盛頓會議簽訂聯合國共同宣言，中國與美、蘇、英並列為四強。1943 年初，桎梏中國百年的不平等條約廢除，改訂平等新約。為慶祝這新的國際地位，重慶的國民黨人策畫鑄九鼎獻給蔣中正，而銘文的定稿人竟是顧頡剛（1893–1980）。[4] 二十年前，這位古史辨的先鋒曾說大禹是條蟲，強烈批判上古神話傳說，後來竟參與九鼎的復興。據說這九鼎後來交付給中央圖書館（今臺北的國家圖書館），今不知在何處。

註 4.
余英時，《未盡的才情——從《日記》看顧頡剛的內心世界》（臺北：聯經，2007），頁 60-61。

1949 年，中華人民共和國成立，走過文化大革命、改革開放，鼎的傳統政治象徵又再次復興。1995 年，為慶祝聯合國五十週年，中國贈送了一座「世紀寶鼎」以為紀念。這件鼎通高 260 公分，重 1.5 噸，設計顧問是已故的上海博物館館長馬承源，其原型是商代至西周早期的大鼎，底座上有五十六條小龍，象徵中國五十六個民族，各個都是龍的傳人。

圖 9.
「民族團結寶鼎」，2007 年慶祝內蒙古自治區成立 60 週年。圖片來源：編委會，《鼎盛中國》（鄭州：大象出版社，2013），頁 212。

民族团结宝鼎
胡锦涛
庆祝内蒙古自治区成立六十周年
中央人民政府 贈

1997 年香港回歸中國，北京在香港立了一個「香港寶鼎」，作為北京政權的象徵，1999 年澳門回歸時亦然。

2000 年之後，為慶祝各少數民族自治區成立 50 或 60 週年，中國政府除了實質的資源贈與之外，也致贈各自治區一座大型的「民族團結寶鼎」，立鼎的時間與地區先後包括：2001 年西藏、2005 年新疆、2007 年內蒙古、2008 年寧夏與廣西（圖 9）。鼎名「民族團結寶鼎」六字，是由當時的國家總書記所親筆書寫：2001 年為江澤民，2005-2008 年為胡錦濤。少數民族問題一直撥動著中國政權的敏感神經，「民族團結寶鼎」召喚夏禹之時九州貢金的四海昇平一統象徵（至少是名義上）。只是二十一世紀這一系列的「民族團結寶鼎」，均是由中央直接下達地方，各自治區沒有置喙餘地，無論在名義上、或實質上，「民族團結寶鼎」都成為自治區「被團結」的象徵。

餘論

大鼎經常受到統治者的青睞，而被賦予強烈的政治意涵。但有一種鼎，體積也不小，存在於日常生活的周遭，如此之普遍，讓人幾乎沒有察覺到它的存在，這便是香爐。在臺灣各地，無論佛寺或道觀，不管規模大

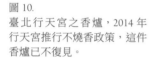
圖 10.
臺北行天宮之香爐，2014 年行天宮推行不燒香政策，這件香爐已不復見。

小，前庭必定立著一座插香的大銅爐，藉由線香的白煙裊裊，將信徒的祈求上達天聽。這些寺廟香爐的原型也是商周古鼎。

從上古烹肉的鼎變成燒香的香爐，這個巨大的轉折發生在宋代，從此定型，鼎形香爐一路在廟宇中默默地屹立。這些香爐多半放在室外，為了遮蔽風雨，上方經常加設鼎亭；由於定點不需移動，把手經常作成飛龍造形，都是因應新功能而調整的設計（圖10）。

近來政府倡導金紙、線香減量，有些廟宇甚至不再燒香，大香爐自然也被收入倉庫。廣受統治者青睞的九鼎傳說與政治象徵，可說歷久彌新；至於民間廟宇香爐，是否在二十一世紀，即將與線香一同結束它們溝通人、神的千年任務呢？

延伸閱讀：

杜正勝，〈與華無極：鼎的歷史與神話〉，《故宮文物月刊》，第8卷第2期（1990年5月），頁6-19。

Rawson, Jessica. "The Ancestry of Chinese Bronze Vessels." In Steven Lubar and W. David Kingery eds., *History from Things: Essays on Material Culture*, 51-73. Washington and London: The Smithsonian Institution, 1993.

Tseng, Lillian Lan-ying. "Monumentality and Transnationality: The Fascination with Gigantic Ding Bronze Vessels in Modern China." In Gabriele Genge and Angela Stercken eds., *Art History and Fetishism Abroad: Global Shiftings in Media and Methods*, 289-302. Universität Duisburg-Essen, 2014.

Hsu Ya-hwei. "Reception of Chinese Bronze Antiquities in Early Twentieth-Century Japan." *Journal of the History of Collections* 29, no. 3 (November 2017): 481-496.

商王武丁的「藍寶堅尼」

黃銘崇 中央研究院歷史語言研究所研究員

商王武丁的「藍寶堅尼」

為何我們用商王武丁的「藍寶堅尼」這個比喻為標題？其原因是現代有許多玩車者有收藏高級車的癖好，他們喜好收藏的品牌之一是「藍寶堅尼（Lamborghini）」。我們採用此一名稱並不是偏好這個品牌，而是泛指這類等級的車，並且認為三千二百多年前的商王武丁（武丁在位期間大約是西元前 1258-1200），也同樣是進口高級車的收藏者，生前收藏了許多馬車，比現在大多數收藏車輛的高手屬害的地方是，武丁還指導他手下超級青銅工匠開發車馬的構件（學術界一般稱為「車馬器」）。他的收藏死後被埋藏在一座地下「車庫」，以備在地底的他可以隨時玩賞駕馭，旁邊有三座「馬廄」，裡面殉埋馬匹，讓他可以悠遊於黃泉。

中央研究院歷史語言研究所早年在安陽殷墟西北崗發掘的這座車馬坑 HPKM1136-1137，它是 1400 號商王大墓中的陪葬坑，很可能就是一代商王 1400 墓主的個人馬車收藏品。M1400 的墓主根據溝口孝司與內田純子兩位教授的最新討論（Mizoguchi and Uchida, 2018），就是商王武丁，筆者同意此一說法。在一個馬車還十分稀少的時代，武丁擁有四十輛以上的馬車，可以說絕無僅有。事實上，到目前為止出土商代車馬總數約略超過一百，這座車坑就佔三成以上。其他商王的祭祀坑也發掘了不少，都沒有此種車坑。

而且這些馬車，比起後來發掘出土殷墟晚期的馬車，有幾個特徵：包括
年代較早、車馬器超級精美、且包含了許多獨一無二的構件，而且在一
個王的世代（武丁在位 59 年）中就可以看出車馬器的快速演化，其目
標是更有效地強化馬車的木質結構，並展現更強烈的視覺效果。所以，
除了少數的例外，其他商王朝貴族的馬車，雖然代表身分等級，但相較
之下，可以說是僅屬於代步車等級（圖1），但是這位商王的車則是屬於
收藏品等級。

馬車來自歐亞草原

古代東亞大陸長期處於全新世大暖期（ca. 6000-3000 BCE），溫暖濕潤的氣
候使得亞熱帶、溫帶森林大幅擴張，草原地帶極度縮減。此種環境不利
於馬的繁殖與生存，故馬在東亞的新石器時代到青銅時代早期之間的考
古遺址相當罕見。而且，東亞地區也沒有馬車演化的相關考古遺跡，但
是相對地，西亞與中亞草原畜牧與農耕文明則有較清楚的馬車演化的痕
跡（比方輪子從輇到輪的演變，與從牛車、驢車到馬車的進化，圖2）。
因此，現在多數學者都同意，商代的馬車是從歐亞草原傳入的，它傳入
的時間大約是西元前 1400-1300 之間（見夏含夷論文）。不僅商馬車的
型態與草原馬車型態完全相同，連駕駛馬車的駕車者使用的器物，例如
獸首、鈴首或環首刀、劍、管銎鉞、車軎、車錐，修車的錛、鑿等，我
們把車器、馬器、駕車者的配備總稱為「車馬器物叢」，也都完全屬於
草原類型，或基於草原類型的變異。

西元前 3000 年以後，由於環境變得乾燥，加上西元前 2000 年以後平均
氣溫又逐漸下降，東亞地區的草原慢慢地浮現，使得草原畜牧文化成為
可能。另一方面在西部歐亞草原已經發展成熟的畜牧技術與文化，因為
畜牧者開發新牧地而向東方前進，與他們接觸的東亞北部的一部分狩獵

圖 2.
美索布達米亞蘇美烏爾早期第三王朝（ED III, ca. 2500 BCE）王墓中發掘出土的一件 "standard"（現藏大英博物館），其中一描繪戰爭場面，蘇美烏爾王朝的軍隊使用驢子拉的戰車（上）。注意這些戰車是四輪的，而且它們的輪子是「輇」（下），是用木板拼接鋸成圓形而成，這是車輪發展中的早期階段，一般的輪是指有「輻」的，相關名詞的標示見圖 3。

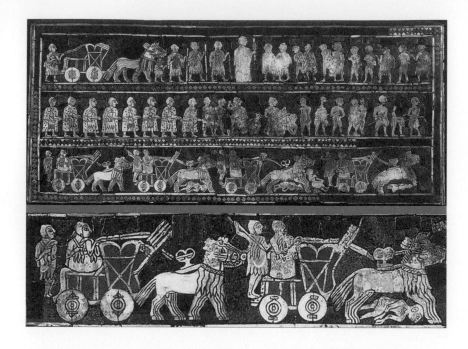

採集者與農耕者，順應著環境的變化，也逐漸地學習而改採畜牧文化，成為畜牧民或畜牧與狩獵採集搭配的生計型態，最終發展成遊牧者（見王明珂論文）。大約在西元前 1500 年以後，東亞北方草原畜牧民的文化大幅提升，開始與農業的商文明有頻繁的接觸。商文明與北方草原畜牧民在和平時有很多貿易，商王朝進口大量的牛、馬、羊，以及馬車等，而畜牧者則取亟需的穀類作物，以及青銅器（作為身分象徵或將器物銷熔以後作為製作草原系銅器的材料）。在關係緊張時則有戰爭，有很多北方的畜牧者被俘虜，在安陽殷墟為奴隸，不幸時，會被推上西北崗，成為人牲。也有不少的商式器物，落入北方貴族手中（見黃銘崇，2015）。馬車就是在此種時而和平時而戰爭的複雜接觸過程中傳入商文明。

從草原車器到仿草原車器

在東部歐亞草原的南側山脈（如大青山、陰山等）的大岩石上有很多岩畫，有不少馬車相關的內容，不過年代難以判斷。幸運地，在山西北部呂梁山地區的保德林遮峪出土的一座草原畜牧者貴族墓葬中，其年代約當商王朝遷都安陽殷墟的前後。它出土的青銅器，內含典型的北方系青銅器，以及缺乏禮制系統性的商式青銅器，後者的年代不一，風格不一，顯示商式銅器為與商人接觸或貿易或劫掠所得，而非訂製，墓主為草原貴族。

這座墓葬中屬於北方系青銅器者有一套車馬器，其車軛首飾（圖 5，左）、衡末飾、車軜、車錐，以及駕車者的曲柄短劍，都飾以球鈴，衡末飾更是前端分兩岔，共有四個球鈴，行動時發出「鑿！鑿！」聲音，

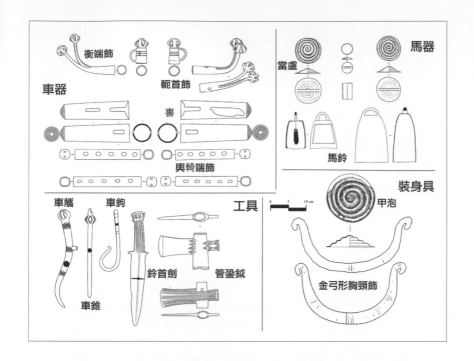

圖 3.
山西保德林遮峪出土的馬器、車器與墓主身上的裝飾品（裝身具）。車觿飾駕車者攜帶以解開皮繩結的工具。車錐飾用來固定皮繩的工具（比方把韁繩固定在椿上之類）。車鉤到目前為止僅出土這件，應該是固定在輢或其他位置上，用來掛韁繩。

這也是典型北方草原的裝飾風格與聲音文化的一部分。此組車器還有四件輿欄飾，以及兩件軎飾。還有駕車用的車觿與車錐，還有兩件長鋬鉞與一件鈴首劍。馬器包括兩匹馬的馬鈴與當盧等，以及人的裝身具，包括甲泡與胸頸部的半月形金飾。這些器物就是一個高級草原畜牧者貴族車駕的基本配備（圖3）。

截至目前為止，此種北方系馬車的發現僅此一例，主要原因是北方系文化遺址與墓葬的分佈地區，都是目前的偏遠地區，交通不便，且分布地域太過廣袤，考古工作困難。同時其分佈地點與目前民居較多的地點不太重疊，所以農耕或工業開發導致的意外發現也少。到目前為止，有學者就已出土的材料進行整理（韓炳華等，2017），但缺乏有系統的主動發掘工作。得到保德林遮峪的材料，已屬幸運。

寫到這裡，大家一定被這些車器的名稱搞得一頭霧水，我們先用史語所復原的一組馬車的圖像來解釋學術界對於車的各個部位以及車器的命名（圖3）。商代的雙輪馬車是由木頭構成「輿」，也就是車廂。托在輿底部，往前延伸的是「輈」。同樣托著輿，但與輈垂直的是「軸」。軸頂與輿的軫之間有一個高差，需要一個木頭的墊片，稱為「伏兔」（圖上未標）。軸的外端有兩「輪」，輪由外邊一圈的「牙」、一支支通往中心的「輻」，以及中心承受輻，並且中空以入軸的「轂」所構成。軸的兩端套輪，輪的轂與軸之間可能抹上油脂，使馬在拖拉時容易轉動。輈的前側有「衡」，衡上以輈為中心，左右各有一人字形的「軛」，軛架在馬背頸交接之處，以拉動馬車。輿底下有一圈木結構稱為「軫」，軫上鑽孔立木柱稱「軨」，軨上面有一圈欄杆稱謂「輢」。輢有一個開口，

圖 4.
雙輪馬車的各部分名稱，以及
車器名稱。

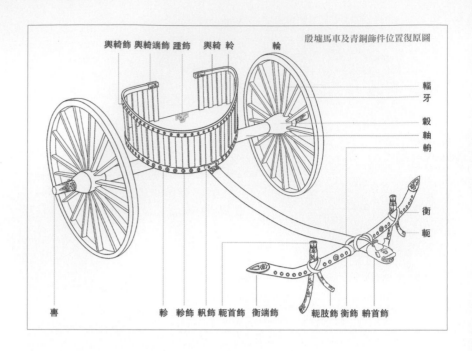

通常在車的後面，但也有少數車門開在前端的（比方 HPKM 1403 者即是）。
比較早期的輿，常是「畚箕」形，但是要把木頭「揉」成畚箕形比較費工，
又可能不對稱，所以晚商晚期的車輿變成長方形。以上車的名稱，是傳
世文獻中記載的（圖 4，見李永迪，2009）。

衡的兩端常有青銅裝飾，稱為「衡端飾」，有不同造型。衡上會飾以銅
泡，稱為「衡飾」。軛的頂端會有青銅件扣住稱為「軛首飾」，軛本身
是木頭的，但有時候外面會包以青銅，稱為「軛肢飾」，有時候不包青
銅，但尾端以青銅件扣住稱為「軛端飾」（圖 4 上沒有）。輈的最前端，
有時候會有一個青銅獸頭裝飾，稱為「輈首飾」。輈與輿相接的地方，
前側會有一個青銅的連結件，稱為「軓飾」，後側也有，稱為「踵飾」。
輿的軫上有裝飾，稱為「軫飾」。轎上也有裝飾，稱為「輿轎飾」。轎
的出口有金屬套件，可防止轎與軫脫開，稱為輿轎端飾。軸的外端伸出
輪以外，會有青銅套件套住，稱為「軎」。以上的名稱，部位多是傳世
文獻記載的，但車器大體上是由史語所的第一代學者命名的。

相對於保德林遮峪的發現，歷史語言研究所 1930 年代在殷墟西北崗也發
掘到一座十分特別的祭祀坑 M1403，這座祭祀坑是 M1400 的祭祀坑或陪
葬坑，在大墓東邊不遠。它是一個南北向長方形的大坑，大坑底部還有
一個長方形的小坑，小坑內有三具俯身的人骨架，商代俯身葬者多為殉
葬者。大坑內有一套大部拆解的馬車是完整的，另外一套只有一件軎，
應當是意外被擲入。推測埋在此一祭祀坑的陪葬的是一套馬車以及隨車
的「外籍司機（俘虜而成為奴隸者，但具有駕車的專業能力）」。這套
完整的車器包含了軛首飾、衡端飾、軎、輿轎端飾、踵飾，以及若干軫
飾與轎飾，大致形成兩道畚箕形，所以原本這些車飾是固定在木質的輿、

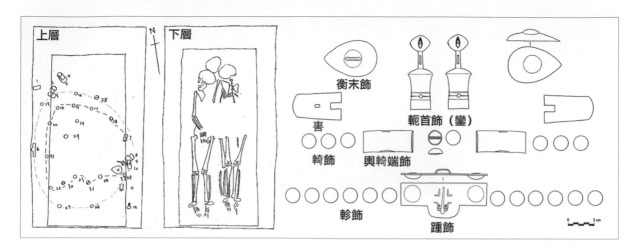

衡（對折）、軸（對折）上被埋入（圖5）。

這套車器特殊之處有數端，首先，所有車器均素面無紋飾，僅有軛首飾有兩道弦紋。其次，軛首飾上有一短柱，柱上有球鈴（圖7）。此種帶有球鈴的商王朝的軛首飾出土者目前僅此一對，安陽市博物館過去曾經採集到一件球鈴軛首飾，但軛首部分有紋飾（圖8），與史語所發掘的小屯 M20 的軛首飾紋飾相同，其年代相當，當晚於本組車器，在車馬器中的時代較早。意味著 M1403 這組車器的年代又比小屯 M20 車器年代要略早，是目前所知安陽最早的車之一。

衡的兩端有「雞心形」的衡末飾，衡末飾的看面有一圓泡凸起，當是呼應衡卜的青銅圓泡裝飾。背面則是一個直方向的半環，可以將衡末飾綁在木衡上。這輛車輿的開口在其前方，兩側有套管式的輿輢端飾，青銅飾件還順著車輿的形狀略呈彎曲形。輿輢有圓泡裝飾，輿的軫部也飾以

圖 5.
安陽西北崗 M1403 的墓平面圖，上、下兩層（左），以及上層的一套完整的車器。虛線是作者標示軫飾與輢飾的兩環，另外軸與衡均對折放入，所以兩害與兩衡端飾均在一起。

7.　8.　6.

圖 6-8.
保德林遮峪出土（圖6）、西北崗 M1403 出土（圖7）、安陽市博物館藏（圖8）的鈴首軛首飾。顯示從草原到殷墟的轉變。

圖 9.
西北崗 M1403 出土的踵飾，
上有族徽「雀」

相同的圓泡。軝的尾部與輈交接處有 T 字形的踵飾（圖 9），兩側個有一圓形凸起，呼應軝部的圓泡裝飾。還有套軸兩端的書，也是素面無紋飾。踵飾的中央有銘文一字：「雀」（圖 5），這是一個商貴族族氏的族徽，說明這輛車原屬族氏。這座車馬坑可能是武丁時代的強大族氏在商王死後獻祭的陪葬品，族氏的首領，當然也熟知武丁嗜車的癖好。

比較這套車器與保德林遮峪出土的車器，本套車器更複雜，應當是仿草原車器並加以改良的產品。由於殷墟的工匠鑄造青銅器的技術已經爐火純青，所以雖是仿造，但是已經開始針對馬車的木造結構弱點進行改善。M1403 的鈴首軝飾將鈴以短柱撐高，不僅有聲音，也有較好的視覺效果。最重要的改變是在車輿末與輈尾相接之處，設計了一塊圓腳的「T 字型版」，以強化車尾木構件相接之處，這種設計變成商式車馬器的重要特徵。

前述族氏，根據甲骨文武丁時代「賓組卜辭」的紀錄，可能駐地在商的西北邊境。傳世另外有兩件件鳥形鑾鈴，現藏舊金山亞洲藝術博物館。上端的鈴做成鳥形，鳥的腹腔中空有鏤孔，內含銅丸，可以發聲。下半部同樣為軝首與短柱，軝首有弦紋。鳥身上的鏤孔部分實為銘文的筆畫，這兩件的銘文也是「雀」（圖 10 左）。北京故宮博物院典藏一件《雀》（《全集》11867，圖 10 右），弓形器的兩端有球鈴，也常被認為是源自草原。

圖 10.
舊金山亞洲藝術博物館典藏的
兩件鳥形鑾鈴殘件（左），同
樣是以短柱撐起鈴，但是鈴做
成鳥形，她們的背上有孔，以
及鑄的筆畫，構成「雀」字。
此種鳥形鑾鈴傳世者有十餘
件，尚未見到出土品。

右邊是北京故宮博物院藏的一
件弓形器，同樣是銘文「雀」，
弓形器也常被認為是來自北方
草原的器物。

B.60.B.846

B.60.B.851

11867
雀
弓
形
器

商貴族族氏因為地處西北邊境，與北方草原畜牧者接觸頻繁，可能是商王朝最早引入並使用車的族氏。他們的車器型態上與北方系車器相似度高，但是青銅構件都是殷墟製造的，品質更佳。另外在山西浮山橋北遺址也有一條墓道的大墓，在墓道上出土一輛馬車，其型態與小屯 M40 相同，橋北遺址在臨汾盆地偏北，也很接近商文明與北方草原世界的邊界上。根據出土與被盜掘的青銅器銘文，橋北遺址駐札的是族氏「先」，傳世也有一件《先弓形器》（《全集》11866），同樣顯示先與草原族群的接觸頻繁。

西北崗 M1403 的車器的造型與銘文提供了一個從草原馬車到商式馬車的過程：車的木結構基本相同，很可能是北方草原直接「進口」的，搭配商王朝工匠製作的青銅構件。由於商王朝的鑄銅工匠技術高超，很快地提出了青銅構件的各種改進方案，M1403 的車器年代很早，改進還很有限，與保德林遮峪出土者比對，讓我們可以看到從草原到商文明的改變軌跡。

珍貴的商代馬車

安陽殷墟到目前為止出土的馬車超過百輛，似乎不少，不過對於一個延續時間長達 250 年以上，且規模達 3600 萬平方米的超大青銅時代遺址而言，僅出土一百多輛馬車，算是非常之少。同時代其他商遺址出土的馬車也很少，山西浮山橋北出土時代較早的馬車，山東青州蘇埠屯與滕州前掌大兩墓地則出土商代最晚期的馬車，其數量也都少。相對地，西周時期一個諸侯國的一個車馬坑，可能就有商代馬車加總的數量。這是一個逐步發展的過程，到了春秋、戰國時代遂出現千乘、萬乘之國，大量的戰車在戰場上一字排開互相衝殺。

商代的馬車從出土的脈絡看來，通常都是在大墓的前、後方有車馬坑，大多數車馬坑只有一輛車，顯示在商代馬車是屬於身分較高的貴族所有，其使用並不普遍。目前，研究商代的學者大多同意，商代的馬車只用來作為戰場上指揮官的坐車，是一種身分地位的表徵，並未用來在戰場上當作衝鋒陷陣的戰車。此點與歐亞草原貴族的使用是相同的。歐亞草原的貴族使用馬車以象徵身分地位先於騎馬。在此一階段已有畜牧，但尚未進入遊牧階段，畜牧者也並未完全習於騎馬，貴族是以馬車為身分的象徵。看來，商文化也學到此點。

馬車數量之所以稀少，主要原因是高級貴族把馬車當作身分的象徵，使得馬車無法普及。推測另一個原因則是商的工匠，可能尚未充分掌握馬車的木構件的製造，最主要可能是「揉輪」的技術，就是把直木彎曲，加上榫卯然後拼接成一個圓形，加上輻以及軸而成輪。我們推測，安陽

的馬車的木構部分，很可能或是由草原輸入，或是俘虜草原的工匠來所造。相較之下，製作青銅構件，就是商王朝工匠的能事了。另外在西北崗 M1403 中下層小坑有三位被殉葬者，我們認為商王朝原則上不以自己人殉葬（不論是貴族或眾人），以免損及國力。這幾位俯身的殉葬者，我們推測，也是草原畜牧者，也就是說，在馬車剛輸入的當兒，不只車是舶來品，連司機都是外來的。

商王的車庫與馬廄

殷墟出土的馬車當中，中研院史語所早年發掘者約佔一半，其中絕大多數都是從侯家莊西北崗的一座祭祀坑出土的，M1136+1137 是商王大墓 M1400 的陪葬坑（圖11），位在 M1400 以北略偏西不遠處。它與一般祭祀坑不同是其形狀為東西向的長方形，面積較大，一開始時是被當作兩個祭祀坑發掘，由石璋如與夏鼐分別主持，後來才發現中間是相貫通的，所以一直保留兩個編號，其實是一座車坑。它的東邊有 M1162，南一排的 M1220 以及其東邊的 M1221 也是差不多同樣大小的三個祭祀坑，都有多具馬骨，當然是搭配這些馬車的馬匹（局部平面圖）。我們推測這幾座祭祀坑是長眠於 M1400 的商王生前的一座車庫與三座馬廄，死後陪著他進入地下世界。

M1136+1137 坑內出土大量馬車的青銅構件，這些車的構件，是套或以皮繩綁在車的木結構上或交接部位。由於每一套構件在形制與紋飾上有個別特徵，而且擲入 1136+1137 的馬車僅是大部拆解，有些車輿，整個放入，還可以藉由裝飾配件看出原有形狀（圖12）。車軸的兩端書飾俱全，成一直線，可推測軸長。另外，套在馬頭上的馬羈飾並未隨葬在馬坑，而是跟著車坑，這可能與馬羈一般被保存在車庫有關。藉著上述不同部

圖 11.
安陽西北崗商王陵墓區的東區。其中心標示淺藍綠色者為四條墓道的 M1400，這是武丁的墓。東邊不遠標示紅色者為 M1403 祭祀坑。北邊偏西有四座東西向長方形祭祀坑分別是車坑 M1136+1137，以及馬坑 M1162、M1120、M1121。

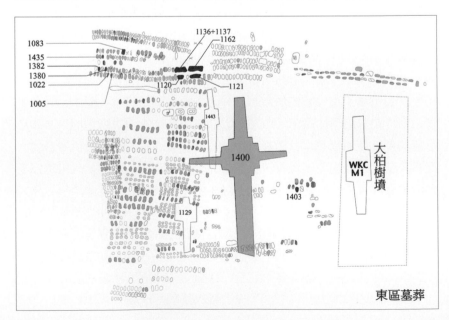

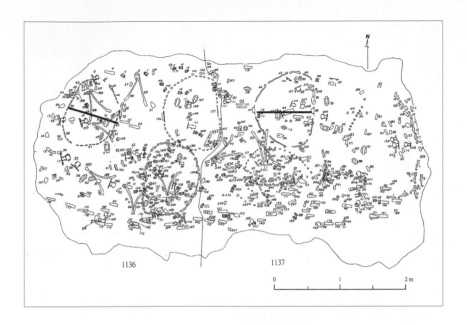

位的套數，此可以推測此一車馬坑車之最大數大約是 40 左右，換言之，
這座車坑內含 40 部馬車。應該都是武丁生前收集的。

這麼大批的馬車在一個車坑之中，在商代是絕無僅有。包括其他的商王
也沒有這樣的陪葬坑。這或許與商王武丁生前曾經營與北方草原族群間
的關係，有機會獲得不少馬車有關。當然也與他本人對這種新奇的東西
之好奇有關，而且他不是一個消極的贊助者，他可能還要求他技術高超
的青銅工匠，快速的在功能上與視覺上進行改善。

M1136 +1137 中的車馬器

從石璋如與夏鼐開始發掘 1136 +1137 的第一天起，就發現這些器物有成
組成套的現象，開始把屬於同一套的東西拼在一起，有一些是依賴遺物
在坑中的位置，因為東西是大部拆解放入的，比方車輿、衡帶軛、軸等，
都是連木結構帶車器放入，這部分比較容易觀察。有些則必須依賴紋飾
與其他的線索。以下我們選擇了四組車器來觀察它們的變化。

首先，我們選擇了一組「虎紋車」，這組車器相對容易重新組合，因為
除了所有的元素，從軑首飾、衡端飾、衡飾、軛首飾、軛肢飾、軓飾、
踵飾、輿軓端飾，除了軛首飾以外，紋飾不論是正面或側面甚至立體的
都具有「雙捲耳」饕餮，也就是虎紋饕餮，而且更重要的是它們全都鑲
嵌綠松石，因此很容易就找到所有相關的車器。這些鑲嵌綠松石虎紋器
目前的狀況，並不易看出它們的紋飾，但是透過 X 光照片，可以更清楚
地看出它們的耳形都是相同的。這組器物在 1136-1137 中時代較早，軓
飾與踵飾的構造比較簡單，兩者都需要以皮繩綑綁在軫上，它們的作用
主要是裝飾，真正結構上的作用有限（圖 13）。

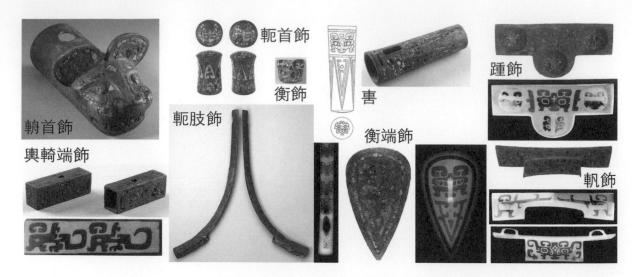

轙首飾

軶首飾

衡飾

輈肢飾

書

衡端飾

踵飾

軜飾

輿輢端飾

圖 13.
M1136 +1137 出土的一套車
器。此組以鑲嵌綠松石為主要
特色，所有的饕餮紋都是雙卷
耳，應當是一種「虎紋」。

我們所選擇的第二組，也是相對地容易辨識，可以稱為「龍車」。此組
的軜飾與踵飾的結構與前一部車相同，但紋飾較簡單，為主紋浮起的紋
飾，雖然軜飾與踵飾的主紋不同，但是因為它們與夔龍紋形的軫飾與輈
飾，以及飾以夔紋的輿輢端飾，形成了兩道畚箕形的排列，因此，可以
確定它們是同一組的車器，其實軜飾的正面，也同樣裝飾著夔紋。輈飾
與軫飾上整條都裝飾的夔紋形的裝飾，相當隆重。書的紋飾有兩段，接
近外側是蕉葉紋，插銷孔周的一圈，同樣是夔紋。此組車器在 1136-1137
中年代應該也是較早的（圖 14）。

第三組與前兩組就有截然的差異，它們的時代較晚也顯而易見。這組器
物僅有軜飾與踵飾，軜飾套在軫上的部位仍然保持著弧度，說明這部車
仍然具有畚箕形的輿。兩者最明顯的紋飾都是長鼻的動物（象），故這
輛車可稱為「象車」。軫的前段的上面飾圓弧面，軜飾也相應做出圓弧
面，上有兩方形孔，是用來插入軫的，一方面也可以阻止軜在左右方向
地滑動，強化軫與軜的交接部位。更重要的是踵飾，這組踵飾分為兩

圖 14.
M1136 +1137 出土的一套車器
的一部分。此組紋飾以「夔
紋」為主，所謂夔紋是側視的
龍。這部車可以稱為「龍車」。

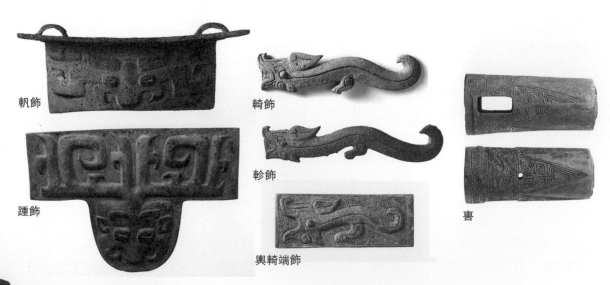

軜飾

輈飾

軫飾

踵飾

書

輿輢端飾

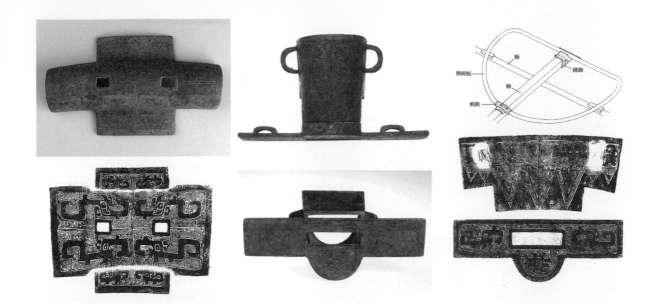

圖 15.
M1136+1137 出土的一套車器的軏飾與踵飾。此組注重結構的安全性。

段，一段是原來的 T 形擋板，但有一個半圓形的短筒，而且擋板上有一個扁長方形的孔，軏的尾部可以削成長方形，穿入此孔。短筒與此組的另外一半相接，這半邊是一個略呈半圓形的筒，直接可以套在軏尾部，其兩側有半環，可以用皮繩拉在擋板的半環上。如此，則可以解決軏一但受到拉力，有可能與輿脫離的窘境，以青銅構件改善木結構上的缺陷。這組車器，視覺效果變得沒有那麼重要，但是結構作用確很明顯（圖 15）。

第四組車器是在第三組車器之上，更進一步地強化了青銅車器的結構作用。它的軏飾做成了略呈半圓形的管，上面切開連結有弧度的半管以承軸，如此一來軸幾乎沒有左右滑動的可能。而其踵飾基本上好像把第三套踵飾的兩件焊接再一起，變成一個更穩定的結構。安裝的方式必須先把軸的尾部穿一個扁長方形的榫孔，而將軏的尾部削成扁長方形，可以為卯穿入軸與踵飾的擋板。先把軸安在踵飾上，然後把軏尾穿過踵飾的洞內，直入擋板的長方孔。擋板的兩側各有兩個扁長方形的孔，一方面仍可以綁住軸，另一方面，也可以連結踵飾管部兩側的半環，如此則車尾部結構完全沒有脫落的可能，前述軏飾上的承軸，其輿內側的部分比較高，在車的尾部安裝完成後，將車輿略往前拉，可以扣在軏飾的承軸上。軸與輿變成一體（圖 16）。這是到面前為止，殷墟的車器中最安全的一組。

從以上四組車器，我們看到武丁時代的馬車的輿基本上都是畚箕形，軏都是有曲度的，這是商代早期馬車的特徵。在車器方面，我們看到以青銅構件改造馬車的兩種不同的企圖心，一種是讓車子又酷又炫，所以第一組使用大量的綠松石，產生金色以外的藍綠效果。另一組整個軸與軏上，都裝飾著整排金黃閃亮的夔龍，搭配紅色的底色，讓車子神氣十足。

圖 16.
M1136+1137 出土的一套武丁時代較晚的車器。此組以結構超安全見長。

這兩組在 1136-1137 的車器中是比較早的。另一種企圖心是讓青銅構件產生強化結構的作用,主要力氣是用在軹飾與踵飾上。在 1136-1137 的車器中是比較晚的。也許這反應著武丁年輕時與年紀大時的不同心態,畢竟他的統治長達 59 年,晚年的考慮應當是「安全第一」。

尾聲

商王武丁在商代是一個很特別的君主,他對於草原的戰爭,參與的貴族引入了馬車,同時也引入了草原貴族把馬車作為身分的象徵。武丁本身顯然是一個馬車的收藏家,一生收藏了幾十輛的馬車,死後被放入墓附近的祭祀坑中。這種癖好,顯然並未「傳染」給其他的商王。所以 HPKM1136+1137 就成為一個獨特的現象。

商王朝的貴族把馬車作為身分的象徵,並未有系統地開發它們在軍事上的用途。我認為原因之一恐怕是他們的馬車主要是從北方草原進口,或俘虜草原畜牧者中的專家來造車。因為馬車少,商貴族一般而言對於駕車並不熟練,甚至有某種的畏懼感。

但是在西元前十二到十一世紀之間,商王朝的對頭之一周方在關中地區默默地壯大,他們處心積慮,經營實力。首先面對草原族群,在一系列戰鬥中取得勝利,並且收服許多草原族群,變成堅實盟友。有些草原貴族還接受周王朝的封賞(例如:陝西甘泉下寺溝墓葬)。除了有更多的人力挹注於反商陣營之外,我們認為草原族群的造車能力,可能也大幅

地強化了周方的戰力。武王伐商的關鍵戰役——牧野之戰，文獻記載周方使用了三百輛以上的戰車衝殺，有學者（夏含夷，2005）認為這是東亞地區首次使用這種戰術，以至於商王朝雖然有相當明顯的人數優勢，但面臨大量戰車的衝撞，加上指揮事權未專一，商王朝的前方士卒在驚心動魄的馬蹄聲下，軍心鬆動，部分軍隊轉向企圖逃逸，造成商王朝方面的軍隊互相踩踏。周方精銳的步兵——數千名的虎賁跟進，展開一場大屠殺，商王朝的軍隊大潰散，死傷不計其數，有後世學者紀錄「血流漂杵（血流成河，盾牌都漂浮在上）」，根據《逸周書·世俘解》的記載，清點戰場以後紀錄的死亡人數高達十七萬多人（屈萬里，1980）。商王帝辛勉強逃脫到南單之台，見大勢已去，自焚而死。帝辛與妲己的屍體被周軍拖出，使用「輕呂刀」施以厭勝巫術以後，斬首，並將首級懸在大白旗上。妲己也受到相同的待遇，頭顱被懸在小白旗上。

這場戰役，非常關鍵，首先由漢語系的周方擊敗漢語系的商王朝，開啟了「漢字」制霸東亞世界的大門。從此以往「漢字」與它所產生的思維模式宰制了東亞幾千年。其次，它揭開了中國史上「車戰時代」的序幕，接著在下一個階段大的封國或擁有千乘的戰車，到了春秋時代大國則擁有戰車萬乘，在戰場馳騁上衝殺。但是，在商代這種景象是無法想像的。

參考資料：

夏含夷（Edward Shaughnessy），〈中國馬車的起源及其歷史意義〉，《古史異觀》（上海：上海古籍出版社，2005），頁 99-130。

李永迪主編，《殷墟出土器物選粹》（臺北：中央研究院歷史語言研究所，2009）。

溝口孝司、內田純子，"The Anyang Xibeigang Shang royal tombs revisited: a social archaeological approach," *Antiquity* Vol. 92, No. 363 (2018): 709-723.

黃銘崇，〈畜牧者與農耕者之間：早期鄂爾多斯文化群與商文明〉，《周邊與中心：殷墟時期安陽及安陽以外地區的考古發現與研究》（臺北：中央研究院歷史語言研究所，2015），頁 23-98。

黃銘崇，〈商代的鑾及其相關問題〉，《古今論衡》17 (2007): 4-40。

王明珂，〈鄂爾多斯及鄰近地區專業化遊牧的起源〉，《中央研究院歷史語言研究所集刊》65.2 (1994): 375-434。

韓炳華，《晉西商代青銅器》（北京：科學出版社，2017）。

屈萬里，〈讀周書世俘篇〉《書傭論學集》（臺北：台灣開明書店，1980），頁 413-431。

商王洗澡，要洗熱水！
不洗熱水，洗不乾淨！

黃銘崇 中央研究院歷史語言研究所研究員

2018 年的 5 月剛結束就已經有很多天飆破攝氏 37 度，炎炎夏日提前報到，身上老是黏踢踢地，不禁想起多年前一個廣告詞：「夏天洗澡，要洗熱水！不洗熱水，洗不乾淨！」經過幾十年，雖然已經不記得廣告啥東西，但是這句話好像會在耳邊縈繞，炎炎夏日能夠洗個熱水澡的確很舒服。現在台灣家家都使用熱水器，想要用熱水洗澡，水龍頭開熱水即滾滾而來。但是如果我們把時間往前撥 3200-3300 年，處於黃河流域的商代晚期（ca. 1300-1050 BCE），夏天天氣熱不熱？當時的貴族究竟怎麼盥洗？如何洗澡？到底用不用熱水？

這雖然是個小問題，卻有一些材料可以討論。不過，傳世文獻記載派不太上用場，主要依賴考古材料。中央研究院歷史語言研究所的前輩 90 年前在安陽殷墟的發掘，加上中國社會科學院考古研究所接力發掘，給了我們一些線索。這些材料來自四、五個彼此有關聯的不同脈絡，以下分別說明。

商王臥室的風呂（浴室）

河南安陽一帶根據《史記‧項羽本紀》被稱為「殷墟」，在清末民初之際，經常出土甲骨，引起學者的注意，終於召來甫成立的中央研究院歷史語言研究所（簡稱史語所）學者進行大規模的科學發掘。1928 年到 1937

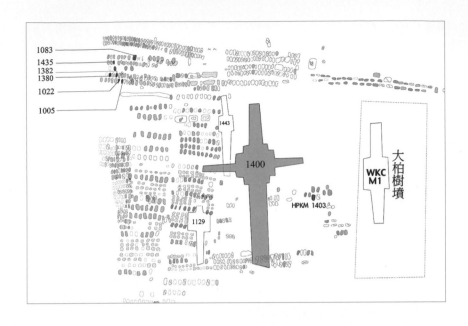

圖 1.
晚商王陵區東區 1400 號大墓
與其相關祭祀坑

年間史語所在殷墟進行 15 次發掘，主要包括兩大區塊，一是洹河以南的宮殿宗廟區，一是洹河以北的商王陵墓區（侯家莊的西北崗）。安陽殷墟西北崗晚商王陵寢區，上面有多座規模弘大的墓葬，不僅規模大，而且絕大多數墓坑都是「亞字形」的，有四條墓道，在規格上是屬於最高級的。

王陵區分成東西兩塊，東區有一座墓坑為亞字型的 1400 號大墓（位置見圖 1），無疑是座商王墓。它可能在武王克商，商方戰敗以後就被周軍發動人力盜掘了，當時因為墓上有祭祀建築「宗」，變成一種「盜墓指南」，所以，商王墓都是正中直入，被盜掘得很慘烈。但主要針對墓坑，很少及於墓道，所以在墓道以及墓坑的邊邊角角有一些漏網之魚的器物與遺跡，讓中研院的考古學家發掘並詳細紀錄，提供學者研究。在大墓周圍

左‧圖 2.
河南安陽殷墟西北崗 M1400
的東墓道底器物出土時狀況，
發掘者為史語所李景聃先生。

右‧圖 3
河南安陽殷墟西北崗 M1400
東墓道底出土的器物

還有一些祭祀坑，是商王在入葬以後，常規在墓上建築「宗」裡提供的常規祭祀以外，往往有一些特別的奉獻品以及大量的人牲與人殉。

1400 號大墓有四條墓道，主要方向是南北，東西墓道較短。它的東墓道底部出土了一組器物（圖2），可能與商王盥洗有關，這些器物包括：1〈寢小室盂〉、2〈右勺〉、3〈龍紋盤〉、4〈水壺〉、5〈青銅人面〉、6.5件陶碶（ㄔㄨㄤˇ），相當集中的放在一起（圖3）。

由於〈寢小室盂〉（10302）的器與蓋上都有銘文：「寢小室盂。」四字（圖4），因此得知這件盂在王生前被放置的地方是王寢的「小室」，即商王臥室的盥洗間。由於墓葬的佈局，往往反應生前的空間，所以當時王的臥室的洗澡間，可能在王居建築叢的東側，靠邊緣處。〈寢小室盂〉有「自名」，就是在銅器銘文上就說自己是「盂」。「盂」一般被認為是盛水器，個體較大（口徑＝ 40.4cm），器腹較深（通蓋高＝42.2cm），有圈足。器身的兩側有一對附耳，也就是「ㄇ字形」側面彎曲的手把，以焊接的方式接在器身兩側。〈寢小室盂〉的主要紋飾帶為連續的夔龍紋，有細密的雲雷紋襯底。這條紋飾帶的下方有連續的三角紋，三角紋也是由龍紋所構成。

同出容器有〈龍紋盤〉（圖5），上為淺盆，下有圈足。商代的盤上的裝飾，往往有龍、龜、魚以及鳥紋，都與水有關。一般的龍紋盤都是在盤的內底部有蟠龍紋，這件〈龍紋盤〉比較特殊之處是它的龍紋是在盤的外緣，龍頭吐「信」，繞一圈後接著龍尾（圖5：5）。圈足有簡化的夔龍紋，盤底有界格，以強化底部。盤是一連種續性最高的器類，從商代到戰國基本是類似的，用法也差不多。商代貴族梳洗時由侍者以勺舀水洗手或洗臉，用手接但最終水要流到盤上，所以盤為承水器。

〈弦紋壺〉相當殘破，復原後可知為直頸，口部微微外敞，鼓腹，有圈

左・圖4.
〈寢小室盂〉器與蓋銘文相同

右・圖5.
龍紋盤的側視、底視、平面圖、底面圖與龍紋的首與尾相接之處。

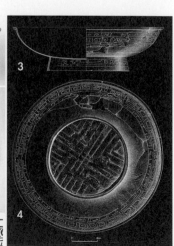

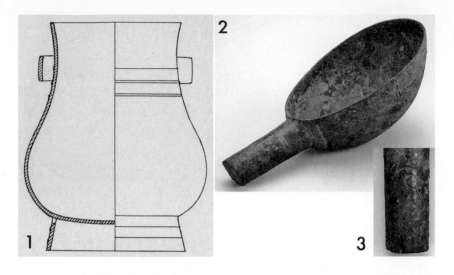

圖 6.
〈弦紋壺〉復原圖與〈右勺〉
及其柄上的銘文

足，兩側有豎耳，可以吊掛（圖 6：1）。頸部有三道弦紋，圈足亦有兩道弦紋。根據春秋時代的銘文（下詳），有些壺是「汲水」用的，也就是在井邊垂掛而下以取水。〈弦紋壺〉兩側豎耳可以穿繩吊掛，器體的空腔呈扁橢圓形，應當是利於吊掛至水面後以較寬的一面躺下，微敞的器口，可以徐徐入水，故〈弦紋壺〉也是汲水器。

本器群中的舀水器為〈右勺〉（09904），為立體的半橢圓形器，有一空心管狀柄。柄上有銘文「右」字（圖 6：2 & 3）。此處銘文「右」的意義，參照在史語所開始發掘殷墟前不久，從 1001 號大墓二層台的角落被當地居民盜出，售給日本商人，目前藏於日本東京根津美術館的〈左盂〉、〈中盂〉、〈右盂〉銘文分別為「左」、「中」、「右」看來，且三件盂皆中的〈中盂〉紋飾略有不同，〈左盂〉與〈右盂〉則除銘文以外，完全相同。推測銘文在指示它們的位置。所以有〈右勺〉也許還有「中勺」或「左勺」。表示這一套器物中可能有兩、三件舀水勺，各以其位

陶礬

圖 7.
陶礬其中之一 R001613（此為中央研究院歷史語言研究所考古庫房的登錄號）

圖 8.
青銅人面的正面照片與正面、
反面、側面與斷面圖

置加上了銘文。由此亦可推知並非王寢小室的所有器物均被拿來陪葬，王的盥洗用具應當更多。

五件陶礛形制每件略有小異，但大體相同，後面有半環，環上有簡單的幾何線條裝飾。正面刮成菱格網狀（圖7），由於正面略為粗糙，學者推測它們是洗澡時去角質用的。

至於青銅人面，由於五官的背後有突起物，確定不是面具，且有半環，是掛在寢小室的高處用的，但功能未詳（圖8）。以上這組器物，構成商王盥洗的設備的一部分，日常的使用，可能器物要更多。或許有一些木製的器物。

像這樣的組合在墓葬中僅此一見，而且其時代較早，所以還使用勺來舀水。同一時代其他貴族是否也有同樣的梳洗設備？幾乎沒有，推測大多數梳洗設備可能都還是木製品，青銅製品罕見。殷墟三、四期以後在較高級的貴族墓葬中常會出現盉與盤的組合。盉是有流管的水器，殷墟晚期水器盉的流管是裝在器身上，而不是蓋頂上。此時，洗手或洗臉更秀氣，由僕人執盉倒水，從流管緩緩流出。

熱水設備與燒水侍僕

商代盥洗用不用熱水，我們以為是有的，但是或許不多，應該是高級貴族的特殊享受，甚至是王族才有特殊的青銅器備用。西北崗大墓區的祭祀坑中有一座 M1435（圖9），這是 1400 號大墓的祭祀坑之一，也就是在商王入葬時，或葬後的祭祀中挖坑埋入的。這座祭祀坑中只有三件器物，裡面沒有人骨，所以應當是在某次祭祀時使用的。其中三件都是鼎形器：一件為〈溫鼎〉（01230，圖10：1），這件鼎的形制比較特殊，比一般常見實用的鼎大（連耳高 = 67.6cm，口徑 = 38.3cm），口微敞，器較深，

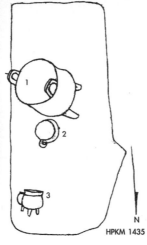

HPKM 1435

下部鼓腹，器口有兩個豎耳。在凹入的頸部有一圈饕餮紋，下面接一整圈的蕉葉紋。內鑄有銘文一字，字形為一個容器（皿），上面是一個人在水中，學者釋為「溫」，所以稱為〈溫鼎〉，以下我們會把同類的鼎稱為「溫鼎」。同出的兩件〈饕餮紋單鋬鼎〉，同樣具有微敞的口部，鼓腹，其特殊之處在兩件鼎都有鋬，也就是手把。其中一件〈饕餮紋單鋬鼎〉在肩部有 ‧道饕餮紋，鋬無紋飾（圖 10：2，高度 = 20.5cm，口徑 = 18.2cm）。另一件〈饕餮紋單鋬鼎〉肩部有一道饕餮紋，下垂三角紋，鋬上有犧首（圖 10：3，高度 = 19.5cm，口徑 = 16.5cm）。我們認為這三件同出器物中較大的〈溫鼎〉是用來煮熱水的，另外兩件帶鋬的小鼎，則是汲取與倒熱水用的，必要時也可以加熱。這是相當罕見的商代溫水器組合。

與〈溫鼎〉形式相同的鼓腹鼎出土與傳世品共有三件。第二件出土品是1976 年武官村北地 M229 出土（《考古》1977.1），係中國社會科學院考古研究所安陽工作隊發掘的。這座祭祀坑被認為係武官村大墓的陪葬坑（圖11）。這座祭祀坑出土的〈饕餮紋鼓腹鼎〉其形體大小與〈溫鼎〉相仿（圖

左‧圖 9.
西北崗 M 1435 的墓坑照片與平面圖

右‧圖 10.
西北崗 M 1435 出土的三件鼎

左‧圖 11.
武官村北地 M 229 祭祀坑的平面圖與器物線圖

右‧圖 12.
武官村北地 M 229 祭祀坑的大小銅鼎

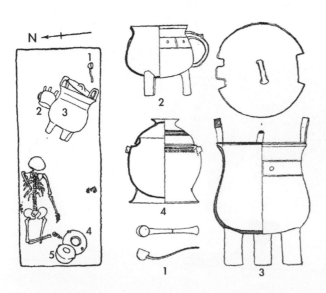

商王洗澡，要洗熱水！不洗熱水，洗不乾淨！

12：1，高度＝64cm，口徑＝38.3cm），但紋飾大幅簡化，僅存饕餮的眼，有蓋。蓋圓形中間有提環，兩側切出鼎耳的位置。同出也有一件〈饕餮紋單鋬鼎〉，其形制與 M1435 有犧首的帶鋬小鼎相同，但紋飾也較簡化（圖 12：2，高度＝19cm，口徑＝16cm）。還有一件斗，為小型的舀水勺（圖 11：1）。武官村北地 M229 以上三件器聚在長方形祭祀坑的東側，另一側則有一具跪姿的人骨架以及兩件高嶺土做的白色硬陶瓿（圖 11：4&5）。這個人骨架可能是被犧牲的侍僕。這座祭祀坑是 84AWBM260（以下簡稱 M260）的陪葬坑之一，M260 傳出〈后母戊方鼎〉，后母戊是商王武丁的三位法定配偶之一（另一位后辛，就是婦好），這件方鼎重達 875kg 是目前出土體量最巨大的鼎。所以 M229 出土的器物，也屬於王室最高級的貴族成員。

歷史語言研究所的發掘還有一個西北崗 M1380 祭祀坑（圖 13），此坑也是 1400 號大墓的陪葬坑。坑中有兩具人骨架疊在一起，都是俯身。俯身通常表示葬入者是殉葬。這座祭祀坑中的器物有一件〈單鋬饕餮紋鼎〉、一件硬陶瓿、一件銅斗。〈單鋬饕餮紋鼎〉（圖 14：1，高度＝19.5cm，口徑＝15.8cm）的肩部有一道饕餮紋，下垂三角紋，鋬上有犧首。硬陶瓿（圖 14：2，高度＝26.6cm，口徑＝16cm），形制與 M229 出土者相同，有圓形捉手的蓋，上有一道簡單的紋飾。器身直口、折肩，鼓腹，圜底，圈足外侈。肩部有一道簡單的紋飾，左右側各有兩個豎耳。值得注意的是這件硬陶瓿的容積與〈單鋬饕餮紋鼎〉相當，所以從大鼓腹鼎取得熱水以後，可以倒入此類硬陶瓿備用。銅斗圓形圜底，斗柄斷去一截，柄上有平行的直線紋（圖 14：3）。銅斗的功能，似為從硬陶瓿中舀水使用。

左・圖 13.
西北崗祭祀坑的平面與墓坑照片

右・圖 14.
西北崗 M1380 出土的器物：青銅〈饕餮紋單鋬鼎〉、硬陶瓿（缶）、青銅斗

在 M1380 附近還有一座祭祀坑 M1382（圖 15 左），坑中有兩具人骨，其中一人身上有一件小玉戈，除此之外，就只有一件青銅勺（圖 15 右），大體上是半圓形勺，有柄，柄可接木柄，鋬口一邊是方的一邊是圓的。我們認為這三座祭祀坑是彼此關聯的。祭祀的順序可能是 M1435 先，然

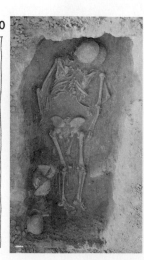

圖 15.
西北崗 M1382 墓圖與銅勺

銅勺——1

小石戈——2

後 M1380 與 M1382 差不多同時。以上三件勺與斗,〈右勺〉的容積約 1500cc,木柄勺的容積約 50cc,而斗的容積約 10cc,所以三個斗勺,可能因其大小扮演不同角色。

我們如果把西北崗 M1435、M1380、M1382 與武官村北地M229 一起觀察,可以發現大的鼓腹鼎、單鋬鼎、勺或斗、硬陶瓿,構成一組「熱水服侍器組」,包括服務的臣僕。鼓腹大鼎煮水,較大量的水以帶鋬鼎舀出,以硬陶瓿盛水,再以勺或斗舀水,或飲或盥洗。

第三件大型鼓腹鼎為日本京都川合定治郎舊藏的〈饕餮紋鼓腹鼎〉(圖 16:1,H=54.6cm),身上飾以饕餮紋,是一種三角形的身體尚存的較早期饕餮紋的形式,其時代早於前述兩件。這三件煮水的大鼎原來可能都有蓋,不過有兩件的蓋也有可能是木製的,所以沒有保存下來,推測這種

圖 16.
1. 川合定治郎舊藏〈饕餮紋鼓腹鼎〉(《殷周青銅器と玉》6)
2. 婦好墓出土〈婦好有流單鋬鼎〉(《殷墟地下瑰寶》10)
3. 安陽市博物館藏〈有流單鋬鼎〉(《安陽市博物館館藏精品圖錄》16)
4. 傳世〈婦有蓋有流單鋬鼎〉,現藏 Lowe Art Museum, University of Miami (Rawson, 1990, fig 120.1)
5. 上海博物館藏〈饕餮紋單鋬鼎〉(《夏商周青銅器研究·夏商篇·上》065)

木製的鼎蓋與台灣早期灶台上的釜蓋樣式應該很接近。

單鋬鼎也不多見，除了發掘的四件以外，僅有上海博物館藏的一件〈饕餮紋單鋬鼎〉（圖 16：5，高＝ 26cm，口徑＝ 21.2cm），其形制與紋飾與 M1435 出土鋬上無犧首者相同。單鋬鼎進一步發展品如殷墟婦好墓出土的〈婦好有流單鋬鼎〉（01339，圖 16：2，通高＝ 23.9cm，口徑＝ 19.4cm，以下此類鼎我們會稱「匜鼎」），同樣是敞口，略縮頸，鼓腹，且在鋬對側有流，倒水功能更明顯，應該是單鋬鼎的近一步發展，更適合舀熱水與注熱水，必要時亦可以稍微加熱。同樣的鼎安陽市博物館也藏有一件〈匜鼎〉（圖 16：3，高＝ 22.9cm）。另還有一件現藏美國邁阿密大學的 Lowe Art Museum 的〈婦有蓋匜鼎〉（圖 16：4，通高＝ 24.3cm），銘文一字：「婦。」此器有蓋，蓋首為雕成立體的茸角龍頭，龍的尾部捲曲，刻在蓋的背部。這又是〈婦好匜鼎〉的進階版，必要加熱時，還有蓋可加速煮沸。

所以，我們認為商王洗澡，要洗熱水，用溫鼎煮水，用單鋬鼎或匜鼎舀水，必要時還可加熱，倒於盂以備用。洗臉、手時，可以從盂中舀水盥洗，以盤承水。洗澡時需要去角質，那麼陶礤就可以派上用場了。這些動作，都是有奴隸服侍的。以上四個組合加總在一起，構成比較完整的盥洗用具。

那麼為何把盥洗的相關物件分三次陪葬？我的推測是葬禮時，埋入寢小室器組的一部分銅器與陶器。或許已死的商王以托夢或作祟等形式要求「熱水器」，於是有祭祀坑 M1435。但是，有了「熱水器」卻沒有人服侍，也還缺一些必要的物件，於是再加碼而有祭祀坑 M1380 與 M1382。有了完整的配備，加上殉葬的臣僕服侍，已死的商王才可能在地下世界滿意的洗熱水澡，不會對時王作祟。當然，意味著這位商王在生前就享有這些東西。

盥洗用具的系統與傳統

以上把殷墟來自四個不同的出土單位（1400, 1435, 1380, 1382）的器物聯繫起來討論是否有道理？首先，這三個出土單位其實都與 1400 號大墓有關，雖非一次葬入，但是都是針對 1400 號大墓的墓主的陪葬品。其次，這批器物與春秋時代南方盥洗用具互相比較，或許可以支持前述看法。

中研院史語所陳昭容教授以銘文、傳世文獻與出土器物的脈絡針對盥洗用具進行了分析討論，詳實可信，可以作為往前推的重要參考。她把水器分成汲水器、盛水器、溫水器、注水器、舀水器、承水器六類。我們以此為依據，在盛水器與注水器部分又區分冷水與溫水。春秋時期的南方，水器發達，所以比較容易考量其系統，故此處以淅川下寺墓葬出土

為例，盛水器包括鑑（冷）與浴缶（溫），溫水器有湯鼎與盉，盉又兼有注水器（溫）的功能，而另一種主要注水器為匜（冷）。舀水器為斗，承水器則有盤。所謂冷水與溫水，淅川下寺墓地的鑑，盛的就是冷水為主，再用盉注溫水。而有蓋的浴缶，基本上裝的是溫水，有蓋的湯鼎，也是溫水用的，而有蓋的盉，也是溫水與注溫水用的。但匜則為注冷水器。

表1　商代與淅川下寺楚墓盥洗用具的系統

	汲水器	盛水器		溫水器	注水器		舀水器	承水器
		冷水	溫水		溫水	冷水		
淅川下寺楚墓		鑑	浴缶	湯鼎	盉	匜	斗	盤
西北崗 1400 號墓	壺	盂	硬陶瓿	溫鼎	單鋬鼎	勺	斗	盤
婦好墓	壺	盂	有蓋瓿		匜鼎、盉		斗	盤

以上淅川下寺的盥洗用具系統並沒有汲水器，原因可能是因為汲水器極可能使用木器。討論汲水器時，陳昭容指出了有些壺是水器。壺是一個攏統的名稱，即使自名為壺者，狀況也還是很複雜。無論如何，有些壺是水器，例如有壺形器自名為「壺盤」或「盥壺」，當然是水器。還有些水壺的主要功能是汲水，例如《己侯壺》（09632）銘文：「己侯作鑄壺，使小臣以汲，永寶用。」「汲」就是汲水，且貴族「汲」需要臣僕服務。《己侯壺》外觀似水滴，口在上，有圈足（圖 17：1）。兩側腹部有環，正前方接近頸部有第三個環。其使用的方式是把主繩繫在正面的上環，兩個側環也引短繩，繫在主繩上。把壺垂降至井水面，放鬆繩索，壺即

圖 17.
〈己侯壺〉以及汲水壺的使用法

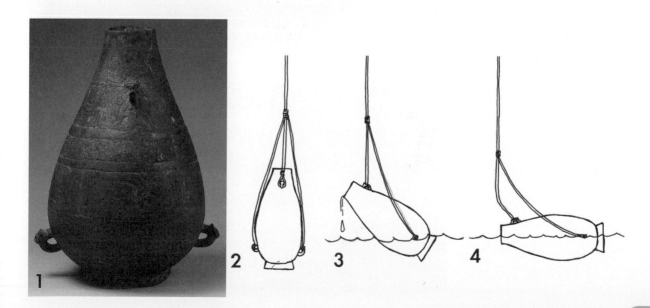

商王洗澡，要洗熱水！不洗熱水，洗不乾淨！

圖 18.

1. 西周中期的〈天盂〉，仍舊維持商代盂的造型。
2. 春秋晚期的〈聽盂〉，雖自名為盂，但形制為鑑。
3. 春秋晚期的〈智君子鑑〉是春秋時代典型的鑑。從這裏可以看到兩者的「混淆」或「傳承」的關係。

倒於水面，可以入水，水滿後，再引主繩，把壺升起（圖17：2~4）。所以，青銅器中被稱為「壺」的器很多，水壺也有一些，更有一部分是汲水壺，可從器形與汲水機制分析來判別。

比對商代的水壺，壺體是扁的（橢圓形），而其繫在兩側，為「豎耳」，也就是繫繩從上下方向穿過。所以，商代此類豎耳的壺，也是汲水壺，可以雙耳繫繩，垂降至井水面，水壺的重量在下半段，會躺下讓水進入壺中，水滿後再引繩將壺升起。

從功能比對上考慮，商代的冷水盛水器是盂，熱水盛水器則是硬陶瓿，或青銅的有蓋瓿（如婦好瓿）。從商代晚期到西周中期的盂（圖18：1）其型態是相當穩定的，但是從西周晚期開始盂與盆和鑑會有相混淆的狀況。春秋時代盂與鑑之間關係更密切。鑑出現時間較晚，大體在春秋時代以降，大多數無銘文，也有自名為「鑑」者，如〈智君子鑑〉（圖18：3）。但是春秋時代自名為「盂」的器，有自稱「濫盂」，就是「鑑盂」，形狀像鑑，也有自名「盂」（圖18：2），形狀也像鑑。兩者主要功能相同，均為盛（冷）水，所以名稱上會相混。

至於硬陶瓿（圖19）或有蓋青銅瓿，由於在武官村北M229中硬陶瓿與「單鋬鼎」與「溫鼎」同出，由於後兩者為溫水注水器與溫水器，所以可以推測硬陶瓿是一種盛溫水的水器。它在春秋時代南方的對應「盥缶」或「浴缶」（圖20），其實是沿著同一個傳統一直發展下來的。春秋銅器自名的「缶」其實就是早期的「瓿」，它們有蓋，圓形器體，圈足，甚至繫掛的方式一直沒有改變。

商代主要的溫水器當然是「溫鼎」（圖21），淅川下寺對應的「湯鼎」

圖 19, 20.
商代的硬陶瓿與淅川下寺出土的浴缶，注意它們的基本構造都是相同的，而且連穿繩（鏈）吊起的方式都是一樣的

（圖 22），其實概念上是一樣的，商代溫鼎鼓腹，束頸，有蓋，春秋時代南方的湯鼎圓腹，小口，有蓋，在煮水效率上考量的方向是一樣的。我們注意到商代晚期的「單鋬鼎」與「匜鼎」雖然體量比「溫鼎」小，但是鼓腹、束頸，也是相同的。這與一般直腹的鼎不同（圖 23、24），這讓我們懷疑是否所有此種鼓腹，束頸造型的銅鼎，其功能都是煮水而非煮肉？有待進一步研究

在 1400 大墓相關的脈絡中溫水的注水器是「單鋬鼎」，冷水的注水器是「勺」。在時代相距不遠的婦好墓中，溫水注水器已經發展出「匜鼎」與「盉」兩種。但是匜鼎並沒有普及化，殷墟晚期普遍的溫水注水器是盉。在這麼短的時間之內有如此快速的改變，說明其中時代較早的 1400 大墓相關的脈絡距離盥洗系統的出現時間很近。

總的來說，從系統比對，我們可以看出盥洗的器物從商代到春秋有很多細節上與名稱上的變化，但系統整體而言卻是同一個傳統，流傳有緒可以追索。所以，如果在商代與春秋之間，再填入更多其他時代的資料，各種水器的演變痕跡，能夠看得更清楚。

結語

M1400 與其相關祭祀坑的連結討論，讓我們看到商代的最高享受之一——洗熱水澡。以「溫鼎」燒熱水，用「單鋬鼎」、「匜鼎」舀熱水，舀至「硬陶瓿」或「盉」中以備用，或舀至「盉」以提高水溫，然後以勺舀水洗澡，當然別忘了使用「陶磙」去一下角質。以上，也不能排除「硬陶瓿」是準備飲用的水，使用小斗舀水飲用。洗臉或洗手，則從盉中舀水就著盤洗手。上述所有的動作，從燒熱水，到各種舀水等都有人

圖 23, 24.
商代鼓腹鼎與直腹鼎，是否有煮水鼎與煮肉鼎的差別？

服侍。這些服侍的臣僕妾等，可能都是極度順服的他者。當王或后去世以後，運氣好的可以活下來，但是運氣不好的，就成為西北崗王陵區祭祀坑中的亡魂。這些亡魂，即使下葬，不是俯身，就是曲肢或跪姿，到了地下世界，理論上還是要繼續服侍主人。

從相關器物之罕見的程度，我們推測這大約是「王室限定級」的享受。其他貴族大概只有熱水梳洗的盉與盤，或使用許多木製的產品代替。但是到了東周時代，南方的楚國，洗熱水澡似乎變成一種貴族的共同享受，也沒有這麼多的人牲人殉，取而代之的是木偶、陶偶。

參考資料：

李永迪主編，《殷墟出土器物選粹》（臺北：中央研究院歷史語言研究所，2009）。

梁思永著、高去尋輯補、石璋如校補，《侯家莊·第九本：1129, 1400, 1443 號大墓》（臺北：中央研究院歷史語言研究所，1996）。

陳佩芬，《夏商周青銅器研究·夏商篇·上》（上海：上海古籍出版社，2004）。

陳昭容，〈從古文字材料談古代的盥洗用具及其相關問題——自淅川下寺春秋楚墓的青銅水器自名談起〉，《中央研究院歷史語言研究所集刊》71.4 (2000): 857-932。

中國青銅器全集編纂委員會，《中國青銅器全集·東周4》（北京：文物出版社，1998）。

河南省文物考古研究所、河南省丹江水庫區考古隊、淅川市博物館，《淅川下寺春秋楚墓》（北京：文物出版社，1991）。

水野清一，《殷周青銅器と玉》（東京：日本經濟新聞社，1959）。

林巳奈夫，《殷周時代青銅器の研究·殷周青銅器綜覽一·圖版》（東京：吉川弘文館，1984）。

中國社會科學院考古研究所編，《殷墟婦好墓》（北京：文物出版社，1980）。

中國社會科學院考古研究所編，《安陽殷墟花園莊東地商代墓葬》（北京：文物出版社，2007）。

中國社會科學院考古研究所安陽工作隊，〈安陽殷墟奴隸祭祀坑的發掘〉，《考古》1977.1: 20-36。

魏文萃主編，《安陽市博物館館藏文物精品圖錄》（北京：中國書畫出版社，2009）。

中央研究院歷史語言研究所，「殷周金文暨青銅器資料庫」，網址：http://bronze.asdc.sinica.edu.tw/qry_bronze.php。本文銅器的器名後有括號，編碼為五碼數字，或六碼的英文字母與數字，如 NA0102、NB0032 等，皆為本資料庫的編碼。

Rawson, Jessica, *Western Zhou Ritual Bronzes from the Arthur M. Sackler Collections* Vol IIB(Cambridge: Harvard University Press, 1990).

達也太王的六馬浮雕

廖宜方 中研院歷史語言研究所助研究員

淺浮雕。來自悉尼卡。
西元七世紀。高約 1.7 公尺，寬約 2 公尺，厚近 50 公分。

和許多瑰島的青少年一樣，我在十八歲那年擁有第一台機車，車款稱作
「迎光」。那台車雖然不曾環島，或登上三千公尺的高山，但也載著我
和後座一個又一個的男孩去過許多地方。直到十八年後更換新車，我只
好牽著它到機車行，交給老闆向監理所代辦報廢的手續。我還記得離開
前，轉頭再看車子最後一眼。如今提筆寫下這段文字，想起機車報廢的
下場，我當初至少應該拆下一份零件，留作紀念。以上是個瑰島人未能
跟他的油驅鐵馬好好告別而留下遺憾的故事。

人的一生不免經歷生離死別，從人、動物，到物：分手的前男友，遺棄
的小狗，弄丟的 ipad。遲早有一天，我們也將離開此世，與當下擁有的
一切告別。啟程之後，會有另一個次元的世界嗎？會在那裏和曾經失去
的一切重逢嗎？還是你不想帶有任何的記憶出發？把今生的自我與一切
的點滴，都留在 facebook、blog 或 instagram，成為後世「大數據」的滄海
一粟？以下想介紹的，同樣是關於人與動物、生與死、此生與來世、陪
伴與分離、記憶與紀念的故事。主角是中土世界的悉尼卡國王達也太，
他的座騎則是一匹又一匹的駿馬。他騎馬上戰場的年紀，約略是我擁有

第一台機車的歲數。這些馬陪著他出生入死，甚至死在戰場上，但他活了下來。經過十多年，馬骨已寒，當他開始營建自己的陵墓時，下令宮廷畫師逐一描繪這些馬匹的英勇姿態，刻成浮雕，樹立在陵墓內，成為六塊紀念碑，不但紀念那段人馬相伴共生的時光，也刻畫出他一生中最驕傲的事功。他在死前為自己創建的這組藝術品，成為人類歷史這個大數據之樹海裏的一片葉子。把這片葉子放在手心裏反覆檢視，再回望週遭的林相，我們可以看到由上而下穿透枝枒的天光，閃爍不定地照亮森林一隅的景色。

一

如今這六塊浮雕，兩塊收藏在美國賓州大學的博物館。這些石雕高約 1.7 公尺，寬約 2 公尺，這個尺寸與一匹真馬的身長與背高相去不遠，所以當你站在浮雕前，幾乎可以感受一匹真正的馬站在面前。就此而言，這六塊浮雕力求接近真馬的大小，並非只是迷你版的「公仔」模型，而且也沒有刻意放大尺寸，讓觀者自覺渺小。其他四塊浮雕仍保存在達也太王陵墓的所在地。這些浮雕上的馬，形態各異，或靜或動。仔細觀察馬腿是否舉起或舒展，就可以感受到牠們的速度：有三匹馬的四腳離地懸空，馬頭前伸、壓低，像是撒開蹄子飛奔，連鬃毛和尾巴都在空中飛揚。其中一座浮雕的拓片如圖 1。

另外一匹馬在畫面的重心比較高：馬昂著頭，兩腳踏地、兩腳曲蹄。比如圖 2 這張拓片。

進一步觀察圖 3 馬身上的細節將會發現，除了駕御馬匹的裝備之外，馬的身上竟然插著箭。為什麼達也太王在自己的陵墓設置的浮雕，描繪的是愛馬中箭受傷的圖像？馬是和王權形象關係最密切的動物。即便戰場

圖 1.
中央研究院歷史語言研究所藏品

圖 2.
中央研究院歷史語言研究所藏
品

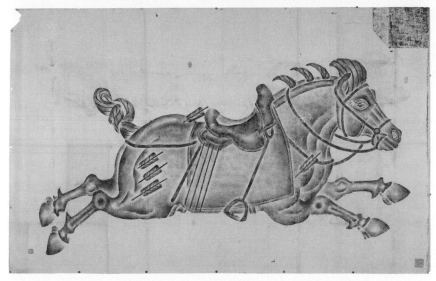

圖 3.
中央研究院歷史語言研究所藏
品

勝負早已不再由騎兵決定,即使在國王被送上斷頭臺的法國大革命,拿
破崙跨騎駿馬仍是常被用來表現王者形象、形塑統治威權的題材。但是,
在達也太王的六馬浮雕,沒有王者騎乘的英姿,馬背上空空如也,只見
飛奔或中箭的馬。受傷的馬是否適合用來歌頌王權的偉大?如果不能,
這組浮雕或許不能說是誇耀王權的宣傳畫。

二

從馬身中箭,我們知道這些馬跟戰爭有關。在中土世界,馬有許多用途,
除了作為交通工具,還可以狩獵、競技,或經過訓練在儀式中配合音樂、
表演舞蹈。但達也太王的馬是戰爭機器的一部分。達也太王出生的悉尼
卡以農耕為主要的生業,但與北方的牧民有長久的交流互動。達也太王

登場的時代，正是遊牧民族進佔悉尼卡核心地帶已數百年，對農耕民眾從殘殺奴役，演變到混居通婚的共存與統治。在這數百年間，馬的定位更接近軍事載具，乘馬披甲的騎士揮舞兵器疾馳而來，更像收割生命的死神。在這個社會中，比起牛伏首拖犁耕地、生產糧食，比起商隊駱駝在線條優美的沙丘上緩緩前進，奔馳的馬不是用於生產或商業的動物，而是致命武器的一部分。

達也太王出身悉尼卡屈指可數、最有權勢的幾大家族之一，不但是皇家姻親，他和父親、兄弟與姐妹一家人，更是國王派駐在北境的屏障，率領精銳軍團防範軍事力量更為強大的圖爾克人。然而，當悉尼卡的國王被貼身護衛所殺，國家陷入紛亂與內戰，達也一家的男男女女決定率軍南下，奪取政權。（這個情境，是否和《冰與火之歌》的開場有些近似？）他們南下爭霸時，為了免除後顧之憂，先與圖爾克約定結盟，並採購一批軍事物資：戰馬。以今天的概念來說，這是一項重大的國際軍事採購案，從最先進的軍事強國輸入一批品質最精良的攻擊性武器。達也太王擁有的六匹戰馬正是和原來的外敵講和交涉而獲得，投入接下來的十年內戰。

三

所以，馬身中箭並非裝飾性的細節，而是再現戰場的真實面貌。但一匹正常的馬，不會身上中箭，還乖乖立正站好，讓畫家觀察、寫生。所以這些圖像當然不是靜物畫。而且，達也太是在登基為王的十年之後，才下令製作這組浮雕，許多匹馬早已死在戰場上。所以受命繪畫、進而製作石雕的藝術家根本沒見過原來的馬，恐怕是以其他的馬作為模擬的對象，運用想像力加以重建。另外，這六匹馬都有自己的名字，比如有人為牠拔箭的那匹馬名叫 Saluzi，另一匹身上前後各中數箭的馬名叫 Quanmaogua。所以，這六匹馬的圖像，乃是指涉真實具體、而且各有獨特個性的對象，並不是抽象的馬。雖然從嚴格的標準來看，這六幅圖不能說是原馬的真正寫實，但也不是隨便哪一匹馬。

雖然不能說這組浮雕是原馬的真面目，但「真實」有許多的層面。其實，達也太王下令製作浮雕，本意就不只是單純再現馬的姿態，他想重現的真實是戰爭。因為他在每幅圖像上都留下自己的說明文字。以 Quanmaogua 來說，達也太的記述譯成現代漢語，大意如下：

> Quanmaogua 是匹黃馬，有著黑嘴巴，我騎著牠，擊敗 Liuheda。在那一戰，牠前身中六箭，背部中兩箭……這場戰役結束後，從此高掛武器，紛亂的大地恢復了平靜。

也就是說，每幅畫都有獨特的情節，每匹馬都有牠的故事。六個人與馬的故事合起來，宛如卷軸，舖陳出達也太王的建國史詩。所以，這組石雕是敘事性的，搭配文字，述說戰爭故事的歷史畫。

四

不過，畫面的表現太簡單了。如果只看畫面，除了馬匹奔馳、中箭之外，幾乎看不出任何情節。如果沒有搭配達也太王回憶的文字，我們無法讀出每幅圖像潛藏的涵意，因為就只是馬或立或奔而已。如果毫無文字記載，圖像背後的故事就只能猜測。只有一幅比較特別，馬頭之前站著一個人。根據其他的文字記載，我們知道那是達也太王騎馬迂迴到敵軍背後，結果反遭圍攻，馬匹中箭負傷，達也太的部下趕上來替馬拔箭，解決了危機。除此之外，其他五幅都只呈現馬的形象而已。至於應該出現在馬背上的達也太王，我們就只能發揮想像力了。當初奉命繪圖、製作浮雕的藝術家，對於如何表現戰場上人馬奔馳、箭如雨下等極富動態的畫面，想必也頗費苦心：該如何描繪達也太王騎乘的姿態呢？以當時的藝術觀念和技法來說，還無法將人騎著馬在戰場中閃躲與奔馳的樣貌，生動地表現出來。所以最後只畫出馬的形象，省略了騎士，但其本意仍在刻畫戰鬥中人與馬所處的危急情境。

達也太王當初下令製作這組浮雕，可能也沒有公開宣傳的意思。它們被安放在他的陵墓，但不是作為陪葬品埋入封閉的墓內，而是樹立在舉行祭祀的空間。因為座落在守衛森嚴的皇室陵墓中，只有皇室成員和祭祀官員才有資格進入，所以當時親眼目睹這些石雕的人，非常有限，因此很難說它有積極宣傳的作用。考量到這個情況，這組石雕從而具有「個人性」，屬於達也太王自己的人生記憶：像是六張紀念的照片，記錄著年輕時衝鋒陷陣、生死交關的時刻。

不過，任何個人的美好記憶，都逃不過歷史學者輕信或多疑的對待，以之重建達也太王的一生及其時代。然而，光從圖像本身，可以看見的歷史是什麼？看不見的又有哪些？看得見的東西，就能相信嗎？即使結合了圖像和文字，再經過學者的研究，就有可信的結論嗎？比如說，畫面上六匹馬的身上都沒有披覆嚴密厚重的護甲，所以才會中箭受傷。於是有些歷史學者認為，達也太王擅長發揮「輕騎兵」快速移動的強項而破敵，而非全副武裝以「重騎兵」的正面衝鋒碾壓敵人。確實，當時有兩種型態的騎兵：一是騎士與戰馬都全身披覆甲冑，不但提供最大的防護力，也對步兵構成龐大的壓迫力。可是，也因為負重太大而失去速度的優勢。至於只配備馭馬的鞍、鐙和勒、發揮機動性的輕裝騎兵，則具備偵察，快速打擊、迂迴突襲、引起騷亂等功能。二十世紀的史家 Y.C. Chen 提到馬在中古戰爭中的角色：「在軍隊中有偵察敵情及衝陷敵陣兩

圖 4.
中央研究院歷史語言研究所藏
品

種最大功用。實兼今日之飛機、坦克兩者之效力。」他的看法乃兼容輕
騎兵與重騎兵。在他寫下這句話的時候，直昇機在現代戰爭的地位尚不
顯著。以現在的觀點來看，或許可以說輕騎兵大概像是飛行坦克那樣的
攻擊直昇機吧？

但是，達也太王果真以如此稀薄的防護，投身戰場？如圖 4，當馬身中
箭，那麼騎士的人身安全呢？達也太乃是達也家少數的貴公子與王位的
候選人，統領數十萬大軍的將領，豈會輕易陷入連座騎都身中數箭的險
境？按理說，達也太王如果不是坐鎮在重重防護的軍營，至少也有足夠
的護具，身邊更有層層的護衛和侍從。因此，這組石雕雖然描繪著馬身
中箭的細節，力求傳達戰爭的真實，但其實旨在用來表現緊張危急的氣
氛，未必是真的。

當我們凝視著畫面上疾馳的馬，是否想到牠們奔向何方？是否有人以為
達也太王正騎馬向敵陣衝鋒？亦或掉轉馬頭、全速逃走呢？其實，就連
好萊塢的浪漫戰爭大片也沒有那種一騎當千、貫穿敵陣的橋段。行動快
速的輕騎兵，在偵察之外，更利於執行狡猾奸詐的戰術，比如佯敗示弱、
擾亂敵人、誘敵深入等。所以，逃走是輕騎兵必備的技能與必有的行為，
不一定是失敗或怯懦，而且速度不夠快就沒辦法成功逃走了。正因為背
對敵人逃走，所以馬才會身中從後方射來的箭。

五

實際上，在達也太王的建國戰爭中，並非單純用騎兵立功。許多戰役並
不以原野為戰場。如何佔領城堡，更是關鍵。如果敵人固守城內，或在
戰場上挖掘濠溝、樹立柵欄，構築防禦工事、堅守營壘陣地，拒不出戰，
達也太王即便擁有大量的騎兵也無法輕易投入戰場，因為付出的代價太

大。而且輕騎之外有重騎，騎兵之外有步卒，步卒才是戰場上的主力。步卒使用的長槍、弓箭和弩箭，以及針對馬的絆索與砍馬腳的長刀等，都對馬和騎士有很大的殺傷力。總之，騎兵未必是達也太王建國戰爭中決定勝敗的關鍵，輕騎更只是戰術運用的一環。經歷十年以上戰爭洗禮的達也太王，當然明白戰爭的眾多條件和因素。但他透過這六匹輕騎的浮雕，卻簡化了這些複雜的層面，只傳達出冒險犯難的意象。這或許是達也太王內心對自己年少歲月最深的記憶。

這組石雕不曾透露的是，達也太王面對的敵人究竟是誰？那些箭是什麼人射的？那其實是一場大混戰。達也太王從出生到出陣的二十年間，正當悉尼卡逐步分崩離析。原來的國王被弒之後，各地先後浮現超過一百支以上的勢力，而且多由基層民眾自發組成，經過互相吞併之後才形成幾個主要的勢力。相形之下，達也太出身全國屈指可數的大貴族之家，不是普通的「富二代」、「官三代」而已，而是少有的「貴四代」，他的曾祖父乃是悉尼卡建國的八大元勳之一。騎馬陷陣的達也太王，衝殺的對象有不少是只有基本武器與護具，沒有受過戰鬥訓練的一般民眾。所以，這六匹馬更反映了達也太的階級地位。在一般人的生活中，活動範圍和距離有限，對馬的需求不高。而且養馬的負擔不小，不是每種馬都可以隨便放牧吃草，達到戰鬥要求的馬更是少數。而且騎士乘馬奔馳，要穿越戰場上各種自然地形與人工構築的障礙，同時使用長程或短程的武器，如果平常沒有狩獵與戰鬥訓練，根本辦不到。相形之下，一般男子在農餘之暇，拿起弓箭狩獵的技術門檻低、機會多。所以，達也太王和他的馬之所以中箭，不只反映騎兵與步兵、弓兵的對抗，同時也是貴族與平民的階級戰爭。

其實，達也太王一生征戰，胯下騎過的駿馬不知有多少。但在他的長眠之地，卻只選出六匹馬，刻成石雕，陪伴在他左右。其他的馬呢？達也太王登基之後，遭遇來自圖爾克的威脅，圖爾克人曾一舉突破悉尼卡的北境防線，兵臨達也太的王座所在的城下。據說達也太王也騎著一匹馬，隔河與來犯的圖爾克王交談，最後雙方議和，圖爾克人退兵離去。這件事是達也太王一生的恥辱之一，當他滿懷被脅迫的惡感前去求和，我們不知道他騎的那匹馬叫什麼名字。日後，達也太王趁著圖爾克天災人禍，派遣大軍反擊，成功分化了圖爾克，取得中土世界的霸權。但那並不是達也太王親自出征的戰爭，所以也沒有辦法以自己的馬來作紀念的符號。直到晚年，達也太王仍未能忘懷戰爭的亢奮與勝利的誘惑。他曾三度發動戰爭，企圖入侵中土世界東北方的一個小國。達也太王這次御駕親征，但結果卻是慘敗。後世之人也不曉得那匹從遙遠的東北方，背負著充滿挫敗感的達也太王回家的馬，叫作什麼名字。因此，在達也太王陵墓中的這六匹馬是選擇性的記憶，聚焦在他最自得的成就，代表他前半生的征戰。對此，研究悉尼卡中古歷史的學者 Y.F. Liao 說：「這六匹

馬雖然不是虛構與想像的產物，但它其實是詮釋歷史、定位自我的工具，成為達也太王自我合理化的象徵。」

六

人莫不有死，在活著的時候作好準備赴死，乃人生的頭等大事之一。對於身處在死亡率很高的古代社會、深信人世無常的悉尼卡人而言，更是如此。在中土世界，人們對待死亡有許多細緻的安排。雖然像達也太王這樣在墓地樹立愛馬石雕，並不多見，但當時的統治階級確實很重視如何在墓地之內或之外，留下自己的記憶和紀念物。其實，悉尼卡人對於死後，是否還有靈魂、去向何方，並沒有統一或絕對肯定的觀點。我們並不清楚，達也太王是否真的認為自己死後將與 Saluzi 或 Quanmaogua 重逢，然後在另一個世界奔馳、狩獵和打仗，但他確實以圖像和文字，留下自己的記憶。其他的統治階級在安排死亡的後事時，同樣重視記憶所繫之物。就像達也太王以馬的圖像和文字記錄自己年輕的歲月，許多統治階級也在自己的墳墓內，樹立石碑，以文字記錄自己的一生。外面的人看不到這些石碑，就像絕大多數的人看不到達也太王的六馬浮雕。這個特殊的文化現象似乎在暗示：不論別人是否知道，人應該帶著自己的記憶死去，而非遺忘過去。所以，至少在有權勢財富的統治階層中，人們為自己、也為死去的親朋好友，留下了許多文字和圖像記錄。於是，逝者知道自己不會被遺忘。那是個臨終者的孤寂得以緩和的時代，因為他紀念了那些已先離世的生命與物，也知道自己將成為後人記憶的一部分。

歷史與 生活

FIVE

從「國語老歌」
追溯「制定國語」的往事

陳峙維　國立臺灣大學音樂學研究所兼任助理教授

> 花落水流，春去無蹤，只留下遍地醉人的東風
> ……
> 斷無消息，石榴殷紅，卻偏是昨夜魂縈舊夢
> ——〈魂縈舊夢〉，水西村詞、侯湘曲

民國肇建二十多年來的「國語」制定，就這麼決定了國語流行歌曲歌詞
該怎麼唱。

從老歌〈魂縈舊夢〉說起

圖 1.
上海百代公司出品的〈魂縈舊
夢〉78 轉唱片圓標

嗓音低沈富磁性，唱腔慵懶率性，因主演電影《一代妖姬》大獲好評，
而受稱為「一代妖姬」的歌手白光，唱過一首〈魂縈舊夢〉。這首歌曲
由上海百代唱片公司錄製發行 78 轉唱片（百代 35841B，圖 1），雖然 1949
年已灌錄並壓製完成，但因為政局變化，百代公司停業而未正式出版，
要到 1951 年之後，該公司在香港復業才發售。這首歌曲堪稱白光的經
典代表作，雖然華語歌壇不少人翻唱，但都無法超越她原唱的成就，特
別是歌曲間奏時的一段口白：

　啊！我到哪兒去尋找我往日的舊夢？
　只剩下滿腹的心酸，無限的苦痛。

無人可以複製她那略帶哀傷，但又展現某種豁達的聲音。

這首名為〈魂縈舊夢〉的歌曲，「縈」字的發音常常是老歌迷的討論話題，因為在白光的原版錄音中唱的是「ㄖㄨㄥˊ」，但查閱字典，該字的讀音是「一ㄥˊ」，所以許多人認為白光當年在上海錄音時唱錯了。白光在多年後的現場演唱中，也就將該字改唱為「一ㄥˊ」。究竟「縈」的讀音為何？白光當年真的唱錯了嗎？

雖然漢字有眾多「形聲字」，但「有邊讀邊，沒邊讀中間」的規則未必全然適用，所以有人認為，白光把「縈」唱成「ㄖㄨㄥˊ」，是因為她不識這個字，因而「有邊讀邊」，比照「榮」字的發音。其實，白光並非第一位，也不是最後一位將「縈」唱成「ㄖㄨㄥˊ」的歌星。早在她之前，吳鶯音 1947 年在上海灌錄的〈我想忘了你〉（百代 35652A）中，「你的歌聲縈繞在我的身旁」，以及晚個幾年姚莉 1954 年在香港唱的〈舞伴淚影〉（百代 35981A）裡，「以往的情意依舊縈繞我心裡」，兩位唱的「縈」都是「ㄖㄨㄥˊ」。

那吳、姚兩位也是「有邊讀邊」嗎？「縈」字一直都是讀「一ㄥˊ」嗎？翻閱古籍，依據《說文解字》、《廣韻》、《康熙字典》，「縈」字反切法讀音都是「於營切」，讀如「ㄩㄥˊ」，與「一ㄥˊ」接近。

但若參閱二十世紀前半的老字典即可知，並非如此。例如，在商務印書館 1919 年出版的《國音學生字彙》（圖2），「縈」字的讀音「ㄩㄥˊ」、「ㄩㄨㄥˊ」兼收（圖3）；開明書店 1948 年發行的《辭淵》，也收錄了「一ㄥˊ」、「ㄖㄨㄥˊ」兩音（圖4）。商務印書館、開明書店都是在上海開業的著名出版機構，其印行的各式書刊影響近現代中國甚巨，兩家出版的辭書都收入今日被認為是錯的「ㄖㄨㄥˊ」音，那這樣的讀法是怎麼來的？

「國語」字音的初次制定

國府遷臺後致力推行「國語」，熱心推動母語教育的人士認為「國語運動」扼殺了臺灣本土語言的傳承，他們稱「國語」為「北京話」，當今中華民國教育部規範的這一套現代漢語就是北京話，是當年執政者強迫臺灣人說的中國北方方言，那是北京人的母語，不是臺灣人自己的語言。國語當中的確有很多「京音」，但有京音不代表國語就是北京話。嚴格來說，北京話是土生土長的老北京所說的方言，真正的老北京也不會認同國語即是北京話這樣的主張。要是真有人用道地的北京話和我們聊天，恐怕很難完全理解。

圖 2, 3.
1919 年商務印書館《國音學生字彙》的「縈」（李寧國提供）

圖 4.
1948 開明書店《辭淵》的「縈」（李寧國提供）

語言政策並非本文的寫作的重點，故在此不談論過去執政者的功過是非，不比較那個族群的語言與古漢語最接近、最能代表「中原」，也不探討「國語」、「方言」、「母語」的教育，僅客觀陳述現代漢語在二十世紀前半如何被標準化的往事。部分人士稱「國語」為「北京話」，實在是因為「國語」確實是以「北京官話」為基礎訂定的。官話，是在「官場」自然發展而來的通用語言，清朝中期以北京方言為基礎發展而來的「北京官話」逐漸成為官僚通用語，這是民國成立之後國語讀音的根基。「國語」一詞雖然是漢詞，但用來指稱全國使用的標準語，其實源自日本，這是所謂的「和製漢詞」。1902 年，京師大學堂總教習，桐城派文學家吳汝倫赴日考察，見日本推行「國語」有成，回國後便積極推動製定標準國語。1909 年清廷資政院將「官話」更名為「國語」，並成立國語編審委員會，1911 年辛亥革命之前，清廷的中央教育會議通過了《統一國語辦法案》。「國語」一詞就此進入中文世界。

中華民國建立之後，教育部門更積極推動統一漢字讀音，1913 年「中國讀音統一會」在北京召開，各省代表與語文學者經過一個多月的討論，每省一票，投票審定了 6,500 多個字的標準讀音，訂定了以「京音為主，兼顧南北」，具有入聲的「老國音」。滿清以來，雖有北京官話做為官場通用語。但這只是為了各地官員進京之後能順利彼此溝通，許多字音仍未有統一的讀法。「老國音」的制定，應是中國史上第一次由公部門明確規範字音。

「國語」字音的再次修訂

「老國音」的訂定是投票而來，南北兼收，是一種人為的妥協，而非自然發展而來。在 1932 年教育部出版《國音常用字彙》（圖 5）之前，中華民國的「國語」還經多次調整審定，最後才確立了一套「新國音」。這套「新國音」隨著國府遷臺，成為當今臺灣地區所通用的「國語」的源頭。

1919 年北洋政府的教育部成立「國語統一籌備會」，並編輯《國音字典》，由上海商務印書館出版，1920 年以訓令正式公佈。然而不久就發生了「京國之爭」，部分人士認為北京當地人使用的語音就是國語，另一部分人士則認為國語應該以建國之初「中國讀音統一會」制定的讀音為標準。前者欲以某一地的方言為全國標準語，後者則支持人為投票審定而來的語音。1923 年「國語統一籌備會」設置「增修《國音字典》委員會」，1925 年正式開會，逐字逐音審查，確立以北京的字音聲調為標準的政策，重新訂定「新國音」，並完成「增修《國音字典》稿本」。「新國音」改掉了「老國音」中的一些語音，主要是刪掉來自南方方言的一些音。例如，把入聲分派到平、上、去聲中，即所謂「入派三聲」，

圖 5.
1932 年商務印書館《國音常用字彙》

以及改掉了也是來自南方的「万」（v）、「兀」（ng）、「广」（ñ）
等三個聲母。此外，把原本聲母為「尖音」「ㄗ」、「ㄘ」、「ㄙ」的
字如「精」、「清」、「心」，分別改為「團音」「ㄐ」、「ㄑ」、「ㄒ」，
即所謂「尖團合流」。所以，部分還保留在南方方言中的古漢語的語音，
就在這一波波的修訂中刪除了。

以「增修《國音字典》稿本」中重新審訂的「新國音」為依歸，1931 年
教育部公佈「國音常用字彙」，1932 年出版《國音常用字彙》，正式取
代早年的《國音字典》，自此政府機關、各級學校、廣播節目就以「新
國音」為「國語」的標準讀音。雖然「新國音」主要是以官場的「北京
官話」為基礎，而非百分百全部承接在地的「北京土話」，但「北京」
的意象已深植人心。這或許就是為何後來許多人認為，說「國語」就是
咬字發音像北京人說話，而推行「國語」就是強迫民眾說北京話的原因。
在此值得一提的是關於一個「投票」的誤會。筆者中小學階段，經常聽
聞國文老師提及一段與史實不符的訛傳。民國成立，中央政府討論決定
國語應該用那種方言，原本因為「國父」是廣東人，所以許多人支持以
廣東話為國語，但最後輸了幾票，所以就採用北京話為國語。從前述的
國語制定過程來看，中華民國「國語」的制定最初在「中國讀音統一會」
確實採用投票機制，但不是決定以何種方言做為國語，而是投票決定眾
多漢字的標準讀音。這個小故事實在不知從何而來。

國語老歌裡的咬字發音

回到本文開頭所提〈魂縈舊夢〉這首歌。從上述「國語」字音的訂定歷
程來看，商務印書館 1919 年出版的《國音學生字彙》應該是依據「老
國音」編纂的，所以收了「ㄩㄥˊ」，而開明書店 1948 年發行的《辭
淵》則是以「新國音」為標準，因而收了「ㄧㄥˊ」。但是，為何兩者
又都收錄「ㄖㄨㄥˊ」音，實在令人不解。但既然這兩本分別以老、新
國音為標準的字典都收了「ㄖㄨㄥˊ」，顯見「縈」字在二十世紀前
半，確實也這麼讀。至於後來兩岸的教育主管機關、字音審定人員怎麼
調整，就不是本文關注的重點了。反正，今日的漢語字典中「縈」讀「ㄧ
ㄥˊ」。

值得注意的是，「新國音」頒布之後，「國語」便成了 1930、40 年代的
上海，甚至 1950、60 年代的香港華語流行歌曲的發音標準。有「一代歌
后」之稱原籍江蘇的周璇，1930 年代初入行來到歌舞團「明月社」時，
也費了心力學習「國語」。近現代華語流行歌曲始於 1920 年代末、1930
年代初的上海，然而，雖然當時上海人總喜歡用能否說流利的上海話，
以「口音」來評斷一個人是時髦的「上海人」或土氣的「鄉下人」，但
唱流行歌卻一定要用「國語」。要在廣播、電影、唱片中唱好流行歌曲，

「國語」發音一定要標準。

華語流行歌曲的第一個黃金時期是 1930、40 年代，這也是「新國音」公佈推行的年代，也因此大眾認定流行歌就是要用「新國音」來演唱。即便白光唱「魂ㄇㄨㄥˊ舊夢」是有所本的，後代的歌迷聽眾還是認為「魂ㄧㄥˊ舊夢」才對。應該沒有人預料得到，國語的制定，也影響了日後大眾認為流行歌曲的歌詞字音該怎麼唱吧！

華人流行音樂史上兩件重要的往事：
「流行歌」一詞與上海灘國語流行歌的大躍進

陳峙維　國立臺灣大學音樂學研究所兼任助理教授

臺灣在華人世界裡流行音樂的成就，是近代東亞特殊政經時空環境中，融合諸多音樂元素與創意所發展而來的。從日治時期的本土臺語流行歌，到戰後開始大量流通的上海與香港國語歌曲、美軍帶來的西洋熱門音樂、始終擁有一席之地的日本歌，到 1970 年代因香港影視發展而崛起的廣東歌，再到 1990 年代以後行銷全球的歐美日韓各類型流行音樂，都是臺灣流行樂壇產製與消費的靈感來源。近年來中國的娛樂產業興盛，尤其競賽型音樂電視節目深受全球華人觀眾關注，這對臺灣的流行音樂產業造成了一定的衝擊，但臺灣仍然在華人流行音樂市場中佔有重要地位。

本文要談的國語歌曲，雖然與現今的臺灣流行音樂沒有直接關係，卻是華人流行音樂發展過程中一段有趣的歷史。華人世界的國語流行歌曲創作興起於 1920 年代末期，此後二十多年間，眾多作品透過歌舞表演、唱片發行、廣播電影、舞廳秀場等多元娛樂形式向四方傳播。1949 年之後中國軍民遷徙來臺，爾後又因語言政策關係，今日歌迷聽眾多稱此一階段的大量作品為「上海時期國語老歌」，這些歌曲曾在臺灣大量傳唱，至今也仍有忠實聽眾，是許多人的重要音樂記憶。

1937 年 11 月國民政府自上海撤退，日軍掌控上海華界，以及 1941 年 12

月太平洋戰爭爆發，日軍全面進入租界之後，國語流行歌曲發展出現兩次重要變化，先是「流行歌」一詞在上海的中文報刊雜誌出現，後為國語流行歌曲的地位空前提升。以下就來談華人流行音樂史上與日本有關的兩件重要往事。

上海國語流行歌曲開展

1920 年代末期，懷抱發展歌舞表演夢的黎錦暉創作了許多「國語」歌舞劇與單行歌曲，這些作品陸續透過小學唱遊、歌舞團巡迴演出、歌本出版等途徑，在中國、臺灣、南洋華人僑居地傳播。黎錦暉的創作開啟了華人在各地民歌、曲藝、戲曲之外，新的音樂創作。此後直到 1949 年中國政局巨變之前，眾多中國詞曲作家與歌星、西方樂手、外商與本地唱片公司經營者等，來自不同文化、具不同背景的參與者，緊密合作，留下了大量精彩作品。這是今日所謂「華語流行音樂」的濫觴，這二十年也被視為華語流行音樂的一個黃金時期。

這些主要建構於中式五聲音階，並融入西式作曲技法而寫出的流行歌曲，多由女歌星以鼻音重且尖細的嗓音來演唱，西洋樂器的使用與歐美風格的編配方式，尤為其重要特色。此外，也有以中國傳統調式音階創作，配上民族樂器伴奏，呈現出民歌戲曲、曲藝風格的作品，或是以西洋美聲唱法、花腔女高音來表現的歌曲。

今日依然流傳的歌曲，諸如周璇的〈天涯歌女〉和〈何日君再來〉、姚莉的〈玫瑰玫瑰我愛你〉和〈蘇州河邊〉、白光的〈魂縈舊夢〉和〈等著你回來〉、李香蘭的〈夜來香〉和〈海燕〉，都是代表性的作品。整體而言，「上海時期國語歌曲」所呈現的是一種集體風格，其多樣的音樂元素、歌詞內容、演出形式反映出的，是當年這一大都會中眾多藝人、娛樂傳播事業，以及聽眾的品味。

日文「流行歌」一詞

其實，中文本無「流行歌」一詞，「流行歌」一詞可能借自日文，與其他許多「和製漢語」一樣，在二十世紀前半傳入中國，被吸納為中文詞彙。明治維新後，日本大量接觸西方著作，因而開始使用漢字、漢詞翻譯西方名詞、術語，這些翻譯辭彙如「哲學」、「美學」、「公民」、「民主」、「主義」、「廣告」等，自清末開始，幾十年間陸續傳入中國，並成為中文的一部分。

不同的是，「流行歌」一詞係日文原有詞語，並非為翻譯西方辭彙而創。日文漢字「流行歌」可讀作「はやりうた」（hayariuta，訓讀），或「りゅ

うこうか」（ryūkōka，音讀）。原本兩者在江戶、明治時期還經常交替使用，指稱街頭或一些娛樂場所中演唱，以時事為內容主題的歌曲，但後來りゅうこうか逐漸被用來指在編曲配器、旋律風格上受西方音樂影響的歌曲，尤其是因唱片工業興起，為了灌錄發行唱片並因此流傳的歌曲，はやりうた用來指其他傳統歌曲。

在中國傳統民歌中，也有一種稱為「時調」（或「小調」、「小曲」）的類型，歌詞通常以生活的各個面向，如風土民情、愛情姻緣、政治社會事件等為題材。1920 年代末期黎錦暉開始寫的愛情歌曲，以及後續其他詞曲作家為電影、為唱片所寫的歌曲，就歌詞內容而言，與時調類似，但這些歌曲的創作背景及傳播方式，與傳統民歌並不相同。所以，若說中國民間的「時調」與日本的「はやりうた」相似，那黎錦暉及其後繼詞曲作者的作品，則比較像「りゅうこうか」。

「流行歌」一詞進入中國

黎錦暉的創作開啟了後續二十多年的流行音樂發展，今日他被稱為中國「流行音樂之父」、「流行歌曲始祖」。但有趣的是，其實黎錦暉從開始創作到 1930 年代末這段期間，大眾是以「愛情歌曲」、「摩登歌曲」、「歌舞曲」、「爵士歌曲」、「時代歌曲」等，甚至是十分負面的「黃色歌曲」（因為歌舞團的表演形式，以及與愛情有關的歌詞內容），而非「流行歌曲」來稱呼這些作品。

「流行歌」應該約在 1930 年代末傳入中國，在此之前，中文報刊雜誌、唱片目錄廣告，均未使用「流行歌」一詞來稱呼如今我們認為是「流行歌」的作品。儘管這一詞語確切傳入的年代還需要更多考證，筆者以「上海國語流行歌曲」為主題進行博士論文研究時，曾仔細翻閱大量 1949 年以前出版，時間跨距超過二十年的書報雜誌，1938 年以前的文獻中不見「流行歌」一詞，連唱片公司的廣告、唱片的圓標上也未見使用「流行歌」這樣的產品類別。

筆者以此推測極有可能是 1937 年底日軍控制上海華界之後，先有報章雜誌記者或其他撰稿者引進日文辭彙，以「流行歌」稱呼這些灌錄成唱片的各式新創作歌曲，進而唱片公司在產品目錄中以音樂內容分類時，才使用了「流行歌」一詞。從當時出版的唱片來看，估計至少要日本人進入租界，全面佔領上海，接管百代唱片公司之後，圓標才大量出現「流行曲」之類的名稱。在此之前，常見的都是「歌舞」、「摩登」、「爵士」等類目，若歌曲為電影主題曲、插曲，則直接稱為「電影歌曲」。

以「流行」稱呼音樂

相較於以上海為中心的中國唱片工業，「流行歌」一詞傳入臺灣的年代較早，最遲 1929 年就開始使用了，這當然與臺灣的唱片產業由日商公司開創有關。在此之前，日本國內的唱片圓標上很早就有「流行歌」這一類目。目前已知唱片圓標上最早清楚寫著「流行歌」的臺語歌曲是〈烏貓行進曲〉，雖然與後來發行的其他歌曲，諸如為電影宣傳而作的〈桃花泣血記〉（圓標註明「影戲主題歌」）、已成經典的〈月夜愁〉、〈望春風〉（圖 1，圓標註明「流行歌」）相較，這首歌曲就流傳度而言實在很不「流行」，但這卻是唱片公司主動使用的音樂類型名稱。

筆者推測「流行歌」一詞在中國出現是 1930 年代末的事，但中文文獻中以「流行」一詞來形容音樂，則首見於二十世紀初。清末第一批赴日留學生之一的音樂教育家曾志忞，1904 年曾在梁啟超戊戌變法失敗後流亡日本所開辦的《新民叢報》中發表〈音樂教育論〉，文中使用「西洋流行之曲」這樣的詞句指稱當時西方「風行」的音樂。儘管「流行」一詞早見於中國古代典籍（如兩千多年前成書的《左傳》中，〈僖公十三年〉有「天災流行，國家代有」），但這一詞一直未與音樂無連結。

然而，接下來三十年間，其他中文出版品都未再使用「流行」一詞來描述音樂，「流行之曲」的概念也並未昇華成「流行歌」或「流行歌曲」等詞彙。中國人在 1930 年代，以「爵士」、「摩登」（圖 2）、「歌舞」、「愛情」等詞彙，來稱呼那些隨唱片、廣播、電影等當時的新興媒體發展而大量傳播的新作品，將這些歌曲與其他漢人傳統曲藝、戲曲區別開來，唱片公司或歌迷聽眾隱約能理解其中差異，但就是未使用「流行歌」一詞。倒是日語「流行歌」一詞在平安時期就有，無論讀作「はやりうた」或「りゅうこうか」，這漢詞在日文中存在超過千年以上，而且確實是用來稱呼「流行」的歌曲。

「流行歌」這檔事當然不是日本人開創發明的，但「流行歌」這一漢字

詞彙進入中文，無論在民國時期的中國大陸或日治時期的臺灣，都與日本有關。接下來，本文繼續來談另一件與日本人有關的國語歌曲往事。

上海音樂環境的改變

唱片的普及、廣播與電影工業的成長，以及娛樂產業的興盛，是推動流行歌曲創作發展不可或缺的力量。在 1930、40 年代的上海，社會與政治情勢的變遷，以及外商唱片公司的投資經營，也是促使國語流行歌曲得以產製、傳播的重要因素。上海的音樂娛樂活動一直是多元豐富，諸如華人傳統的曲藝和戲曲、新發展的國語流行歌曲，以及西洋古典音樂、英美流行與爵士等通俗音樂等，不同的「客群」在此各取所需，直到太平洋戰爭爆發，日軍進入租界。

儘管今日以懷舊為主題的藝文活動、商業產品中，經常將「國語老歌」與「老上海」、「十里洋場」的意象結合在一起，但事實上，上海繁華核心地區的「公共租界」、「法租界」裡的音樂活動中，國語流行歌只是其中一部分。租界裡的各種娛樂場所，諸如咖啡廳、餐廳、舞廳、電影院、劇院等，來自好萊塢電影、百老匯歌舞劇、歐美暢銷唱片的歌曲，也是重要的音樂聲響。筆者撰寫博士論文期間曾訪談眾多當年居住在上海租界裡的耆老，並交錯參閱比較報刊雜誌報導，確實得知十里洋場裡一直有著中西並陳、多彩多姿的音樂景象。

然而，日軍進佔租界後，1942 至 1945 年在日本支持的政權所治理的期間裡，好萊塢電影、大樂團爵士樂、英美流行歌曲等，甚至英美作曲家的管弦樂作品（亦即非德、奧、義等二戰中軸心國的音樂作品），都遭當局認定是「敵國的文化商品」，而逐漸淡出上海的娛樂圈。1943 年日本國內曾頒布一份詳列唱片公司、唱片目錄編號的「演奏禁止米英音盤一覽表」，明令禁止眾多英美音樂的唱奏播放與唱片買賣，並發動「敵性曲盤供出運動」，要求人民將這些唱片「獻出繳回」。這項政令與運動隨後也在臺灣展開。儘管在上海並未有明確的禁令發佈或強制作為，但在日本人介入傳播媒體、娛樂場所營運下，英美影音娛樂產品真的逐漸淡出上海灘的舞台。

國語流行歌曲客群擴大

由於美國音樂與電影被當局刻意停演，娛樂圈裡英美歌曲與爵士樂由國語歌曲取而代之。許多原本生活方式洋派、社經地位較高，音樂活動以英美流行、爵士樂為主的華人，轉而擁抱國語歌曲。於是，在日本人干預音樂唱奏播送內容的情形下，或許因為娛樂菜單上的品項選擇有限，國語流行歌曲的樂迷聽眾人數增加，在上海的地位開始提升。

1942 年之前，以外籍人士與社會上層的華人為主要顧客的高級舞廳中，演出皆是英美的爵士舞曲及最新流行歌曲。舉例而言，百樂門舞廳向來不演奏華人的國語流行歌曲，故 1939 年將電影《歌聲淚痕》中的五首國語歌曲編入常態節目時，各界視為空前創舉。美國的爵士歌舞音樂在高級舞廳無以動搖的地位，一直維持到日本控制整個上海，業者因應政治局勢而調整音樂演出內容為止。因此，1942 年起上海重要平面媒體《申報》的分類廣告中，可見到百樂門舞廳徵聘能演唱國語歌曲的女歌手的啟事。同年，由知名國語歌曲創作者嚴個凡所領導、華人樂手組成的知音大樂隊，則在華懋飯店演出而一舉成名。

1944 與 1945 兩年更興起一股在電影院與劇場舉行國語流行歌曲演唱會的風潮，由廣受歡迎的唱片歌星、電影明星親自演出暢銷歌曲、個人代表作，外籍音樂家或歌曲原作者親自指揮大型管弦樂團。這些音樂會常以個人獨唱、重唱、慈善義演、眾星聯合歌唱會等形式，在一流的場所舉辦。例如，內裝豪華、1942 年以前向來只上映好萊塢首輪電影的大光明戲院，或做為西方戲劇、芭蕾舞、古典音樂專業演出場所的蘭心戲院，都成了國語流行歌的舞台。從前只看英美電影、只聽西洋古典音樂的人，這些年間就在以往熟悉的場所中被動接受新節目。

國語流行歌曲大躍進

前述成為國語流行歌曲舞台的蘭心戲院，有兩檔值得特別介紹的演唱會：白光獨唱會，以及歐陽飛鶯、雲雲聯合歌唱會。兩者都在 1945 年 5 月舉行，由西洋管弦樂隊伴奏，連演三天，白光甚至一天演出兩場。此外，這兩檔演唱會不只演唱國語流行歌曲，會中還穿插西洋管弦樂作品、藝術歌曲、歌劇選曲。白光自己唱了輕歌劇《風流寡婦》（*Die lustige Witwe*）的選曲，開場是輕歌劇〈天堂與地獄序曲〉（*Overture from Orphée aux Enfers*），演唱會中還穿插小提琴獨奏與西洋管弦樂作品。而歐陽飛鶯、雲雲歌唱會中，除了獨唱或改編為二重唱的國語歌曲之外，上下半場還分別以〈輕騎兵序曲〉（*Light Cavalry Overture*）、〈威廉泰爾序曲〉（*William Tell Overture*）開場（圖 3）。將國語流行歌與西洋古典音樂並置於同一舞台上，這是空前創舉。

與中國其他省分或東南亞等日軍陷入苦戰而逐漸敗退的地區相較，1944 與 1945 兩年，上海表面上呈現的是一片太平的假象。欣欣向榮的大上海無疑可做為「大東亞共榮圈」政策構想的最佳宣傳，由於多樣的都市娛樂與文藝活動可營造出社交活動興盛的景象，因而大受當局歡迎。另一方面，由於有關戰事與政治局勢的消息受到嚴格控制，唯有經篩選核准的新聞可由當局掌握的媒體發佈，上海可以說是與外界隔離的，大部分的市民並不了解全局。

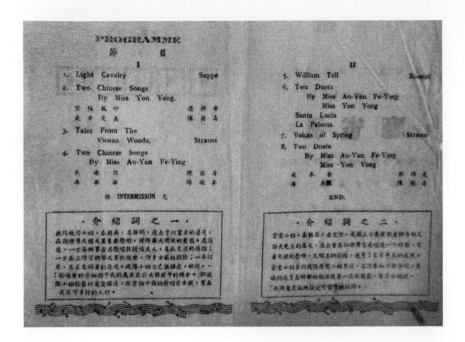

圖 3.
1945 年 5 月在上海蘭心戲院舉行的「歐陽飛鶯、雲雲聯合歌唱會」節目單（圖片翻拍自黃奇智，《時代曲的流光歲月（1930-1970）》，香港三聯書店，2000）

國語流行歌曲在詭譎的局勢之下，取代了英美流行音樂在上海娛樂圈裡原有的地位，這真是一個大躍進。雖然上海產製的國語流行歌曾被國民黨人斥為「靡靡之音」（國府播遷來臺灣後，這一對流行歌曲的批評還持續多年），更被共黨人士批評為對救亡圖存不利的低級娛樂，但中日戰爭的最後幾年間，在日本控制下的上海，這些歌曲竟然突破意識形態的藩籬，地位大為提升。即使戰後英美電影、音樂重回娛樂圈，國語流行歌曲已經廣受喜愛，眾多戰前獨鍾英美歌曲的人士也深受吸引。筆者曾訪談過的眾多上海耆老，均表示「國語歌曲也蠻好聽的，以前我們不聽，可是後來就聽了」。太平洋戰爭爆發後，從英美歌曲轉到國語歌曲的聽眾已經「回不去了」。

在華人流行樂壇中，以演唱的語言來分，在產製地區和全球皆有一定數量樂迷觀眾、有一定市場規模的，是國語（或現今較常稱的「華語」）、臺語（或星馬一代所稱的「福建話」）、粵語三類歌曲。國語、臺語流行歌的源起分別是 1920 年代末的上海、臺灣，而粵語歌的源起雖然也始自同時期的「粵曲」，但真正被業界視為流行歌曲的「廣東歌」則是 1970 年代才開展。巧的是，上海、臺灣、香港等三地都曾經讓外國人「管理」過（此處不稱「統治」、「殖民」是因為上海並非殖民地，但租界與殖民地的異同並非本文探討的議題，在此不進一步說明）。

本文談了華人流行音樂史上與日本有關的兩件重要往事——日文的「流行歌」一詞進入中國，成為描述某一類音樂的中文詞彙，以及日軍全面佔領上海後對音樂娛樂的干預，促成了國語流行歌曲地位的大躍進。由於殖民歷史因素，臺灣與日本關係密切，其中的愛恨情仇並非三言兩語說得清楚。日治時期臺語流行歌的興起，與日商唱片公司在臺經營有密切關

係，更不用說二戰以後臺語歌作品中的日本音樂元素。而上海時期國語流行歌的開創雖然與日本沒有直接關係，但日本卻也涉入了後續的發展，若當年英美流行歌曲沒有受打壓，這種「靡靡之音」會怎麼發展呢？

廣東歌在 1980、90 年代曾在臺灣廣受歡迎，但今日已逐漸淡出舞台，華人流行音樂在臺灣目前以國語、臺語兩類歌曲所佔市場較大。這兩類歌曲，剛好都與日本有些牽連。

為大象林旺與馬蘭寫歷史

FIVE

3

鄭麗榕　國立政治大學臺灣史研究所助理教授

大象標本寫歷史

唐娜・哈洛威（Donna Haraway）在探討現代科學世界中的性別、種族與自然時，提到美國自然史博物館與其中展示標本所呈現的學術政治，他說：「在每一個被架設起來的標本動物、銅像或照片的後面，都存在著眾多目的以及人和動物之間的互動，它們被重構，形成一部囊括所有重大主題的二十世紀美利堅傳記。」

哈洛威認為美國標本師卡爾・阿克利（Carl Akeley）是一位為非洲作傳的作家，作品透過精美的標本剝製術完成。動物標本展示在中央公園內自然史博物館的中心建築西奧多・羅斯福紀念館，其中民主、基督新教清教徒、冒險、科學與商業精神都顯現紀念碑般的神聖價值。訪客踏入這個「神聖空間」後，會看到揭舉道德真理的醒目銘文：自然、青年、男子氣概、國家。訪客搭上了時間機器，彷彿從令人身心俱疲的工業社會進來，被規範改換另一種歷經祭壇潔淨般的新心靈，再重新走入一座科學的伊甸園。在那裡，人與自然親密遭遇了。

標本動物在標本師或攝影家的手中成為道德劇演員，牠們一群群站立，組成一個和諧形式，被安排布置、被燈光照亮，「以等級化的布局的方式，平靜地講述著社會與家庭的故事」。（圖 1）或許外面非洲大陸的野

圖 1.
臺北動物園教育中心標本展示區（作者攝）

註 1.
本文所引臺北動物園教育中心展場的描述，是以 2018 年 8 月 13 日到訪時的景象為依據。

生動物已瀕臨滅絕的危機，但在展示裡，透過標本剝製術，曾經毫無氣息的動物超越了死亡；牠們永遠保持一定的姿勢，肌肉繃緊，血管、皮膚皺摺突出，獲得了永生。這所美利堅博物館的非洲故事強調自然生命史的「真實性」，認為自然有其統一性，有無數被選為代表的「無瑕疵」模式標本。標本師不是唯一、獨立操作標本製作的人，這項工作往往出自一個複雜的協作與勞動系統，並且也在全球範圍內的技術與社會體制中完成。

當我走進臺北動物園教育中心的標本場，我想起了哈洛威所說的科學話語建構的故事。[1] 園中的展示使用了它從 1980 年代末就開始宣稱的「現代方舟」主題，背景投射出世界地圖與棲地野生動物圖象，剝製標本掛著財產（物品）管理名牌，一隻隻獨立被放置在象徵全球五大洲的展台上，看似沒有呈現動物們社會與家庭的故事（古典故事中方舟的動物是成雙成對進入船隻避難的），牠們都以獨一的物種代表者被展示出來。（圖 2、3）

方舟的主題在動物園歷史裡並不是二次大戰後的新傳統，早在十九世紀末、二十世紀初，德國動物商卡爾‧哈根貝克（Carl Hagenbeck）就曾使用希伯來《聖經》〈創世記〉篇中兩個概念。首先是上述伊甸園，亦即「樂園」的概念：他在動物園宣傳單上，描繪一個經由現代而科學方法（事實上是運用山坡的高低感與濠溝隔絕的原理）設計出的動物展場，人們

圖 2, 3.
紅頸袋鼠標本和牠的財產登錄名牌（作者攝）

像進入伊甸園般，可以在風景如畫的地方，全景式地看到實際生態上不會看到的現象，各式各樣的動物一層層地陳列在觀眾眼前，甚至也回望著人們，像是動物與人們的樂園，所有生物都安全而和諧地並存，那也是人們對逃離現實競爭世界的想像。之後這位動物商更以「方舟」取代「樂園」的概念，宣稱在他的動物公園內，可以提供動物一個庇護所，遠離弱肉強食、血腥的世界，不但免於自然界的威脅，也可逃避獵者的殺戮。1920 年代他並趁歐美野生動物保護運動之機，談到「愛護動物」可免致野生動物的滅絕，他的形象就從「動物商」被轉換塑造為「挪亞」，當時確也是他事業的另一個高峰期。

上述二十世紀初「樂園」與「方舟」的理想，隨著自然環境問題的深化，漸成為動物園保育論述的代稱，持續被動物園經營者承繼下來。1980 年代末期臺北動物園木柵新園自詡是保存物種的「方舟」，二十一世紀後該園復以「溫馨和諧」為口號，即重新描繪了人與自然和諧並存的「樂園」夢想。

現代方舟的主題在教育中心的展場有所延續，亦即有些區塊會關注到保育的宣傳。即便如此，林旺展區雖有文字說明生物界中大象的家庭結構（由母象群帶領小象群），以及談到大象身體的結構，但林旺的故事基本上是一隻公象「被遷居」臺灣社會並留下「溫馨回憶」的傳奇，這也是我們所習慣的回想林旺的方式。

1930 年代出版的法國著名童話故事大象巴巴（Babar，圖 4）是一隻擬人化的象，牠因為母親被獵殺而誤入都市，在這裡牠（或成為人類社會一份子的他）經歷了各種新奇有趣的生活，穿上衣服，接受教育，也結交了人類朋友並受到照顧，最後愉快返回叢林。現實世界的林旺像巴巴一樣生活在人群裡，不同的是牠住在動物園，留下不少適應困難的紀錄，永遠回不去自己的家鄉。

圖 4.
大象巴巴滿意優雅地在相館拍照。圖片來源：Robert Delort 著，南条郁子譯，《象の物語─神話から現代まで》（東京：創元社，1993），頁 101。

大象林旺與中華民國／臺灣社會史

現在動物園標本展場對林旺的敘事方式，可以說一直是穩穩地定調著，和牠晚年以及逝世前後的說法改變不大，甚至有些新發現沒有納入修正（例如同時在戰爭中被擄獲並來臺的大象阿沛的性別）。[2]

林旺的早年說明文字採用軍事政治觀點，不是始自這頭亞洲象的出生地緬甸與其早年的叢林生活，而是放在中華民國史角度，以國族史敘事口吻，強調軍事政治變化與大象的關係。牠的一生從中日戰爭說起：日軍偷襲珍珠港後「大舉南進」，「防守緬甸英軍告急，向我國求助，先總

註 2.
阿沛因為體型較小，象牙不明顯，過去一直被認為是母象，而被形容是林旺的「元配」。重新定位其性別後，阿沛被改稱為林旺的「戰友」。

統蔣公遂組派『中國遠征軍』前往馳援」，然後因日軍戰俘口中線索而擄獲了大象，這個消息「振奮軍心」。象群在戰爭中為遠征軍充分發揮作用，並在戰爭末期「以長途行軍的方式徒步千里返國」。「抗戰勝利」後，大象擔任興建「抗戰烈士紀念碑」的工作，並且順利達成募款表演，收入可觀，「不僅抒解災民難題，也解決了大象飼料問題，利人利己，真是了不起」。

與動物園展場文字不同的方向，作家吳明益在小說《單車失竊記》中，以「靈薄獄」（Limbo）為題，從大象的感官想像大象在戰火中遭受地獄般的折磨，補充說明了林旺和牠的伙伴們莫名捲入人類的戰爭，所經歷過的痛苦情境：森林失火了，子彈的咻咻聲與爆炸的悶響，火球的高溫，與無助驚恐的象群。而帶出這一節的源頭，是小說中的「我」坐了象腿椅，「我」遂被告知：「它會帶你到這頭大象到過的地方。」所謂象腿椅是一種剝製標本，暗指大象阿沛，牠死後四肢被切下做成象腿椅，「椅子」至今仍放在臺中孫立人紀念館公開展示中（圖 5），成為召喚觀者探尋大象或人與大象故事的線索。

圖 5.
孫立人將軍紀念館中大象阿沛四隻腳做成的象腿凳子（作者攝）

回到動物園的教育中心展示文字，它說大象隨軍隊渡海來臺後，「每天由士兵看管放牧，作些搬運枕木的輕活，來打發日子」。然後到 1954 年，孫立人將軍決定把牠送給圓山動物園，「為了迎接功勛彪炳的活國寶，動物園特別安排年僅 3 歲的母象『馬蘭』送作堆」。這一段的主標題是「再尋春天」，隱喻在「娶」馬蘭之前林旺與阿沛的「夫妻關係」（舊說法）。或許值得一提的是大象在入園後更名了，原本牠是「阿妹」（一說阿美），園方嫌其不符合公象的性別氣質，因此改為較陽剛的「林王」，但是因為媒體記者誤聽，而被報導定著為「林旺」——這也是後來人們記憶牠的名字。

林旺入園後的故事重點在於園方的照顧措施，並帶出大象的身心反應狀況，最後「林旺爺爺安詳地側臥在白宮裡的水池邊，享年 86 歲」。然而故事還沒有結束，林旺標本歷史才正要開始。

環顧教育中心林旺展場的高處，可以看到牠一生的意義在死後不久即獲得官方定調。曾貢獻於「抗戰烈士紀念碑」興建工程的林旺，在這裡也得到牠自己的紀念碑，文字是馬英九市長在牠過世後三天後頒贈的：「獨領風騷半世紀，共享溫馨四代人」，橫批是「世界象瑞」。對聯中稱許林旺的長壽，並為牠在動物園中與人的關係（貢獻於人們跨世代的溫馨）作了總結。這裡所謂跨代溫馨的回憶，應與動物園自 1983 年起年年為其舉行慶生活動宣傳有密切關係，在地方首長的主持下，聚集人潮、創造節慶活動式的動物園記憶，更進一步促成大象成為市民共有的寵物，並隨著年事漸增，而被稱為臺灣社會中兒童的「林旺爺爺」。

圖 6.
透過展示林旺的剝製標本，人
們的歷史也被重新詮釋（作者
攝）

林旺標本師的名字與贊助廠商也慎重地銘刻在標本旁，證實了哈洛威所
說的，標本的完成有賴團隊協作以及包括資金挹助等社會體制的支持。
（圖 6）透過出版或網路傳播，標本製作者林文龍明白闡述牠要用林旺標
本寫下什麼樣的臺灣歷史：

> 若只將林旺當作標本，那是一點意義都沒有，唯有將其當成具有
> 時代意義的藝術品，才能達到生態藝術的價值。……那是個美
> 好而素樸的年代。家家戶戶除了勤奮工作，還是勤奮工作。……
> 在那個時代，到臺北看大象變成很奢侈的娛樂。……林旺就這
> 樣一路看著臺灣的蛻變，不言不語，卻也不離去，就像個守護
> 神般。……臺灣的守護神就是林文龍要表達的林旺形象。如同
> 一位長者，對這塊土地充滿了寬容與慈悲，……林旺代表的就
> 是 1960、1970 年代樸素、勤奮的臺灣，是一段已經消逝的美好
> 時光。（趙如璽、宋祖慈撰文，《再見林旺：那時代，那些人，
> 那些象事》，臺北：秋雨文化，2004）

標本師林文龍說這座「臺灣的守護神」不能用舉鼻、仰頭、抬腳的姿態
取悅大眾，牠要被塑造成四平八穩、氣度昂揚又慈祥的長者，眼神寬容，

穿透時空、寧靜地看著人。這個標本是有靈魂、有精神的，牠要與你溝
通、交流，「以守護者的姿態，繼續書寫臺灣的歷史，用永不終止的進
行式」。從這裡明顯看到，動物標本不只是科學知識的工具，牠也被充
分運用在對大眾的教化上，甚至成為歷史詮釋的代言者。

在博物館重逢的動物們

動物標本雖然在博物館被視為「物品」，登記為財產，但在展覽運用上，
牠可以重生回到之前有情感、有家人朋友的狀態。近年兩次展覽中，林
旺與其他象的「團聚」、「重逢」即為一例。

一頭象死亡，可以做成剝製標本及骨骼標本，由於剝製標本需要較高的
人力、技術與資金成本，林旺是國內唯一一頭做成兩種標本的大象。今
（2018）年3月結束的臺中自然科學博物館象群特展，曾展出林旺和馬蘭
的骨骼標本，主題是「林旺馬蘭站起來」。之後展覽再移師臺灣博物館，
在「小心！象出沒！」象群特展中，同台展出林旺、阿沛與馬蘭的骨骼
標本（圖7）。

關於林旺與馬蘭兩頭象的故事，自然科學博物館特展網頁重點放在公象

圖7.
台北動物園內教育中心展示林
旺馬蘭重聚的骨骼標本（作者
攝）

林旺，母象馬蘭是配角，這與社會大眾對這兩頭象的印象接近，似也鞏固了牠二者一公一母共組家庭的意象（公象成為一家之主）。而對於牠們的重逢或牠們生命史的回溯，展覽強調牠們對人類發揮的功能。因此網頁是這麼說的：

> 「林旺爺爺經歷過第二次世界大戰，曾在滇緬戰區參加抗日作戰，並隨著孫立人將軍的部隊來到了臺灣，在臺灣篳路藍縷的時期，陪伴孫將軍訓練軍人。隨後在 1954 年，林旺被送入臺北市立圓山動物園。當時園方特別引進年僅 6 歲的母象馬蘭來與林旺作伴，從林旺與馬蘭這對老少大象夫妻成為圓山動物園的明星動物，並伴隨著許多小朋友的童年成長，也提供了動物園教育的功能。
>
> 林旺與馬蘭在動物園將近 50 年的歲月裡，一群同樣居住在台北市立動物園的動物們，來自全世界各地的各種哺乳動物，包括獅子、老虎、花豹、灰狼、河馬、長頸鹿、駱駝、犀牛、羚羊、紅毛猩猩、狒狒等，也默默地提供了國人在休憩娛樂，以及生態保育教育上的功能。」

相較之下，臺灣博物館對於三象重聚的解說較簡要，說明牠們的簡歷，強調牠們都是臺灣家喻戶曉的大象，因此規劃專區讓三頭明星大象齊聚一堂，「這也是林旺與阿沛在 1950 年離別六十多年後再次團聚」。

博物館裡明星動物的團聚，是要喚起我們什麼思緒呢？東京大學在秋田名犬八公（「忠犬」ハチ公）過世八十年的祭日，重塑樹立主人上野英三郎與八公重聚的塑像，結束狗兒對主人九十年的等待，讚揚動物與人純粹深刻的情感（圖 8）。或許臺灣博物館藉著骨骼標本並置展出，三象的團聚也有機會讓人用同理心去想像牠們的一生，不只是見證人群的歷史，而還有象和象群的命運的歷史。

寫過《少年 Pi 的奇幻漂流》的楊·馬泰爾（Yann Martel），在他另一本小說《標本師的魔幻劇本》中，透過標本師的言說，比較了標本師、歷史家、動物園管理者及公民（或可衍伸為所有人類）對於動物扮演的不同角色：

> 我〔標本師〕從死亡中萃取並淨化記憶。我和歷史學家沒有兩樣，他們解析歷史史料，試圖重建，進而瞭解過去。我製作固定的每具動物標本都是對過去的詮釋。我是歷史學家，負責動物的過去。動物園管理員是政治人物，負責動物的現在。諸位是公民，動物的未來必須由你們決定。

圖 8.
東京大學校園內忠犬八公與主
人上野英三郎重聚塑像（作者
攝）

動物的未來是否完全由人類公民決定？這可能要看我們認為非人動物有
多少能動性。我們或許自認很熟悉林旺和其他明星大象的故事，但從歷
史編纂的角度重新回顧對牠們的敘述，發現其中記載太多人的活動而忽
略牠們本身。莎拉・瑪札（Sarah Maza）在《想想歷史》中說：自然與文化
並非可以明顯畫分的區別，仍在茁壯的動物史領域一路追蹤著動物在人
類社會中的多樣和不斷轉變的地位，終會發現，人與其他生物之間的界
限是不穩定且充滿情感的。

附註

本文之撰寫，感謝紐西蘭坎特伯里大學文化研究博士生龔玉玲在觀念及資料上提供啟發與
協助。

廢棄物或安樂園：
歷史中的動物安葬故事

鄭麗榕　國立政治大學臺灣史研究所助理教授

埋葬另一種家人

威廉斯像哀悼兄弟一樣哀悼班杜拉，把他當戰爭英雄來埋葬。在
印緬境某處有個紀念碑，一棵「為仁善而保存」的巨大柚木上，
刻著這些文字：「班杜拉，1897 年出生，1944 年戰死」。[1]

這段文字是關於一個人如何處理他弟兄的後事，特別的是，這位弟兄是
一頭緬甸象。2014 年出版的威廉斯（James Howard Williams, 1897-1958）傳記裡，
描寫了這名英國人如何深深被這頭象吸引，他們同年同月出生，1920 年
雙方 23 歲時在東南亞叢林相遇，相知互信，和其他人與動物在叢林共
組家庭，在戰爭時期同時體驗了戰火的回憶。班杜拉去世後，威廉斯鋸
下他左側獠牙當成護身物一生保存，埋葬他，為他立碑，藉以追想紀念。

視動物如親屬的感性，或許常被視為現代社會的產物，但其實在歷史中
不難找到許多類似故事。英國牛津大學安德魯・林基教授（Andrew Linzey）
研究動物神學議題，談及基督教聖人與動物的關係，他認為差不多三分
之二的聖人都有過與動物為友、救治動物脫離痛苦、幫助動物脫離險境、
為動物禱告或是傳道的經歷。聖方濟（St. Francis of Assisi）甚至稱呼各種動
物為「兄弟姐妹，因為他知道這些動物與他由同源所出」。聖方濟認為，
從這些故事呈現的尊重動物、表現仁慈、視動物猶親的思想，正好對照

註 1.
薇琪・柯羅珂（Vicki Croke）
著，高紫文譯，《大象先生：
勇闖緬甸叢林》（新北市：
左岸文化，2015），頁 391。
原書於 2014 年由紐約 Random
House 出版。

註 2.
馬克・貝考夫（Marc Bekoff）
編，錢永祥等譯，《動物權與
動物福利小百科》（臺北：桂
冠），頁 297。

出主流經院哲學傳統對這些原則的長期忽視。[2]

由於動物生前如家人或至親好友般的存在，人們進一步安葬其寶愛的動物，自是雙方親密情感的極致呈現；但在家庭寵物普遍化、寵物安樂園出現之前，這種安葬僅多以傳奇的例外方式留存。當然，對東方社會而言，墳塋的文化意涵極為重要，而被安葬的動物則可納入動物神的系統進一步闡明。至於動物可能作為家族一員而被安葬的集體心理，則是較為晚近的新感性。其實有西方歷史家認為，即使是人的永埋之所，也是近代之後才發展愈盛，而這種發展與對死亡的禁忌或恐懼相關。1970-1980 年代法國心態史研究者 Philippe Ariès 以西方社會為例研究人們的死亡歷史，指出今天我們是那麼地怕死，甚至連死這個字也不敢說出口。與此相較，他認為近代之前，傳統中死亡是被「馴服」的，因此對近在咫尺的死亡司空見慣、習以為常，甚且冷漠不在意，這種態度與今日的死亡觀形成鮮明的對照。近代死亡觀念的改變是那麼大，即使是永久埋葬之所，也是十九世紀至二十世紀上半葉發展出來的極端崇拜表徵，西方在過去骨骸僅是暫時埋葬，屍體常被堆疊埋葬，人們也屢屢移徙骨骸，但愈至近代，固定的埋骨所益形重要。

因為墳塋是社會地位的表徵，能在歷史上留下厚葬紀錄的動物，往往代表其建立的跨物種關係對象是社會勢力者。一則有關十九世紀末廣西土司的筆記史料，是狗救土官而得生榮死哀的故事：清末廣西忻城末代土官莫繩武養了一條狗，光緒十四年（1888），他到烽火（今宜州福隆）清鄉，被武裝群眾圍困，危急中這條狗把求救信帶回土司衙署乞援，莫繩武因之脫險。為報答狗的救命之恩，莫繩武返家後平日供應狗兒珍饈美食，人狗形影不離。狗死後，莫繩武如喪考妣，下令以官家規格厚葬，喪葬費用及所需人力都由轄下民眾分攤，每戶繳交白布、酒肉、白米、奠儀若干，置棺盛殮，並責成佃戶負責營造規模宏大的狗墳。出殯時土民披麻戴孝，列隊送葬，吹吹打打，熱鬧非常地送到城外高地。[3] 莫繩武的狗對他意義非凡，傳講者談了不少狗葬中民眾負擔的細節，但狗的實際情況卻所述不多，包括活多久、花色、性別、習性與人的互動等，連狗隻的名字也無，顯示傳述者並不關切這些訊息。

註 3.
楊聯奮，〈狗的葬禮〉，收入
蕭乾主編，《社會百相》（臺
北：臺灣商務印書館，1992 初
版），頁 10-11。

入土為安：特殊與普遍

1934 年早春 3 月，臺南警察署接獲通報，有人從運河撈起一隻啤酒箱，其中有女屍待驗。司法主任立馬帶了幾名警部補以及刑事人員趕赴現場，打開臭味撲鼻的木箱，取出著女性衣物的屍體後，卻發現是一隻死犬。顯然這不是一樁凶殺案，而是民眾依習俗，將死亡的狗放水漂流——較特別的是牠（可能是母狗）穿上了人類女性的衣服。與此類似流水中所見狗隻，則如同年見於一則有關豐原的報導，因為官方衛生單位

防制狂犬病，撲殺了不少街上的犬隻，屍體由各街庄衛生單位收埋，但因處理不實在，記者報導臺中豐原圳溝中，仍發現了五六具犬屍，隨溝渠江河放流而去，或許這才是臺灣民間所習慣的狗的終期。

與這些漂流犬相對照的是另一頭軍犬不同的命運。1936年《臺灣日日新報》報導，臺南州鹽埕町日本人（即當時「內地人」）墓地內，有一塊墓碑上寫了墓主的名字是軍用犬某某。州廳衛生單位無法接受狗葬在人的墳地，下令嚴格取締並禁止再犯。[4] 軍用犬為何會葬在人的墓地？背景應是二次世界大戰時，軍用動物被大量宣傳高舉，除軍階可能高於人（如臺籍日本兵擔任軍屬、軍夫者），當時戰爭宣傳中，也常有故事將人與動物、動物與動物之間，因為對國家與軍隊的「奉公」，而緊緊地串聯成一體的「美談」，在這種時代風氣下，有人因為疼愛軍犬而將其葬於日本人墓地，其心理不難理解。（圖1）

但長久以來，臺灣民間對貓狗死亡的處理傳統習俗，都是「死貓吊樹頭，死狗放水流」，有些情形還附送牠們人間亡者所用的冥紙以求平安，如貓屍上打著冥紙蝴蝶結，寓意送牠一筆黃泉路上的費用，由於吊掛住樹梢，不久腐敗風乾，有些頑皮的孩子甚至把牠們當成擊石的標的來嬉樂。同樣地，被放進袋子丟入河川的狗屍，也可能是附隨了一疊冥紙或狗隻喜好的食物。

近代以來，認為這種動物屍體處理的民俗極不符合公共衛生標準，日治時期起官方已三令五申改正，但民風不易改變。戰後初期仍屢見地方政府頒布禁令，如1950年代新竹市頒布了獸類屍體處理注意事項，規定凡獸類屍體，須埋却於獸類屍體埋却場或公共基地，不得棄捨於街路、溝渠（河川）或其他地點。甚至連葬穴的深度也有明訂：牛、馬二公尺以上，羊、豬、狗一公尺三十公分，貓鼠七十公分以上。此規定之深度頗有規模，其執行困難可想而知。由於民間習俗的影響，動物屍體的處理一直是衛生單位頭疼的問題。直到1990年初，仍常可在新聞媒體看到這些問題重覆發生，如河川汙染調查小組發現，淡水河動物死屍汙染情況嚴重，「呼籲民眾要有正確的動物屍體處理觀念」。在1997年由行政院環保署所做的一項調查中，仍有一成的民眾自承，會以吊樹頭及放水流的方式來處理家中的貓狗後事。

但也是從1990年代起，隨著都市化、少子化趨勢，人們與家中的寵物親密關係進入新階段，民間寵物安樂園逐漸開始興辦，毛小孩／毛孩兒／毛孩子一詞出現並在2000年後大為流行。在時代背景上，1990年代也是動物保護運動開始蓬勃進展的時期。

傳統文化習俗雖已漸鬆動，但法規上仍沒有太大的改變，動物屍體的地

註4.
〈內地人墓地埋葬死犬當局嚴重取締〉，《漢文版臺灣日日新報》，1936年10月23日，12版。

圖1.
日治時期警察漫畫中，主角警犬ローン公復仇後，到其妻警犬メロ一子墳前祭拜的圖像。圖片來源：《臺灣警察時報》1934年10月1日227號，頁136-137。

為大象林旺與馬蘭寫歷史

位是屬於「一般廢棄物」，與由家戶或其他非事業所產生之垃圾、糞尿等，都被歸為「足以汙染環境衛生之固體或液體」（廢棄物清理法第二條第一項第一款）。在此情形下，丟入垃圾車是合法合理的，1990年代臺北街頭垃圾分類的「外星寶寶」曾「回收」到整隻狗屍，是這種廢棄物規範的脫軌意外。

不過另一方面，情感的變化也是顯著的，這也具有全球的趨勢。根據2013年一項對英國人的調查，90%的受訪者將寵物視為家人，33%甚至認為寵物比其他家人更得自己的疼愛。[5] 臺灣人視動物為家人的比例如何，有賴確實的調查才能得知。不過從1990年代初以民間為主的動物殯葬業逐漸興起，可以看到這項演變的社會需要。早在1970年代，臺南市衛生局即曾建議社會局籌建貓狗公墓，因故沒有成真。到二十一世紀初，許多地方政府已開始協助民眾處理動物殯葬服務，包括焚化灑葬等，但公務機關的處理走向是去宗教化的。而民間寵物安樂園也在法規尚未整備前，因為民眾需求關係而起跑／偷跑，大異於公部門，除了火化等衛生設施外，民間的作法是以照顧情感慰撫、宗教內容為其特色。

家庭‧生命禮儀

> 針對某週刊報導，入出境管理局長吳振吉上午說，Freedom 深受第一家庭喜愛，往生時由陳幸妤與陳致中姐弟扶靈，送往寵物安樂園火化安葬，他每年清明節會去祭拜 Freedom，「不是為了升官，而是為了情意」，畢竟 Freedom 是他送給幸妤的禮物，也是致中的玩伴，是一隻不折不扣的「靈犬」。

> 陳幸妤寫道，在生兒子「安安」前，她對養狗的樂趣遠大於養小孩，逛街吃飯睡覺都是小狗的天下。不幸的是，她鍾愛的黃金獵犬在她訂婚後的隔天，就因先天性腎臟缺陷倒下並安樂死。「在狗狗臨死前我偷偷告訴牠，若你下輩子要投胎當人，投胎當姐姐（指她自己）的小孩好嗎？」[6]

由於法規不完備，臺灣的動物殯葬業一直低調發展；如果受到媒體注目，經常需面臨違法取締的下場。然而，用一只黑色塑膠袋，送走與自己親近相處十年的動物，無論是丟垃圾車或送到動保單位，愈來愈有人在情感上無法接受，更何況也有因為未辦理公家要求的動物登記等手續，而不得不求索於民間寵物安樂園的情形。

今年暑期，我也參加了一場動物告別禮拜，在十字架前，由「寵物禮儀師」為老去的貓咪唸出祈禱文，追憶生前貼心可人的點滴，淚眼目送他進火化爐。之後鄭重處理他的遺骨，並留下一條回憶的小方巾，把它放

註 5.
Pets Considered Part Of The Family, Census Shows, Sky UK, Sunday 25 August 2013. https://bit.ly/2wwMHl0

註 6.
《聯合晚報》，2004 年 9 月 22 日 3 版。

在每日使用的書桌上紀念追想。這民間美稱的「寵物禮儀師」，據報導，臺灣的大學推廣教育部門才剛開始進行培訓認證課程。我感到一項有關人與動物關係的新社會文化，正靜靜地在形成發展中。

回想之前臺灣史上非私人、非家庭式的動物安魂儀式，多會提及日本時代引進的動物慰靈祭。臺灣的動物慰靈祭始自 1920 年代，大盛於 1930、1940 年代，包括興建畜魂碑，廣泛用於漁業、畜牧業、屠宰場、醫院、軍事，甚至動物園及水族館等地方，在對靈界「鎮」的文化脈絡中，透過儀式，擬達到對死者（為人類犧牲的動物）的安定與彰顯的目的。[7] 日治之前，臺灣並無樹立畜魂碑的傳統，自 1920 年代起，臺灣各地屠獸處所陸續樹立畜魂碑，此種石碑的存在，顯示人們在肉食文化中，對於因為人類而死亡的動物作祟的恐懼，立碑工程常以屠宰業者為主力，在地方政府協助下進行。

註 7.
參考大丸秀士，〈動物園・水族館における動物慰靈碑の設置狀況〉，「第 9 回ヒトと動物の関係学会学術大会」，2003 年 3 月 12 日，ヒトと動物の関係学会網頁：https://bit.ly/39arKJP（2011 年 11 月 10 日點閱）

臺灣目前仍有幾個地方可見到畜魂碑或獸魂碑。如臺北市有北投、四獸山與木柵等三處，另有網友整理臺北、新北市淡水、宜蘭市、臺中霧峰及清水等其他地點。每年舉行的動物慰靈祭，祭文的變化也記錄了動物與人類關係的時代變遷，如戰爭時期，重視軍用動物的貢獻；戰後初期，強調動物帶給人們的歡樂；至晚近，如 2012 年臺北市立動物園動物慰靈祭的新聞稿，宣傳上聚焦於生命教育主題，強調「動物園展示的野生動物是各種不同樣態生命的呈現，從正面角度讓社會大眾了解死亡並尊重生命，把對動物的感恩之情，轉化為關懷生命與保護自然環境的力量。」[8] 並提及園內於 2004 年設立生命紀念碑，要禮讚生命，紀念生命，將包括動物死亡的議題，都納為生命教育內容。

註 8.
參考臺北市立動物園提供的新聞稿：〈普渡：感恩往生動物的陪伴、教育〉（2011 年 11 月 10 日點閱）

相較於上述動物利用者的動物慰靈話語，告別家人般的寵物，其追思文或許更真摯感人，在許多寵物安樂園的追思文中，動物不但是家人，也成為人們的生命老師。有一位養貓者這樣寫下：

> 親親阿咪，謝謝十五年陪伴。時間回憶無價，天使的萬里晴空，等妳翔翔，萬里星空，也會有妳的大眼睛。一路開心。我們永遠在一起，我們也永遠愛妳。阿咪媽媽。[9]

註 9.
引自寵物安樂園的追憶區，2016 年 9 月 7 日。

過去的回憶，安息的現在，以及永恆的愛，既是給故去動物的追思，也是哀悼者個人的慰詞。上述 2016 年寫下的悼詞中，我看見了人與其他動物間親密的和諧。

關於一隻黑狗與家族、戰爭記憶

鄭麗榕
國立政治大學臺灣史研究所助理教授

翻開 1935 年吉村清三郎為日本在臺灣「始政」四十周年記念臺灣博覽會畫的鳥瞰圖，可以看到一張色彩豐富、既寫實又富漫畫趣味的活潑圖像，讓觀者從空中明瞭展覽會的整體地理規劃，不但顯示四個會場與主要展館，也可看到示意的地形景觀，甚至其中的人群樹木，令人彷彿有身歷其境的錯覺。（圖 1）

這四個會場裡，第二會場新公園（今二二八公園）的「子供の國」，特別吸引我注意。「子供の國」當時漢譯名為「兒童國」，近年有人譯成「兒童樂園」，很容易使人回想起過去圓山動物園旁遊樂場。確實這是以兒童遊樂園的概念構築的展區，設置了不少當時算是先端的遊樂設施。日本自 1910 年代興起的遊樂園，早期不少與博覽會密切相關，1930 年代後逐漸結合私營鐵路發展。當年日本殖民地臺灣，亦在臺北、新竹、嘉義等各地公園內，陸續設置簡易兒童遊樂設施，包括溜滑梯、鞦韆等，在臺北及新竹的公園規劃中，並且將遊樂設施與動物展示聯結，以吸引兒童遊客，但尚不常見類似 1935 年博覽會中「兒童國」裡，所出現的飛機組成的飛行塔、寶貝車等大型電動機具。歷史文獻中說，「兒童國」內設有龍宮城、日之丸仰拜館、兒童之家、蓬萊塔、遊戲場、飛行塔、寶貝車等，[1] 其中所謂「日之丸仰拜館」，內容是日本國族主義的歷史觀，除此之外，環繞新公園中第四任臺灣總督兒玉源太郎塑像所做的宣傳，都在推銷該次博覽會著重的「日本精神」。

註 1.
鹿又光雄，《始政四十周年記念台灣博覽會誌》（臺北：台灣博覽會，1939），頁 73。

無論如何，從吉村的鳥瞰圖，可以看到兒童國裡的主要景觀有水池、植物群、大鳥籠、巧克力巨形立碑、戰車、飛機塔、大木馬、鞦韆等等遊樂設施，園區名稱的片假名「コドモノクニ」，也以修剪整齊的草坪形式出現在終端，洋溢濃厚的都市休閒趣味。鳥瞰圖裡螞蟻般的遊覽人潮中，竟然有 1928 年誕生的米老鼠（Mickey Mouse）穿插其間！最讓我驚訝的，是有一處長碑上站著一個玩偶，很像我年輕時使用的一只鬧鐘（圖 2）。

圖 2.
1980 年代講談社出售的「野良黑」鬧鐘

先父於 1980 年代到日本旅行歸來，家裡等門的每個孩子都得到一只這個鬧鐘當禮物。它極討我們這些孩子喜愛，每天早上一到設定的時間，它就吹起陣陣喇叭軍號，接著用日語大聲喊道：「早安！我是野良黑，起床時間到囉！起來！」（おはよう！ボクのらくろ、起きる時間だよ！起きろ〜）睡夢中醒來，隨手壓住黑狗頭頂按鈕，它就把眼睛閉上，並稱讚你：「今天也很有精神喔！」（今日も元気でね）。時隔 20 多年，雖然這只曾經鍾愛的鬧鐘時間還算準確，但早已朽壞不再出聲，成了啞巴，送修無救。回想這段早晨的例行聲音，先父的贈禮成為個人珍藏品，分外感懷思念。當然，當時我對黑狗的名字「のらくろ」（Norakuro，「野良黑」之日語讀音，「野良犬黑吉」之簡稱）素無認識，它說的日語也不全然明白，但這完全不妨礙它的可愛。有一天，不經意注意到鐘面上說明它是講談社的出品，心裡很狐疑，怎麼這家有名的出版社也賣鬧鐘？一時沒有解答。

所以你或許可以想像，當我看到吉村所畫的 1935 年臺博鳥瞰圖裡，竟然有這隻黑狗在新公園裡出現，甚至站在醒目的立碑頂端，我是多麼地驚訝。

究竟這隻黑狗與臺灣博覽會有何關係？在臺灣博覽會誌中似乎難有所獲。試著去查閱《台灣日日新報》，讀到博覽會舉行前，先睹為快的照片報導（圖 3）。在這篇報導中，「兒童國」裡樹立的巧克力立碑上，高處站的是「巧克力上等兵」，野良黑不顯眼地，黑黑地一團，低調地站在上等兵腳下。在這紀念日本統治臺灣四十周年的展覽會期間，「巧克力上等兵」唯一的任務，是站在第四任臺灣總督兒玉源太郎大將對面，向大將敬禮。這篇報導的記者模擬大將與上等兵對話，以軍事命令口吻，重點鎖定在大將要求上等兵保持堅定精神，以面對戰爭。但也配合展覽的節慶式氣氛，加入一絲幽默，所以最後兒玉大將說：「兒童大軍來了，我很高興！」「巧克力上等兵」附和道：「我也跟您一樣高興。」這座巧克力立碑是由巧克力商明治巧克力所立。可惜的是這篇報導中，野良黑或許軍階太低？竟被記者忽略了，沒有被採訪發言。但對照吉村清三郎的鳥瞰圖上立碑玩偶，奇怪耶，吉村畫的上等兵雙手插腰站立，而照片中的上等兵則舉手至太陽穴作敬禮狀。為何會有這種差異，實在使人費解。

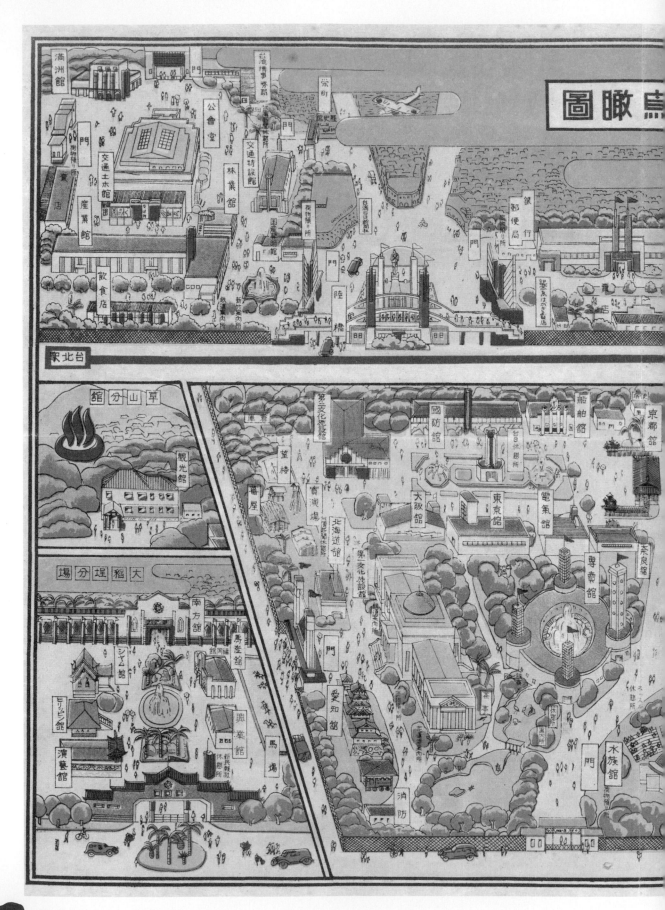

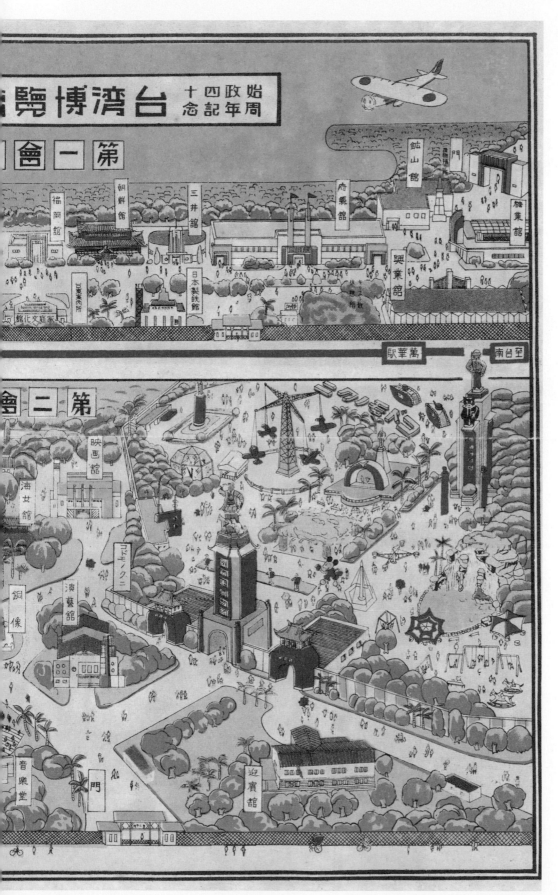

圖 1.
1935 年臺灣博覽會會場鳥瞰圖：新公園裡的兒童國有野良黑及米老鼠圖像（南天書局提供）

圖3.「巧克力上等兵」向兒玉大將敬禮，腳下站立著「野良黑」。圖片來源：《台灣日日新報》，1935年9月15日7版。

讀美國學者 Aaron Herald Skabelund 關於日本帝國與狗的歷史，才知「野良黑」其實是隻名犬。臺灣博覽會舉行時，日本最有名的狗可能是渋谷車站的秋田——忠狗八公（「忠犬ハチ公」，Hachiko, 1923-1935），這條名狗死後被東京帝國大學進行病理解剖以了解死因，發現胃中遺留數根烤雞串，甚至刺穿胃壁。如今牠的內臟放在東京大學農學部，毛皮則剝製成標本，置於上野公園國立科學博物館。旁邊放著牠一生從沒見過的樺太犬次郎，次郎也是日本名犬，在 1950 年代跟著日本南極觀測隊出任務，因天候不佳，被放棄近一年後與另一條狗奇蹟存活下來，振奮人心，但又一年多次郎仍病故，而被剝製成標本，蒐藏在科學博物館並公開展出。

另一方面，「野良黑」卻不會老死，沒有毛皮標本留在科學博物館，因為牠是卡通人物，在 1930 年代相當熱門（在臺南的臺灣歷史博物館藏有牠的時代影片）。1931 年元月到 1941 年 10 月，牠被刊登在講談社出版的《少年俱樂部》雜誌，戰後又多次重刊。作者田河水泡具有普羅思想，並且受美國漫畫影響，所以塑造了這樣一個狗人物。牠不是典型的英雄，曾向敵人投降，被俘時會哭，愛吃肉包子、紅豆大福，怕青蛙。牠出身低層，是混種米克斯，曾流浪街頭，但個性開朗樂觀，總是精神飽滿。加入猛犬聯隊後，雖然常出各種紕漏，但屢敗屢戰，從二等兵開始，一步步升為一等兵、上等兵、伍長、軍曹、曹長、少尉、中尉、大尉，最後得到「大」、「日」、「本」三個勳章。戰後成為喫茶店店長，與心愛的阿銀小姐（お銀ちゃん）結婚。Skabelund 認為野良黑是普羅大眾「立身出世」的象徵，而同部漫畫中的動物，包括豬及熊等，則暗喻日本帝國的外交軍事對手（如中國及俄國），其聯隊的各種狗隻組合，也象徵日本帝國所宣傳的大亞洲主義。這個在大眾青少年文化中出現的角色，描繪出的戰爭是被美化的戰爭，（圖 4）許多讀了這份漫畫的青少年後來出征了，並且再也沒有歸家。[2] 這種場景，如同周婉窈描繪過的，戰爭時期日本善用美與死的文化宣傳。網路上有「鄉民」認為野良黑（近年常譯為「野狗二等兵」）像極了美國漫畫菲力貓和米老鼠的混搭造型，確實作者田河水泡是深受美國漫畫影響的。

「野良」二字在日文中有野外、流浪的意思，雖然「野良黑」這個角色出身流浪狗，但與上述虛構戰爭實情類似的，這個角色無意引導少年讀者關心現實問題，特別是流浪狗的落魄處境。日治初期，臺灣流浪狗面臨政府掃蕩的命運，對飼主課稅及使用來福槍是流浪狗「全滅」政策的法寶。[3]

1926 年出生的先父，1980 年代到東京購買「野良黑」鬧鐘返鄉，不知是個偶然，還是他也看過「野良黑」的漫畫？可惜由於天人兩隔，已無法向他請教了。但和他前後年代出生的前輩，倒真有人在回憶中提及這部漫畫：臺灣教會史家、圖書館界前輩賴永祥（1922-）就讀公學校時，其

圖 4.
軍事操練中的野良黑（取自 You Tube「のらくろ二等兵」）

註 2.
Aaron Herald Skabelund, *Empire of Dogs*, Ithaca and London: Cornell University Press, 2011, pp151-154. 並參考「のらくろ館」網站：http://ppt.cc/7ZXV，以及日文維基百科對「のらくろ」的解釋（2012 年 10 月 30 日點閱）

註 3.
Aaron Herald Skabelund, Empire of Dogs, p.82. 亦可參考吳政憲，〈飄泊悲歌：臺灣流浪狗之研究（1895-1910）〉，《臺灣人文》第五期（臺北：臺灣師大人文中心，2000 年 12 月），頁 219-245。

註 4.
許雪姬、張隆志、陳翠蓮訪談，賴永祥等紀錄，《坐擁書城：賴永祥先生訪問紀錄》（臺北：遠流出版社，2007），頁43-44。

註 5.
鄭清文，〈水庫的水源〉，《紙青蛙：鄭清文精選集》（臺北：九歌出版社，2010），博客來網站：http://ppt.cc/hwKz（2012年10月29日點閱）

父親為他訂購的講談社出版物包括《少年俱樂部》雜誌，他說這部漫畫「人氣之旺，或許只有華德迪士尼（Walt Disney）的米奇老鼠可相比。」賴先生並同時談到也在這份雜誌上連載八年的南海冒險少年的故事。[4] 與此類似的，作家鄭清文（1932-）也對《少年俱樂部》的漫畫印象深刻，他回憶說：「小時候，最喜歡看的是在《少年俱樂部》連載的《野良黑》（野狗小黑）和《冒險段吉》（少年冒險家段吉）。一個是小兵立大功，步步高升，一個是深入南洋的荒蠻之地，成為土人的領袖的故事。這是戰時日本社會的集體意識。」[5]

戰爭與軍事確是「野良黑」產生的時代背景，所以牠以士兵的身分跨越大陸出征，因立功而逐步高升，最後全身而退。我終於了解為何黑狗鬧鐘要以吹軍號聲為起床號。重思 1935 年臺灣博覽會裡兒童國的設施，戰車、飛機、木馬、致敬的上等兵，沒注意過的軍事符碼一個個跑出來。黑狗的故事或許與一個過去的戰爭時代相扣連，但就私人情感而言，這只黑狗鬧鐘卻更是家族記憶的一個寄託，完全沒有煙硝味，只有親情無盡的思念。

國家圖書館出版品預行編目(CIP)資料

歷史學柑仔店 / 歷史學柑仔店編輯群作.-- 初版.-- 新北市 : 左岸文化出版 : 遠足文化發行, 2020.08-
　　冊；　公分 -- (歷史.跨越 ; 15)
ISBN 978-986-98656-6-1(第1冊 : 平裝)

1.史學 2.文集

601　　　　　　　　　　　　　　　　　　　　　　　　　　　　　　　109009560

歷史・跨域 15

歷史學柑仔店 1

作者・歷史學柑仔店作者群｜編者・許雅惠｜責任編輯・龍傑娣｜美術設計・林宜賢｜出版・左岸文化 第二編輯部｜社長・郭重興｜總編輯・龍傑娣｜發行人兼出版總監・曾大福｜發行・遠足文化事業股份有限公司　電話・02-22181417　傳真・02-86672166　客服專線・0800-221-029　E-Mail・service@bookrep.com.tw　官方網站・http://www.bookrep.com.tw｜法律顧問・華洋國際專利商標事務所・蘇文生律師｜印刷・凱林彩印股份有限公司｜初版・2020年8月｜定價・500元｜ISBN・978-986-98656-6-1｜版權所有・翻印必究｜本書如有缺頁、破損、裝訂錯誤，請寄回更換